"福建省'十三五'中小学名师名校长培养工程丛书"编委会

（福建教育学院培养基地）

丛书主编：郭春芳

副 主 编：赵崇铁　朱　敏

编 委 会：（按姓氏笔画排序）

于文安　杨文新　范光基　林　藩　曾广林

名校长卷

主　　编：于文安

副 主 编：简占东

编　　委：陈　曦　林文瑞　林　宇

名师卷

主　　编：林　藩

副 主 编：范光基

编　　委：陈秀鸿　唐　熙　丛　敏　柳碧莲

福建省『十三五』
名校长丛书

丰·彩教育

刘添昌　著

厦门大学出版社
XIAMEN UNIVERSITY PRESS
国家一级出版社
全国百佳图书出版单位

图书在版编目(CIP)数据

丰·彩教育/刘添昌著.—厦门:厦门大学出版社,2021.8
(福建省"十三五"名校长丛书/郭春芳主编)
ISBN 978-7-5615-8314-2

Ⅰ.①丰…　Ⅱ.①刘…　Ⅲ.①中小学教育—教育研究　Ⅳ.①G632.0

中国版本图书馆 CIP 数据核字(2021)第 153953 号

出 版 人	郑文礼
责任编辑	郑　丹

出版发行　厦门大学出版社

社　　址	厦门市软件园二期望海路 39 号
邮政编码	361008
总　　机	0592-2181111　0592-2181406(传真)
营销中心	0592-2184458　0592-2181365
网　　址	http://www.xmupress.com
邮　　箱	xmup@xmupress.com
印　　刷	厦门集大印刷有限公司

开本	720 mm×1 020 mm　1/16
印张	18.75
插页	2
字数	328 千字
版次	2021 年 8 月第 1 版
印次	2021 年 8 月第 1 次印刷
定价	58.00 元

厦门大学出版社
微信二维码

厦门大学出版社
微博二维码

◎ 总　序

　　"百年大计，教育为本；教育大计，教师为本。"教师队伍建设是教育质量提升的关键。2018年，中共中央、国务院印发《关于全面深化新时代教师队伍建设改革的意见》，吹响了新时代教师队伍建设改革的集结号，提出教师队伍建设改革的目标是"到2035年，教师综合素质、专业化水平和创新能力大幅提升，培养造就数以百万计的骨干教师、数以十万计的卓越教师、数以万计的教育家型教师"。福建省委、省政府牢记习近平总书记"福建没有理由不把教育办好"的殷切嘱托，以高度责任感、使命感，坚持教育优先发展，始终将建设一支师德高尚、业务精湛、结构合理、充满活力的高素质专业化教师队伍作为基础工作，出台了一系列政策措施，激发广大教师投身教育综合改革的积极性、主动性、创造性。福建省教育厅为打造基础教育高层次领军人才队伍，实施"强师工程"核心项目——中小学名师名校长培养工程，旨在培养一批在省内外享有盛誉的名师名校长，促进我省教育高质量发展。

　　"十三五"期间，福建教育事业紧紧围绕"新时代新福建"发展战略，坚定不移走以提升质量为核心的内涵发展之路，着力推动规模、质量和效益的协调发展，努力让教育改革发展成果更多地惠及民生，让人民群众有更多的获得感。2017年，省教育厅会同财政厅启动实施了"十三五"中小学名师名校长培养工程，在全省遴选培养100名名校（园）长、培训1000名名校（园）长后备人选、100名教学名师和1000名学科教学带头人。通过全方位、多元化的综合培养，造就一批师德境界高远、政治立场坚定、理论素养深厚、教学能力突出（治校能力突出）、教学风格鲜明（办学业绩卓越）、教育视野宽阔、富有开拓创新精神、在省内外有较大影响力的名师名校长,为培育闽派教育家型校长和闽派名师奠定基础,带动和引领全省中小学教师队伍建设,为推进我省基础教育优质均衡发展、办好人民满意教育,为"再上新台阶、建设新福建"提供有力的人才保障。

为扎实推进福建省"十三五"中小学名师名校长培养工程,保障实现预期培养目标,福建教育学院作为本次名师名校长培养工程的主要承担单位,自接到任务起,就精心研制培养方案,系统建构培训课程,择优组建导师团队,不断创新培养方式,努力做好服务管理,积极探索符合名师名校长成长规律的培养路径,确保名师名校长培养培训任务高质量完成,助力全省名师名校长健康成长,努力将培养工程打造成全省乃至全国基础教育高端人才培养示范性项目。

在培养过程中,我们从国家战略需求、学校发展需求和教师岗位需求出发,积极探索实践以"五个突出"为培养导向,以"四双""五化"为培养模式的基础教育高端人才培养路径。其中"五个突出":一是突出培养总目标。准确把握目标定位,所有培养工作紧紧围绕打造教育家型名师名校长而努力。二是突出培养主题任务。2017年重点搞好"基础性研修",2018年重点突出"实践性研修",2019年重点突出"个性化研修",2020年重点抓好"辐射性研修"。三是突出凝练教学主张(办学思想)。引导培养对象对自身教学实践经验(办学治校实践)进行总结、提炼、升华,用先进科学理论加以审视、反思、解析,逐步凝练形成富含思想和实践价值、具有鲜明个性的教学主张(办学思想)。四是突出培养人选的影响力与显示度。组织参加高端学术活动,参与送培送教、定点帮扶服务活动,扩大名师名校长影响。五是突出研究成果生成。坚持研训一体,力促培养人选出好成果,出高水平的成果。

"四双":一是双基地培养。以福建教育学院为主基地,联合省外高校、知名教师研修机构开展联合培养、高端研修、观摩学习。二是双导师指导。按照理论联系实际原则,为每位培养人选配备学术和实践双导师。三是双渠道交流。参加省内外及境外高端学术交流活动,积极承办高水平的教学研讨活动,了解教育前沿情况,追踪改革发展趋势。四是双岗位示范。培养人选立足本校教学岗位,同时到培训实践基地见学实践、参加送培(教)活动。

"五化"：一是体系化培养。形成"需求分析—目标确定—方案设计—组织实施—效果评估"的培养链路，提高培养专业化、精细化、科学化水平。二是高端化培养。重视搭建高端研修平台，采取组织培养人选到全国名校跟岗学习、参加国内高层次学术会议和高峰论坛、承担省级师训干训教学任务等形式，引领推动名师名校长快速成长。三是主题化培养。每次集中研修，都做到主题鲜明、内容聚焦，坚持问题导向和结果导向，努力提升培养的针对性和实效性。四是课题化培养。组织培养对象人人开展高级别课题研究，以提升理性思维、学术素养和科研水平，实现从知识传授型向研究型、从经验型向专家型的转变。五是个性化培养。坚持把凝练教学主张（办学思想）作为个性化培养的核心抓手，引导培养人选提炼形成系统的、深刻的、清晰的教育教学"个人理论"。

通过三年来的艰苦努力，名师名校长培养工作取得了显著成效，积累了丰硕成果，达到了预期目标。名校长培养人选队伍立志有为、立德高远的教育胸襟进一步树立，办学理念、政策水平和管理能力进一步提升，立功存范、立论树典的实践引领能力进一步提高，努力实现名在信念坚定、名在思想引领、名在实践创新、名在社会担当。名师培养人选坚持德育为先、育人第一的教育思想进一步树立，教书育人责任感、使命感和团队精神进一步强化，教育理论素养进一步提升，先进教育理念进一步彰显，教育教学实践和创新能力进一步增强，独特教学风格和教学主张逐步形成，教育科研和教学实践均取得了丰硕成果。一是专项研究深。围绕教学主张或教学模式出版了 38 部专著。二是成果级别高。84 位名校长人选主持课题 130 项，其中国家级 6 项；发表 CN 论文 239 篇，其中核心 16 篇；53 位名师培养人选主持省厅级及以上课题 108 项，其中国家级 7 项；发表 CN 论文 261 篇，其中核心 81 篇。三是奖项层次高。3 位获 2018 年教育部基础教育国家级教学成果奖二等奖；15 人获得 2017 年、2018 年福建省基础教育教学成果奖，其中特等奖 3 位、一等奖 7 位、二等奖 5 位；1 位评上国家级"万人计划"教学名师；34 位培养人选评上正高级职称教师；13 位获"特级教师"称号；2 位获"福建省优秀教师"称号。四是辐射引领广。开设市级及以上公开课、示范课 203 节；开设市级及以上专题讲座 696 场；参加长汀帮扶等"送培下乡"活动 239 场次；指导培养青年骨干教师 442 人。

教育是心灵的沟通，灵魂的交融，思想的碰撞，人格的对话，名师名校长应该成为教育的思想者。在我省名师名校长培养对象即将完成培养期时,福建教育学院培养基地组织他们把自己的教学(办学)思想以著作的形式呈现给大家,并资助出版了"福建省'十三五'名校长丛书""福建省'十三五'名师丛书",目的就是要引领我省中小学教师进一步探究教育教学本质,引领我省中小学校长进一步探究办学治校的规律,使名师名校长培养对象成为新时代引领我省教师奋进的航标,成为办人民满意教育的先行者。结束,是下一阶段旅程的开始,希望我省名师名校长培养对象不忘立德树人初心,牢记为党育人、为国育才使命,积极投身新时代新福建建设,为福建教育高质量发展再建新功。是为序。

福建教育学院党委书记、教授、博士

郭春芳

2020 年 8 月

◎序

徐小敏

　　添昌校长曾就办学治校与我多次深度交流：从办学理想的构想分析到远景规划的大写意阐述，从学校治理的如数家珍到规章制度的工笔式细说，等等。谈起这些，他的话语便如开了闸的水一般滔滔不绝，激情奔涌下不时闪烁着教育者的理想情怀与办学智慧。对于学校管理，他是深思熟虑、了然于胸的。他对教育始终保持着清醒而独立的思考，并努力探索实践，长期的点滴累积，便汇聚成了星光熠熠的教育事业之梦。作为福建省"十三五"中小学名校长培养人选，经过三年的学习与炼化，凝结着他多年教育思考、实践、经历和智慧的大作《丰·彩教育》出炉了，瓜熟蒂落，水到渠成。

　　办学思想从形成到落地实施，绝非一蹴而就、短时奏效的，也不是一个目标一条道做到底的线性思维。它需要办学者用立体的、多维的视角关照，最终实现整体的、全方位的渗透，建构出良好的教育生态，继而真正实现办学内涵的全面提升与内化。在武平县实验小学的长期管理实践中，刘添昌凝练出了"丰·彩教育"，试图探寻出一条"既符合教育规律和人才成长规律，又契合学校实际的回归教育本真的特色发展之路"。他的办学基于这一内核，沿着这一原点，开始了演绎与实践，并形成了完整的办学逻辑链条。他以"浸润""立品""融通""凝实""启智""绽放"为教师教学、学生发展搭建了可操作的支点，而这几个核心要素环环相扣，互为补充，又形成相互促进的循环系统，推动着整个办学体系的形成。如在办学中他对"丰"的

　　徐小敏，福建教育学院图书馆(杂志社)副馆长、编审，第六届"华东地区期刊优秀主编"，福建省"十三五"中小学名校长培养人选导师。

内涵诠释，就不只是追求"丰富"那么简单，而是教育生态圈的建构，从创建丰悦环境到打造丰润德育、构建丰盛课程、培育丰雅教师、实施丰实课堂、推行丰茂评价等。学校文化积淀、课程建设、教师文化、硬件布置等等都是办学思想的重要承载与外化体现。每一个细节育人背后，都呈现出了办学者的思考与匠心。如学校创设出了独具文化特色的育人环境。校园的每一栋校舍，每一面墙壁，每一株花草，每一幅标语，每一个景致都在无声地传递着校风、教风和学风。丰富的校园文化润物细无声地陪伴孩子成长。涵养丰富的校园文化，让孩子在无声的浸润中受到了熏陶。从理念到氛围的营造，多维度、多介质地建构与运用都指向学生的全面发展、个性成长。

办学思想落地的关键是教师队伍。学校下大力气建设教师队伍，提出了丰雅教师培训的"三精"途径，推动教育者拓宽知识视野，不断提高专业素养和教学水平，并努力为教师创造宽松良好的成长环境，让教师有一种归属感、认同感、幸福感，引领教育者自觉朝着更高的目标践行。课程建设无疑是办学思想践行的有力抓手。在教材以外实施的课程建设，课程体系的架构，既要立足宏观的视野，突破认知的藩篱，又要在微观层面上关注地方特色和孩子的兴趣需求等，这对办学者的教学科研能力是一个考验，也是推动学校办学内涵深化的有效途径。构建丰盛的课程体系和儿童本位的教学模式，成了武平实验小学的着力点。在此，我很欣喜地看到学校在这方面已经进行了有效尝试并积累了丰富经验。他们从国家必修课程、社团选修课程、活动课程三个层面，围绕"道德与健康""语言与文化""数学与科技""审美与艺术"四个维度，建构了多维的、立体的丰盛课程体系。"丰·彩教育"视域下的课堂教学"三化"丰实教学模式，使得每个孩子"徜徉课堂，绽放精彩"，教师在激发学生学习热情的同时，鼓励学生尝试着自己去解决问题，形成知识建构，提升深度思考的能力。

教育的目标是立德树人。教育应该坚持德育为首，培养未来建设者的家国情怀、良好品质、坚强意志力，和辨别真善美、假恶丑的能力，使之成为德、智、体、美、劳全面发展的社会主义建设者和接班人。作为教育者应立足这一立场，着眼于学生的发展与成长，去了解他们，让教育回归本真。"丰·彩教育"的办学思想围绕着"让每个孩子拥有属于自己的精彩"这一命题进行，既注重过程积淀，也关注结果的精彩。它"不苛求每个人都获得同一种成功的'出彩'，但期盼每一个人都能获得属于自己的'精彩'"。打造"人人皆可成才，人人尽展其才"的多彩学园是刘添昌的教育理想与践行。"人人"的提法具有一定的前瞻性，也是对当下唯"精英"施教现象的一种反思。

　　中国幅员辽阔,在广大的城市、乡村中有着众多的中小学校。在这大有可为的新时代,每所学校的引领者扎根其中,努力探索教育的真谛。他们实践着、思考着,在基础教育领域里辛勤耕耘着,一步步向前迈进。点点滴滴的积累,筑起教育腾飞之梦,并形成了一个个熠熠生辉的教育文化符号。每一所学校的校长都是一名舵手,把握航程,策划未来,践行着办学思想,点燃着教师热情,并将这莹莹星火,撒播到每一个班级和每一个课堂,将学校的愿景,一点点实现。在回归教育本真的道路上,刘添昌校长无疑已经带领他的团队,迈出了坚实的步履。

　　有感于此,是为序。

2021 年 3 月

目　录
CONTENTS

第一篇　"丰·彩教育"理论架构

第一章　"丰·彩教育"的缘起 ················· 3
第一节　办学思想再认识 ····················· 3
第二节　"丰·彩教育"办学思想的形成 ··········· 7

第二章　"丰·彩教育"办学思想概述 ··········· 16
第一节　"丰·彩教育"的概念界定 ·············· 16
第二节　"丰·彩教育"建构重点简述 ············· 29

第三章　"丰·彩教育"办学思想架构 ··········· 32
第一节　建立"丰·彩教育"办学思想框架的意义 ····· 32
第二节　"丰·彩教育"办学思想的理论架构 ········· 33

第二篇　"丰·彩教育"的实践探索

第一章　浸润——营造"合一"丰悦校园环境 ······ 47
第一节　校园环境的现实思考 ················· 47
第二节　校园环境的文化整合 ················· 49
第三节　校园环境的内涵打造 ················· 50
第四节　校园环境的建设原则 ················· 53

第五节　校园环境的项目实践 ……………………………………… 54

第二章　立品——构建"两全"丰润德育体系 ………………… 66
　　第一节　学校德育体系建设的重要意义 ………………………… 66
　　第二节　"两全"丰润德育的内涵 ……………………………… 70
　　第三节　"丰·彩教育"视域下的"两全"德育体系建设 ……… 71

第三章　融通——构建"双线"丰盛课程体系 ………………… 101
　　第一节　"丰·彩教育"课程开发的体系建构 ………………… 101
　　第二节　"丰·彩"教育课程开发的模式探究 ………………… 108
　　第三节　"丰·彩教育"课程开发的组织实施 ………………… 114
　　第四节　"丰·彩教育"课程开发的效果评价 ………………… 122
　　第五节　各学科课程教学设计呈现 …………………………… 126

第四章　凝实——培育"三精"丰雅教师 …………………… 170
　　第一节　"三精"丰雅教师的内涵 …………………………… 170
　　第二节　"三精"丰雅教师的培育途径 ……………………… 172

第五章　启智——打造"三化"丰实教学模式 ……………… 188
　　第一节　学习内容的整合化 …………………………………… 188
　　第二节　学习过程深度化 ……………………………………… 193
　　第三节　学习成果多元化 ……………………………………… 198
　　第四节　建立高效的课堂教学评价机制 ……………………… 202
　　第五节　优秀案例呈现 ………………………………………… 207

第六章　绽放——建立"四彩"丰茂评价机制 ……………… 246
　　第一节　丰茂评价机制的理念建构 …………………………… 247
　　第二节　"四彩"评价模式的应用策略 ……………………… 251
　　第三节　"四彩"评价模式的实施细则 ……………………… 254

第三篇 "丰·彩教育"大家看

第一章 家长眼中的"丰·彩教育" ……………………… 265

第二章 学生眼中的"丰·彩教育" ……………………… 270

第三章 教师眼中的"丰·彩教育" ……………………… 273

参考文献 ……………………………………………… 282

后 记 ………………………………………………… 284

第一篇

『丰·彩教育』理论架构

◎ 第一章 『丰·彩教育』的缘起

◎ 第二章 『丰·彩教育』办学思想概述

◎ 第三章 『丰·彩教育』办学思想架构

第一章

"丰·彩教育"的缘起

第一节　办学思想再认识

一、办学思想与学校管理

办学思想,是指管理者在长期办学过程中不断实践、探索、研究所形成的,符合教育规律、满足时代要求、能有效引领学校可持续科学发展的且作用于办学行为的具体办学主张。其中,教育规律是本质,是基础;时代要求是共性,是引领;引领发展是根本,是关键;办学思想是基于"办怎样的学校"和"怎样办学校"的深层思考的提炼,办学思想是学校的精神之所在,是学校文化之根基。一所学校的办学思想是在学校这个大氛围中成长起来的,它应当是校长的教育理念、信仰、价值观在学校工作中的体现,是校长在学校发展中的一种思想,是校长的一种智慧,是校长的一种创造才能的结晶,也是校长的一种文化底蕴,更是他的一种品牌,体现了他自己对教育的独特体悟与理想策略、韬略和愿景,是校长的最高境界!它涉及三个问题:为什么做? 做什么? 怎么做? 最终汇聚成:学校是什么? 从内容来说,它包括学校理念、教育理念、教师理念、治校理念等;从结构来说,它包括办学目标、工作思路、办学特色、培养目标等要素,与教育思想和校训、校风、教风、学风等一起,成为学校的文化主流。

学校管理(school management)是学校对本校的教育、教学、科研、后勤和师生员工等各项工作进行计划、组织、协调和控制的活动。管理的主体和客体都是学校自身,即学校对自身的管理。现代学校管理是一个由人、财、物和时间、空间、信息等要素组合的有机系统,使其发挥整体功能,以实现其对学生的培养目标和其他各项工作目标。其中人是主体,管理效率的取得必须靠人对这些要素的合理重组。

办学思想对学校管理起决定性作用,引领学校发展。一般说来,校长的办学思想科学,办学理念清晰,管理策略合理,他对管理对象就能够优化组合。因此,校长的办学思想直接决定着学校的发展,关系着办学质量和效益。有什么样的校长,就会有什么样的学校。"丰·彩教育"以学生为本,以追求让每个孩子拥有自己的精彩为最终目的,促进学生全面和谐可持续发展。

假如要问办学思想体现出什么,毫无疑问,体现出校长所拥有的思想境界。人追求的目标越大,其才能的发挥空间也会越大。即使在不同的学校,关注不同的重点,面对同一个问题,采取的方法也不同,但有一种精神、力量的推动是一样的,其来自"追求卓越"的办学目标。在这一精神、力量的支持下,面对再大的压力,都能自信地砥砺前行。

二、正确办学思想的形成

办好一所学校,最重要的是校长必须拥有正确的办学思想。校长需对办学依据、办学原则和办学方法等有确实的认知,办学思想就是校长办学理念的一种具体化,是其在长期的学习、工作实践中逐渐总结形成的结晶。正确办学思想的形成,能推动学校向着正确的方向迈进,健康、持续、稳定地发展,培养出符合时代需求的优秀人才。

(一)正确办学思想形成的依据

其一,办学思想须符合时代发展需求。办学思想是社会政治、经济、文化环境的产物。所以,形成办学思想,需要正确认识时代现状和发展的方向,同时了解国情,这是基础和前提。国家的教育方针、政策、法律法规等会随着社会的发展而不断更新、补充和完善,所以,校长不断学习、正确理解,紧跟方针、政策、法规的脚步,是形成办学思想的重要依据。

其二,办学思想须以教育理论为指导。校长的办学思想须来源于理论,有理论作为支撑。校长应当在学习、理解教育理论的过程中逐渐形成自己的教育思想,而办学思想是教育思想的一种具体化。因此,要形成正确的办学思想,需以深厚的教育理论为基础。这些教育理论包括了国内外教育管理理论和管理科学发展演变历史,此外,要尽可能拓展范围,囊括哲学、经济学、心理学等理论知识内容,学与思结合,有助于更好地创新。

其三,办学思想须符合学校所在地区的区情和所在学校的校情。因为中国地区与地区之间的发展存在着显著的差别,如农村学校和城市学校的办学方法、服务方向和途径等都不一样。但不管是多先进的办学思想、科学理论和优越的区情,都应立足学校实际,从学校文化、人员结构、办学水平等方面着手,把握现状,再将全体教职工团结起来,找好发展切入点,逐步实现办学目标。

(二)正确办学思想形成的几个要素

其一,方向性要素。中国特色社会主义建设中,党的教育方针始终不变,要将立德树人作为根本任务,培养德、智、体、美、劳全面发展的学生,使其成为优秀的社会主义建设者、接班人,努力办好人民满意的教育。这就是新时期我国学校的办学方向,也是全面实施素质教育,推进新课改,完成学校各项工作的行动纲领。校长的办学思想,应契合新时期党的教育方针,符合国家教育法规。

其二,创新性要素。校长的办学思想,应发扬和保持创新精神。从党的十八大至今,"创新"就是一直倡导的主旋律,"创新"也是学校的根本动力。党的十九大报告提出:"要坚定不移地贯彻创新、协调、绿色、开放、共享的发展理念。"当下的社会发展迅速,信息技术渗透进人们的日常工作、生活、学习,给教育带来了重大挑战,过去的传统教育不再适宜当下的发展需求,而要探索创新的教育方法模式。所以,校长在形成正确办学思想的过程中,应确实掌握、贯彻党的十九大精神,坚持创新精神,从政治、经济、文化等方面入手,综合考虑基础教育改革,深化教育使命、特点、目标、前途认识,产生顺应时代潮流发展,而又超前时代发展的办学思想,如此,方能保证办学思想的正确和与时俱进。

其三,人文性要素。先进的办学思想是建立在对教育的本质深刻认识的基础之上的统帅全校师生的行为和思想,体现的是以人为本,以发展为本的理念,即以"师"为本管理教师,以"生"为本教育学生,充分调动教师的主动性、积极性和创造性,不断提高教师的自我管理能力;尊重爱护学生,以学生发展为本,遵循教育规律和学生的身心发展规律,促进学生生动活泼、健康和谐地发展,最终让每个孩子拥有自己的精彩。

(三)正确办学思想形成的方法

校长正确办学思想的形成方法,主要可以被归纳为三个环节:学习、思考和实践。以学习促进思考,以思考促成实践,促进对学校教学管理实践的不断深入。

其一,学思并进,学习促进思考。学习要积累的是平时点点滴滴有价值的思想,而办学思想是理性思考的产物,而不断的理性思考,才能使感性认识上升为理性认识。思考离不开学习,学习也是思考的一种形式,其可以是阅读、向他人的借鉴、和他人的交流沟通。当然,学习和思考不能脱离学校所处的地区环境,应涵盖地区历史、人文基础、经济发展等,尤其是地方特色文化和人们的文化需要。学习思考还须融合师生群体的智慧。校长要经常学习思考,并善于学习思考,如此,才能形成正确的办学思想,成为一名合格的校长。

其二,知行合一,思考促进实践。校长要经常总结和反思学校的历史、现状,结合学校当前发展的状况,广泛探讨和深入论证,科学表述办学思想,再在实践中检验办学思想的科学正确性。新办学思想提出后,要具体落实到学校的各项工作中,以该思想来规范办学行为。办学思想对办学实践的反映,合理与否,科学与否,引领作用有否,只能依靠办学实践来检验。校长参考办学实践的效果,来思考该办学思想是否符合教育的本质和规律,是否贴合学校办学实际,是否具有现实可行性,然后进行相应的调整,最后形成正确的办学思想。

就当下正确办学思想取得显著成果的例子来看。如北京四中,其校长邱济隆则言明四中之所以能长盛不衰,是几代人共同努力的成果,他在就职演说的时候说:"我现在就像一个举重运动员,站在一副杠铃前,不管能不能举起来,我都得举一下。举不起来,说明我不称职,咱们再换别人。"他一直践行着这番话,十几年过去了,事实证明,邱济隆称得上是一个优秀的"举重运动员",北京四中在他的带领下,不断攀上新高峰,2002年9月被北京市教委认定为北京市首批示范性普通高中,同年增设国际部。现如今它有高中部、初中部、广西校区、复兴门国际校区四个校区。其始终秉承"四高"的办学思想,也就是"办学目标的高标准""培养目标的高层次""师资队伍的高水平""教学质量的高要求"。又比如天津一中的韦力校长,其在一中任职校长长达41年,是时任校长时间最长的。在1993年,他被评为全国优秀校长,并被联合国教科文组织授予普通教育中国专家。曾经的天津一中是普通的中学,教学条件较差,但当时的韦力校长凭着一股和年龄不相称的拼劲,带着教师们一路奋勇向前,使天津一中这所普通中学一跃成为当下众人皆知的重点中学。追溯其根源,最重要的就是韦力校长秉承了正确的办学思想,即"育人为本,教学为主,全面发展,学有所长"。韦力校长用自己的行动在治校生涯中孜孜不倦地编织着"人才的摇篮",听到他那"能充分体现我生命价值的岗位,是教育,是校长工作。人如果还有来世,我还希望干这一行"的肺腑之言,我们方感受到教育思想为办学灵魂的耀眼光芒。

第二节 "丰·彩教育"办学思想的形成

一、"丰·彩教育"办学思想形成的背景

(一)基于对当前部分教育现象的思考

教育是丰润生命,促进人的成长,提高人的生命价值的事业,教育的使命就在于使每一个人获得生动、活泼、自主、和谐的发展,教育只有遵循人的基本发展规律,才能使人获得真正发展,从而促进人的生命价值的提升。不可否认,现代教育制度发展到今天,长期以来积淀了许多有价值的理论、形式、原则与方法。这些至今仍然是行之有效的,但是,当下一些不良教育现象也与之相伴,主要表现在:

1.不全面的人才观、质量观、学生观

新时期新的人才观要求基础教育必须面向全体,必须遵循基础性原则,力求使每一个学生都得到全面协调的发展。每个学生都是充满潜质的发展中的人,都是与众不同的独立个体,也是独立的学习成长的主体。当前素质全面发展的质量观要充分认识德、智、体、美、劳"五育"并举的重要性,把学生的思想道德素质、文化素质、能力素质、审美素质、劳动素质、身体素质和心理素质等发展水平作为衡量教育工作和学生质量的标准。然

而,尽管从理念上看,学校要培养全面发展的人,但在现实中,有不少人把能考高分的孩子片面地当作人才,把教育质量简单地和考试分数并论,仍然希望把所有的孩子都变成千篇一律的"好学生",让所有的孩子都在同一条通往所谓的成功的大道上行走,忽视了人与人之间的区别,并且这之间的区别大得远远超过我们的想象。这种教育方式很难发现孩子与众不同的地方,也不可能为他们搭建合适的成长平台,让孩子自我唤醒、自我发现、自我认知,从而形成独立的人格和思想,成长为与众不同的自己。最终学生成为学习的客体,处于被动的学习状态。其忽略了学习是学生的内化过程,要调动其主观能动性,变"要我学"为"我要学";无法发挥学生的独立性和创造精神,学生无法做学习的主人,从而制约着学生生动、活泼、全面而有个性的发展。

2.片面的评价观

任何教育评价,都是通过制定评价的指标体系和评价标准,规定引导着教育努力的方向。多元的社会,对人才的要求也是多元的,因此,学生评价与之相适应,必须多元化,既要总体评价,又要过程评价;既要主观评价,也要客观评价。近年来,我国教育理论界和一些学校在评价方面做了一些有益的理论研究与实践探索,但受传统教育观念的束缚,"应试教育"仍然占主导地位,一些地区仍把应试作为唯一或主要的教育目标,是一种十分狭隘的教育模式,这种狭隘的教育模式阻碍了中国基础教育的发展。许多教师过分关注学生的卷面分数,教学中教师占主体地位,忽视学生的主观能动性,教学目标狭隘化、重人力素质轻人本素质教育,在一定程度上阻碍了教学方法的改革。教师过分关注教学结果,忽视了学生的参与过程和主观感受。教师过分关注优生,而忽视学生的全面发展和学生的个体差异,由此给学生带来了不可磨灭的负面影响:学生负担过重,影响青少年身心发展,导致学生的两极分化,成了束缚学生身心发展的"枷锁",严重挫伤学生的学习积极性,直接阻碍学生的个性发展,大大扼杀了学生的创造性。蔡元培在《在中国公学开学式演说》(1912年9月3日)中讲道:"未光复以前,全国学风以破坏为目的,当时鄙人对于此旨,亦颇赞成。现在民国成立,全国学风应以建设为目的,故学子须以求高深学问为唯一之怀想。学问非学商者即为商,学政治者即为官吏,须知即将来不作一事,学问亦为吾脑筋所具之物。"要落实新课程标准,实施素质教育,就必须制定能引领这一方向的标准和体系,使学校、教师以及学生的评价科学合理,才能使新课程理念深入贯彻,使素质教育顺利实施。

3.陈旧的教师观

中国古代称教书者为"师",并把"师"作为最受人尊敬的职业。春秋时的《尚书》云,"天降下民,作之君,作之师",把"师"的地位与天、地、君、亲并称,可见"师"的地位之高,受人之尊。中华民族有悠久的教育传统,师道在不断的传承中发展,逐步积累和丰富了中华民族的师者风范要求。重温师道的含义,继承和发扬传统师道,从传统中汲取营养,让教师这一职业在今天依然能够成为学生健康成长的引领者、学生全面发展的组织者、个性飞扬的促进者和文化传承的精神使者,具有重要意义。但如今还普遍存在一些陈旧的教师观念:首先,老师教,学生学,以教师教为主的课堂依然存在,教育观念落后,学生主体地位不突出,无法促进学生的全面发展、提高学生的素质、保证教学质量、推动素质教育的实施。其次,还有些教师认为,"师者,传道授业解惑矣。"思维固定在教师行业仅仅是"传道""授业""解惑"上,忽视了学生的心理健康,无法给予孩子完整成长这一教书育人的必要要求。最后,教师的文化底蕴不够丰厚,缺乏自身的人格魅力和学识魅力,无法实现高品位的修身立德。唯有好的教师,才能教出好的学生;唯有教师人格高尚,才可能有学生心灵的纯洁。教师应自觉加强师德修养,坚持以德立身、自尊自律,以高尚的情操和良好的思想道德风范教育和感染学生。教师是将素质教育真正应用于教学和实践活动的关键人物,所以,教师必须将素质教育的观念及要求根植于教学的精髓之中,真正地改变传统的教育,担负起学生全面发展的组织者的使命。

4.单一的课程观

现代教育把课程定义为:在教师的组织指导下,学校为学生提供的全部学习经历,所以不仅包括国家课程标准规定的学科,还应该有学校自己开设的各种选修课、课外活动、兴趣小组、团队活动等,即为大课程观。课程是构成教育的要素之一,是教育影响的核心内容。学校特色必须通过课程化来实现;课程特色是学校最大的特色。但当前,不少地区课程单一,使得在注重发挥一种或几种课程类型价值的同时,忽视或放弃了其他课程在学生发展方面所具有的价值。学科课程占据主导地位,活动课程所占的比例太小或者被直接代替;没有处理好国家课程、地方课程和校本课程的关系;只开必修课程,不开选修课程;学校课程中具体科目的比例失衡,特别重视必考科目,语文、数学等科目比重超标,占据了其他学科的大多数时间,从而直接影响了学生的全面发展和素质的提高。一些学校的体育、音乐、美术等综合课程的时间得不到保障,甚至直接被取消。

(二)对当前基础教育的深度思考

面对当前基础教育现状,我们要站在全国宏观和区域微观的层面来思考存在的问题。基础教育是国家发展的奠基,中国梦的实现,离不开各领域的人才,而人才的培养需要优质教育。基础教育需要不忘初心,追本溯源,洗尽铅华,尽显本真。改革开放这些年来,我国的基础教育取得了许多成就,但在宏观、微观层面,都在追寻"更好教育"的标准上面对一些现实问题,并由此引发对当前基础教育的深度思考。

1.基础教育全国宏观问题

全国层面的宏观问题主要为公益性和精英性的冲突。基础教育的公益性、基础性、普及性是相互依存、紧密联系的。提升公立学校教育质量,均衡教育资源是政府办人民满意教育的基础。资源不均衡,就无法办人民满意的教育,也无法让人民享受优质且均衡的教育,让特殊需要者去享受特殊支付教育,才符合基础教育,特别是义务教育的发展方式。所以,解决公益性和精英性之间的冲突,使大多数学生的公益性和少数学生的精英性,得到均衡、满足、保证公平,是对培养"全面发展的人"和培养"个人与社会需要的人"交出的优秀答卷,也是对公益性、精英性的全新诠释。

2.基础教育区域微观问题

区域层面的微观问题主要为发展不均衡问题。基础教育发展,省域之间、市域之间、县域之间等,都应进行统筹规划,实现均衡发展。基础教育均衡发展的目标,就是合理配置教育资源,办好每一所学校,教好每一个学生。当然,均衡发展不是要限制经济发达的地区、城市、中心镇,也不是限制条件好的学校发展,而是在鼓励教育发达区域办学条件好、办学质量好的学校提升质量水平的同时,也采取有效措施,来促进教育落后地区办学条件差、办学水平较低的学校加快发展,扩大优质教育资源。而均衡发展的着眼点应主要放在县(市)一级,使县域内各类教育实现均衡发展。

3.新时期基础教育的发展问题

其一,新时期基础教育肩负的使命是什么?

新时期,中国基础教育的使命是贯彻落实新时代"三个教育发展目标"方略。首先,要努力实现"建设基础教育强国"的规划战略目标,建设一流的校长、教师队伍,创建一流的优质学校,培育一流的德、智、体、美、劳全面发展的学生。教育为强国的基础,基础教育是教育的基础,夯实基础是重中之重。其次,要努力实现"加快基础教育现代化"的实施策略目标。中国想要实现教育强国,达成教育强国的目标,必然要坚定地走现代化道路,不单单要全面推进学校办学条件现代化,办学教育水平现代化,尤其要推进人(校长、教师、学生、家长)的现代化。其中,校长和教师的专业化发展应达到三重境界:专业型、专家型、教育家。最后,要努力达成"办好人民满意的基础教育"的长远发展目标。该目标是我国一直坚持的教育发展目标,而人民满意的教育就是均衡发展、公平公正的教育。教育要让社会、家长满意,让校长、教师满意,特别是让教育主体的学生满意。

其二,我国教育为谁培养人?培养怎样的人?怎样培养人?

在全国教育大会上,习近平总书记就"为谁培养人?培养怎样的人?怎样培养人?"这一问题进行了重要讲话。基础教育,想要解决该根本问题,需以新时代中国特色社会主义思想为指导,坚持立德树人为检验学校工作的标准,坚持马克思主义指导地位,贯彻、落实党的教育事业的全面领导。我们在网上看到曝光的高校学生会官僚事件,还有航空职业技术学院学生会群管理员爆粗口训斥新入户干事的事件,一时之间刷屏。而这些事件的问题,追根究底就是学生的价值观出现了偏差,使得官僚主义、形式主义侵蚀校园环境。人才培养应当是统一育人与育才的一个过程,育人是本,教育需发挥"立德树人"的作用,这关系党的事业后继有人,关系国家的前途命运,教育的首要问题就是培养怎样的人。我们的教育是社会主义教育,需坚持教育为人民服务,为巩固发展中国特色社会主义服务,为改革开放社会主义现代化建设服务,这是根本任务。只有认真学习并贯彻全国教育大会上习近平总书记的讲话精神,坚持党对教育事业的领导,坚持立德树人,重视学生思想教育,才能培养出思想品德素质良好且全面发展的人才。

其三,基础教育如何回归教育的本真?

在"长江学者奖励计划"特聘教授冯建军教师的《回归本真:"教育与人"的哲学探索》中提到,教育是生命的所需,需遵循生命发展的内在逻辑,目的在于使生命不断成长。每个人都有着独特性和灵性,怎样用教育来唤醒孩子在学习、成长上的主动性,使其生命得到绽放,是要关注的永恒话题。

教育的追求,就是人生命的发展,人生命的延续和发展离不开教育,教师是生命存在的一种形式、内在品性。教育的出发点是人的生命,也就是具体、丰富、充满活力的生命个体。而教育要达到促进学生发展的目的,首要前提是遵循学生发展的内在逻辑。对这一点,历史上的相关人士都提出过自己的看法。如 16 世纪的神父克利索托姆认为,教育必须适合儿童的理解能力,要慢慢地,一点一点地传授知识。夸美纽斯在《大教学论》中,以农业来比喻,认为儿童身上自然有着学问、德性与虔诚的种子,教师是园丁,给学生的思想耕耘播种,使他们获得发展。

回归教育本真,应契合教育规律、学生成长规律,将学生当作能够不断成长的有机体,立足学校实际,促进该有机体成长,使其不断丰富、提升、趋于完善。

二、"丰・彩教育"办学思想形成的多维视点

(一)基于新时期人才观和人才培养要求

习近平总书记多次提出:发展是第一要务,人才是第一资源,创新是第一动力;要创建人人渴望成才,人人努力成才,人人皆可成才,人人尽展其才的良好人才成长环境,努力培养出数以亿计的高素质劳动者和技术人才。为此,我们应当正确认识、审视现代教育的功能与价值。学校需摆脱传统教育思想的束缚。在新时期下,社会对人才的要求是什么?是树立新的人才观,创新人才培养要求。教育不单单是民族复兴、国家发展的基础、战略性事业,也是关系着每个学生、家庭的民生事业。所以,我们需"以人为本""以生为本",关注每个学生成长,保证其身心健康发展,帮助其成为全面发展的优秀人才。

学校应当创新办学理念,反思应试教育带给学生的危害,认识教育的根本要义,探索促进学生多元发展的路径。就如《国家中长期教育改革和发展规划纲要(2010—2020 年)》所提出的,教育的根本要求是育人为本,要统一全民发展和个性发展,树立人人成才和多样化人才观念,面向全体学生,尊重个人选择,鼓励个性发展,不拘一格地培养人才。新时期的人才观和人才培养要求,应改革教育质量评价制度,探索能促进学生发展的多种评价方式,建立面向全体、注重差异的多元化评价标准,倡导对有特殊才能、潜质的学生进行个性化培养,提供给每个学生以合适的教育,最大限度降低教育的功利性,强化教育促进学生全面多元发展的功能。

(二)探寻古今中外教育理论

美国教育家杜威指出:教育即生长,除它自身之外,并没有别的目的,

我们如要度量学校教育的价值,要看它能否创造持续不断的生长欲望,能否供给方法,使这种欲望得以生长。生长就是向着一个后来的结果,逐渐向前发展的运动。其认为,教育和生长的目的在于过程本身,生长是持续不断的一个过程,没有终极目标,是机体和环境互相作用的过程及结果。

而生命在不断生长的过程中,是长期而持续的积累,通过坚持,渐渐取得效果,最后获得巨大的改变。教育就是引导学生去注重知识的日常积累,只有学生掌握丰厚的学科知识,并加以内化,才能对其整合,充分吃透,纳为己用。"厚积"才能"薄发",学生注重知识的积累,养成积累的习惯,才能在不知不觉中丰富和积淀知识储备。而学生的这种积累,就如同果实一般,随着时间的推移,越发丰满实在,厚重充实,因而,其成长也可称为丰实成长。

美国哈佛大学教育研究院的心理发展学家霍华德·加德纳提出人的智能分为八个方面:语言智能、音乐智能、数学逻辑智能、空间智能、肢体运动智能、内省智能、人际关系智能和自然观察者智能。其认为,学校一直在强调的知识是学生在逻辑—数学、语文(主要为读和写)两方面的发展。但这并非人类智能的全部。人与人之间都存在差异,这种差异是不同智能的组合。就像建筑师和雕塑家的空间感,这说明其空间智能较强;运动员和芭蕾舞演员的体力好,说明其肢体运作智能较强等。

因而,学校在培养学生方面,应当着重因材施教,尊重每一个学生的差异,尊重每一个学生的特殊天赋,采取各种有效措施,来帮学生树立自信,使其能在完美的状态下学习成长。学校要求教师要因材施教,教给学生基本的学习方法,促进其学习能力的提高和素质发展;并时刻揣摩学生的学习心理,做到未雨绸缪;上课时了解学生的思维发展,制定相应的策略,提供针对性教育。如此,我们想方设法地使学生获得全面发展,实现个性成长,最终如花儿一般多彩绽放。

马克思主义人的全面发展理论认为,人的发展是相对于社会发展而言的,主要是指个人的发展,包括个人的体力、智力、个性和交往能力的发展等,是全面发展、自由发展、充分发展的统一。所谓人的全面发展,主要是指社会上的每一个成员的劳动能力、社会关系和个性的充分自由的全面发展。在马克思看来,人的发展的实质是人的能力的发展。马克思、恩格斯明确指出,"任何人的职责、使命、任务就是全面地发展自己的一切能力,其中也包括思维的能力"。同时,恩格斯在《共产主义原理》中指出:"根据共产主义原则组织起来的社会,将使自己的成员能够全面发挥他们的得到全面发展的才能。"这就是强调要提高人的综合素质,发展人的多方面的才能,反对人的能力的片面发展。

主体教育理论:所谓的主体教育,就是依靠主体来培养主体的教育,它包括三层含义:第一,把学生培养成未来社会生活的主体,弘扬人的主体性,这是主体教育的基本价值立场;第二,在教育活动中,学生是正在成长着的主体,有一定的主体性,又需要进一步培养和提高,这是主体教育人性论的体现;第三,只有发挥人(教育者和受教育者)的主体性,才能培养主体性强的人,这是主体教育所采取的基本策略。主体教育的终极目标就是使每个人得到全面、自由、充分的发展。

(三)汲取优秀传统文化精髓

中华民族有着五千年的文明发展史,有着非常厚实的文化底蕴,积淀了丰富的优秀文化,这其中不乏众多关于教育和人才观方面的优秀传统文化,如"三百六十行,行行出状元",这是多元人才观的写照。《老子》中言:"合抱之木,生于毫末;九层之台,起于累土;千里之行,始于足下。"荀子在《劝学篇》中说:"不积跬步,无以至千里;不积小流,无以成江海。"杜甫在《奉赠韦左丞丈二十二韵》中说道:"读书破万卷,下笔如有神。"孙洙在《唐诗三百首序》中说:"熟读唐诗三百首,不会作诗也会吟。"孔子《论语》中说:"日知其所亡,月无忘其所能,可谓好学也已矣。"这些名言名句是在揭示成长规律和学习过程,积累成长的意义;昭示教育人办学要遵循教育规律和人才的成长规律,注重多维丰实成长,促进能力多元发展,厚积薄发,实现生命多彩绽放,让每个孩子拥有自己的精彩。

(四)立足千年古邑武平本土文化

武平是一座历史悠久的千年古邑,历史丰厚,也尘封着许多故事,如"大水圳巷"、三段岭的千年古井、"南安门"与"三官堂"等。而其也拥有令人流连、独特新奇的多彩民俗文化,如客家文化、红色文化、生态文化等,多种多样。如,客家文化方面,近年来,武平县坚持保护和开发并举,传承和发展并重,加大了传统民俗文化的保护力度,编写了《定光佛研究》等客家民俗研究专集,以及《武平客家文化》一类的乡土教材,还在全县各中小学课堂教学中开设客家文化课,让人们在看见青山绿水的同时,也铭记不忘传统文化;生态文化方面,坚定不移地践行"绿水青山就是金山银山"的发展理念,从林改再出发,做优"生态立县"文章,走高颜值生态环境、高素质经济发展的绿色发展道路;红色文化方面,通过再版连环画、拍摄微电影、创作历史小说等形式,推出系列红色文化精品。

正是处于这繁盛多彩的社会环境及自然环境下,武平成为了多元文化成长的热土,成为促进人才多元发展的摇篮。而武平县实验小学在这多元的文化浸润下,不断地开拓发展,成为一所具有广泛影响力的知名小学,其办学思想是传统文化思想和现代教育思想碰撞交融所形成的精华结晶,是优秀文化和先进文化互相影响交织的成果,坚持多元发展,培养多元化人才。

(五)反观百年老校的百年光辉发展史

武平县实验小学最早创办于清光绪三十二年(1906年),那时叫作"武平县官立两等小学堂",在中华人民共和国成立以后改成"城厢中心小学",于1956年正式更名为"武平县实验小学",1981年被省政府定为福建省重点小学,是一所百年老校。

在发展的过程中,武平县实验小学之所以能越经历时间的推移越发出彩,是因为其对教育的尊重和坚守。在办学的过程中,其虽遇到了诸多困难,但始终坚信"脚踏实地,艰辛的付出必有丰厚的回报",并始终倾听生命拔节的声音,感受生命拔节的力量,坚持丰实和出彩,最终形成了"丰·彩教育",其实质为"丰实必会出彩"。丰实是一个持续动态的过程,持续代表着持之以恒,日积月累,动态强调着长期实践,不断发展。出彩则是明确指向性的结果,既是厚积薄发的精彩,也是多重积累、多元发展所体现的多彩,凸显了武平实小全体人员由内而外的光彩和气质。"丰实必会出彩"着重强调武平实小人点滴积累、不断成长的丰实过程,也突显了实小人全体异彩多姿的丰硕成果,"必会"体现的是"丰实"和"出彩"之间水到渠成的一种因果关系。

以上视点,凝练了独具特色的"丰·彩教育"办学思想,旨在厚实根基,精耕品质,打造人人皆可成才、人人尽展其才的多彩学园,让每个孩子拥有自己的精彩!

第二章

"丰·彩教育"办学思想概述

第一节 "丰·彩教育"的概念界定

一、"丰·彩教育"的概念

（一）"丰""彩"字义阐述

1.丰

丰本意是指草木繁盛。【形】草木茂盛。【动】增大；扩大。【形】容貌丰满，美好。【名】通"风"，风度，风姿。

2.彩

"采"意为"动手收集"，引申为"物品集合"。"彡"为"三"的变形，意为"多"。"采"与"彡"联合起来表示"物品种类繁多"，基本意思是光彩，光泽。

3.丰彩

《艺文类聚》卷八六引晋傅玄《李赋》："潜实内结，丰彩外盈。"其基本意思为丰采，形容有风度。

（二）"丰彩"语义阐述

"丰彩"一词有"茂盛""增长""积累""多样""风姿""光彩"的语义。

（三）"丰·彩教育"定义阐述

"丰·彩教育"是立足知识的多元建构，关注生命的多重丰实积淀，促进素养的多维提升，实现生命的多彩绽放的教育。

"丰·彩教育"不苛求每个人都获得同一种成功的"出彩"，但是期盼每一个人都能获得属于自己的"精彩"！

二、"丰·彩教育"的内涵阐述

（一）"丰·彩教育"注重生命生长的全过程

美国教育家杜威在《民主主义与教育》中说道："教育即生长，除它自身之外没有别的目的。"杜威提出的"生长论"就是希望儿童得到充分的发展，表达了一种新的教育观和发展观。教育与生长的目的在于过程自身，生长是一个持续不断的过程，没有终极目标，是机体与环境相互作用的过程和结果。这里的"生长"体现了两个内涵。一是"生长"内在的主动性。达尔文的物种进化论思想深刻地影响着杜威的教育思想体系，因此，他在哲学和教育学上常常运用一些生物学上的概念，如"生长、适应、环境"。而他关于教育本质方面的一个经典思想——教育即生长，就运用了生物学上的概念。因而，这里的生长就含有个体的一种内在的自然成长的内涵，同时也暗含了杜威的教育目的观，这个目的就是教育过程中个体生命的内在生长。因为成长是生命的特征，所以教育就是促进生命的不断成长，在它自身以外，没有别的目的。二是生长过程的持续性。杜威把生长的基本条件确定为未成熟状态，并明确指出这种未成熟的状态意味着成长的可能性，存在着积极的成长趋势，即发展的能力；进一步强调学校教育的价值及其标准，就是看其能否激发持续成长的愿望，能否提供实现这种愿望的方法。教育的过程就是一个持续不断成长的过程，每个成长阶段的目的都是增强成长能力。

"丰·彩教育"就是针对小学教育的特定教育对象——小学生。首先，小学生是一个处在发展中的人，是处于一种各方面未成熟的状态，就如一张等待绘制上色的白纸。其次，小学阶段是一个人长身体、长知识的黄金时段。基于此，"丰·彩教育"立足课上课下、校内校外，着力从环境建设、课程建设、课堂建模、评价体系、教师培育、活动开展等方面，针对品格、才智、气韵等领域促进每一个幼小生命的持续生长,关注每一个生命的成长过程,重视在成长过程中各个维度的丰实积累,从而丰润生命、为生命的持续生长注入阳光雨露,促进成长,实现"一棵树摇动另一棵树,一朵云推动另一朵云,一个灵魂唤醒另一个灵魂,一个生命促进另一个生命的生长"。

(二)"丰·彩教育"强调遵循人才成长规律和教育规律

"物有本末,事有始终。"每一个孩子的成长与发展都具有阶段性的特征,每一个阶段的发展潜质各不相同,在实施教育的过程中,要注意了解孩子的个性特征,尊重孩子发展的需求,并为孩子的个性化需求提供服务和保障,这就需要教育遵循其内在成长规律,即教育规律。教育规律是教育发展过程中的本质联系和必然趋势,是教育现象所固有的,是教育工作必须遵循的客观存在的法则,只要教育现象存在,教育规律就要发生作用,教育在任何状况下都要受到自身规律的作用和反作用。但是,长期以来,受长期应试教育及一些教育机制体制的影响,我们的教育面临着一个重要的问题:片面认为"质量就是考试分数","高分数就是优秀人才"。这就导致在学生、老师、家长的眼中只有分数,出现唯"分数论",形成了强压式的学习,包括满堂灌、题海战术、频繁的考试和排名等典型的应试教育,大家期望以这样的方式逼着孩子不懈怠,逼着孩子快速考高分。这种急功近利、揠苗助长式的教育,严重违反了教育的规律和人才的成长规律。诗人泰戈尔说:"不是铁器的敲打,而是水的载歌载舞,使粗糙的石块变成了美丽的鹅卵石。"试想,这种唯"分数论"的简单粗暴的教育是"冰冷的铁器"还是"载歌载舞的一汪清泉"?

在应试教育、功利主义的教育愈演愈烈的今天,教育要回归本真,教育要回归常识!这是诸多教育家和有识之士形成的共识。作为教育者的我们都要认真思考:什么是教育常识?怎样让教育回归本真?该办一种怎样的教育?

"丰·彩教育"在实施过程中重视遵循教育规律:一是基于不同年龄学生特点的身心发展规律;二是基于学生不同的知识结构和学科特点的学的规律;三是满足不同学生不同程度、不同方向发展要求的教的规律。

首先,"丰·彩教育"注重积累、丰实、成长的教育过程。"十年树木,百年树人。"教育学者、生命化教育的倡导者张文质,长期致力于基础教育和家庭教育的理论研究与探索。张文质提出了"教育是慢的艺术"的重要观点,这既是针对当下教育现状的一种理性反思,也是返回教育本质的一种

"心向往之"的努力。"丰"体现的便是慢的艺术。"丰"即是希望老师在教育的过程中要注重自身素养的持续提升,与时俱进,把自身拥有的"一桶水"变为"长流水",努力做新时期"四有"好教师,从而引领学生厚积薄发,丰实溢彩,享受成长的快乐,收获属于自己的精彩。

其次,"丰·彩教育"注重教育目标的确定与教育策略的选择。教育目标与教育策略要切实符合学生的身心发展规律,《国家中长期教育改革和发展规划纲要(2010—2020年)》中指出:要为每个学生提供适合的教育。这是尊重教育规律和学生身心发展规律的客观要求。教育要遵循青少年身心发展规律,根据不同学生的特点、特长、爱好,因材施教。教师要真正走进每一个学生的心灵,最大限度地了解学生的学习情况,了解他们的优势和劣势。学校就要在校本特色课程设置上,在科技、文艺、体育、综合实践活动等领域开展上,在评价与激励方式选择上,尽可能根据学生的不同年级、不同性别、不同学习能力、不同学习兴趣的特点,为学生提供差异性、层次性、选择性强的发展平台,在此基础上为所有的学生提供自主学习的空间、积极思维的空间、开展活动的空间和充分表现的空间,让不同的孩子拥有不一样的精彩!

再次,"丰·彩教育"的教育教学行为符合学生的认知规律。近年来,在"丰·彩教育"思想的引领下,大力推进校本课程建设,学校不断优化教学体系,全面深化新课程改革。学校提出要打造"三化"丰实教学模式,构建启迪智慧的丰实课堂的同时坚持备课要"精"、上课要"实"、作业要"选"、辅导要"深"、评价要"多元",着力提高教学质量。叶澜先生提出要"让课堂焕发出生命的活力",成为中国教育界最具感召力的声音。究其原因,就在于它对人的生命价值的尊重,对师生共在的课堂生命质量的关注。"三化"教学模式下构建的"启智课堂",学生个体的自主和独立人格受到尊重,学生之间和师生之间的人际互动圆融共生,师生精神生态的情感体验得以丰富、有效思维得以提升,师生充满生命的感动、课堂激荡着智慧的火花。

遵循教育规律,关注学生发展,彰显育人风范,应该成为每所学校未来发展的不懈追求。德国哲学家雅斯贝尔斯说:"真正的教育是用一个灵魂去唤醒另一个灵魂。"我们的教育就是要营造一汪沐浴灵魂的清泉,让学生沉醉于其中,使他们神清气爽,让他们有可能去体验生活、咀嚼生活、品味生活,成为一个品格丰盈、才智丰茂、气韵丰雅的出彩新人。

（三）"丰·彩教育"秉承多元育人观和多元人才观

国内外在注重个性差异，关注主体发展上也有各个角度的研究。王良民在《学生主体论与体育俱乐部教学模式的实践》中指出：确立学生的主体地位，坚持以学生发展为本的人本教育观。《萨拉曼卡宣言》指出："每个儿童都有其独特的特性、兴趣、能力和学习需要；教育制度的设计和教育计划的实施应该考虑到这些特性和需要的广泛差异。"赵中建在《教育的使命：面向二十一世纪的教育宣言和行动纲领》中提出："人的差异是正常的。学习必须据此来适合儿童的需要，而不是儿童去适应预先规定的、有关学习过程的速度和性质的假设。""丰·彩教育"实践是这种多样并存和多重积累的过程，尊重学生的需要和选择，创造适合学生个别差异的教育，使每一个学生在各自的基础上都得到应有的发展，这种教育和发展是一个指向结果的过程，这个结果就是出"彩"。这个"彩"是表现优异的，但也是多元的。"丰·彩教育"不苛求每个人都获得同一种成功的"光彩"，但是期盼每一个人都能获得属于自己的"精彩"。

（四）"丰·彩教育"根植于学校丰厚文化内涵的土壤

武平县实验小学是一所历经沧桑的百年老校，百年积淀本就是"丰"，而这样的"丰"成就了学校今天的"彩"。学校如今的成绩来源于过去的积累，学校未来的风采更取决于今日的积累，"丰·彩"既包含了对学校过去取得的成绩的肯定和自豪，更是期望今天的实小人砥砺"丰实"，不断积累和成长，以赢得未来更多的"彩"。所以"丰·彩"体现的是学校"悠久""多彩"的历史和无限精彩的未来。

（五）"丰·彩教育"是全方位地展现学校、师生的丰实溢彩

武平县实验小学是一所多彩的学校，学校的风采不仅来源于学校的"彩"，更来源于教师的"彩"、学生的"彩"、课程的"彩"、家长的"彩"，在"丰·彩教育"思想引领下的武平实小，将承载百年历史光辉，依然呈现出"扬帆远航正当时"的良好发展态势，洋溢着百年老校的文化自信，展现出百年精品老校的应有风采。"潮平两岸阔，风正一帆悬。"在"丰·彩教育"思想的引领下，全体教师立足新起点，朝着新的更高目标，不断丰实自我，持续展现实小教师应有的优异风采。全校师生将脚踏实地，发挥磅礴之力，敢为人先、敢于出彩，力争"今天比昨天更出彩，明天比今天更精彩"。

三、"丰·彩教育"办学思想教育观

(一)学生观

"丰·彩教育"办学目标,旨在培养品格丰盈、才智丰茂、气韵丰雅的时代出彩少年。品格即品行、品性,是一个人的基本素质,是世界上最强大的动力之一,李中《庭苇》诗:"品格清於竹,诗家景最幽。"丰盈的品格——勤劳、正直、诚实、自律……是人性的最高形式的体现,它能最大限度地展现出人的价值。才智指的是才能和智慧,是培养灵魂充满灵性与情感的学生,是培养一种拥有认知能力、判断力、记忆力、想象力与审美能力等在内的高级才智型生命。气韵是指人的神采和风度等,培养学生从自身的修养入手,读万卷书,行万里路,可使学生自身胸中无尘浊,气韵生动,培养人格精神,涵养胸襟气度。因而,学校的"三丰"培养目标从关注学生的品格、才智、气韵三方面出发,打造出"每个学生都是充满潜质的发展中人、都是与众不同的独立个体、是独立的学习成长的主体"这样一种新型的学生观。

1. 每个学生都是充满潜质的发展中人

潜质就是潜在的素质、能力、天赋。学生的潜质从某种意义上说是学生潜在的学习方面的某种素质。"丰·彩教育"坚信每个学生都是充满潜质的发展中人,相信学生潜藏着巨大的发展能量,通过教育过程进行开发与挖掘,采取合理的教育机制与现代教育方式,不断追求进步和完善,都可以积极成长,最终获得成功。学生是处于发展过程中的人,学生的潜质是多方面的,有顺序性、阶段性、不平衡性、互补性、个别差异性等规律,人的发展不是统一而整齐的,时间上会有先后之分;程度上有强弱之分;每个人都有自己的智能强项,同样也存在智能弱项,以智能强项带动智能弱项。学生的发展是具有个性化的发展,"丰·彩教育"尊重学生的个别差异,每个学生都具有自己的人格魅力,是独特的,也是出色的。教师对每一个学生都抱着积极、殷切的期望,发现学生身上的闪光点,挖掘学生的潜质。著名教育家叶圣陶先生曾说过"教育的生机与活力,就在于促进学生个性的健康发展",让每一个人的个性得到充分自由的发展。这也是马克思主义学说中的重要观点。同时,学生的发展也是全面的发展,现代学生观强调,教师在教育教学实践中,不仅要重视"知识与技能"的传授,更要看到"过程与方法""情感态度与价值观"的重要性,把学生培养成全面发展的人,最终以发展为目的,塑造品格丰盈、才智丰茂、气韵丰雅的出彩少年。

2.每个学生都是与众不同的独立个体

每个学生都是独立的个体,都与众不同。清代李汝珍《镜花缘》中写道:"这是今日令中第一个古人,必须出类拔萃,与众不同,才觉有趣。"东汉王充《论衡》:"故富贵之家,役使奴童,育养牛马,必有与众不同者矣。"每个人由于遗传因素、社会环境、家庭条件和生活经历的不同,形成了个人独特的个性,他们在兴趣、爱好、动机、气质、性格、智能和特长等方面是各不相同、各有侧重的。独特性是个性的本质特征,珍视学生的独特性和培养具有独特个性的人,成为"丰·彩教育"对待学生最基本的态度。传统教育希望把所有的孩子都变成千篇一律的"好学生",让所有的孩子都在同一条通往所谓的成功的大道上行走。但实际上,人与人之间并不一样,之间的区别大得远远超过我们的想象。我们没有权利通过竞争淘汰任何一个孩子,每一个孩子都有生存的需求和价值,这就成了我们新的挑战。发现孩子与众不同的地方,为他们搭建合适的成长平台,让孩子自我唤醒、自我发现、自我认知,从而形成独立的人格和思想,最终成为与众不同的自己,这就是"丰·彩教育"的根本。正如艾琳·凯迪所说:"每一个人都是独立的个体,独一无二,无法复制。"

3.每个学生都是独立的学习成长的主体

"丰·彩教育"倡导的"学生是学习成长的主体"是以人为本的具体体现,是培养自主意识、创新精神、主动探究的新型学生观。著名教育家陶行知提出:解放孩子的头脑,让他们能想;解放孩子的眼睛,让他们能看;解放孩子的双手,让他们能做;解放孩子的时间,让他们能学自己想学的东西。"纸上得来终觉浅,绝知此事要躬行。"教师要抓住新课程给学习方式带来的变化,组织学生在实践中学习,在实践中探究,把教科书与生活实践结合起来,使学生学有兴趣,主动探究,真正成为学习的主人。学生是学习成长的主体主要体现在以下几方面:

首先是课程设置上的体现:围绕我校"丰·彩教育"的办学目标,我们将学校整个课程体系整合为"道德与健康""语言与文化""数学与科技""审美与艺术"四个维度,国家必修课程、社团选修课程、百项活动课程均围绕这四个维度开发,形成"三位一体、多维互动"的课程开发体系。"三位"指的是国家课程、选修课程、活动课程,"一体"指的是课程的终极育人目标,即共同指向培养"全面发展的人"的终极发展目标。把学生放在主体地位,突出"以人为本",从文化基础、自主发展、社会参与三个维度着眼,去夯实学生的文化底蕴,培育他们的科学精神,引导学生积极参与,学会学习,学会健康生活,培养他们的责任担当意识和创新实践能力,让每个孩子都拥有属于自己的精彩。设置学生本位的课程整合,以儿童现实的直接经验、儿童的需要和动机、儿童的兴趣以及心理发展为核心,其目的在于促进学生的经验生长和人格发展。这项课程主要体现在综合实践活动和班队活动课程领域,按照"自我体验""主题实践""综合活动"三大领域进行校本课程开发,充分落实学生的主体地位。

其次是课外活动中的体现:为实现"人人出彩,个个精彩"的培养目标,我校将学校活动以及学生的课余活动也纳入课程体系之中,确立了"百项系列活动课程"。统筹规划学校的德育活动、班队活动、学科活动以及家庭活动、社会活动,从道德与健康、语言与文化、数学与科技、审美与艺术的角度规划小学六年的活动课程,道德与健康层面以体验式活动为主,语言与文化层面以积累式活动为主,数学与科技层面以探究式活动为主,审美与艺术层面以浸润式活动为主。其彰显了生活即教育、教育即生长的理念,让学生在自主实践中锤炼,在实践中成长。

再次是教学过程中的体现:课前观察、搜索、积累已成为课堂教学的一部分;课堂讨论、辩论、争论、操作成为互动的显著特征;提出问题,寻找解决方法是教学的主要环节,学生在各个环节中成为活动的主体,尽可能为学生主动参与教学活动提供机会。在课堂教学中,教师起主导作用,学生是主体。实施主体教育,教师必须在课堂教学中把学习的主动权交给学生,为他们提供思考的时间和环境,让学生多动脑、多动口、多动手,发挥其主观能动性;在教学过程中给学生足够的引导,让学生学会学习,使学生获得独立学习和可持续发展的能力。

(二)教师观

"丰·彩教育"涵养一批"三精"教师。所谓"三精"即:"精诚""精致""精进"。"精诚教师"的培养是丰雅(丰茂雅正)教师团队建设的根本,立足于师德建设,努力把教师培养成忠于祖国、忠于人民、忠于党的教育事业的精诚教师;"精致教师"的培养是丰雅教师团队建设的基础,重点是指师能和学识提升方面,设法使全体教师不断提高教学能力和教研能力,持续提升人文素养和厚实文化学识,打造能作为、有作为的精致教师队伍;打造"精进教师"队伍是丰雅教师团队建设的宗旨,通过多元培养,多维丰实,久久为功,努力造就一支向上、向善、甘于奉献、敢于出彩的"德艺双馨"的教师团队。

加里宁说:"教师是人类灵魂的工程师。"作为人类灵魂的工程师,肩负着国家和民族的希望,受到全社会的关注。中国古代称教书者为"师",并把"师"作为最受人尊敬的职业。春秋时的《尚书》云:"天降下民,作之君,作之师",把"师"的地位与天、地、君、亲并称,并写在同一牌位上供众人朝拜,可见"师"的地位之高,受人之尊。中华民族有悠久的教育传统,师道在不断传承中发展,逐步积累和丰富了中华民族的师者风范要求。重温师道的含义,继承和发扬传统师道,从传统中汲取营养,让教师这一职业在今天依然能够成为学生健康成长的引领者、学生全面发展的组织者、个性飞扬的促进者和文化传承的精神使者,具有重要意义。

1.教师是学生健康成长的引领者

古人云:"师者,传道授业解惑也。"而现如今,教师行业已不仅仅是"传道""授业""解惑"那么简单了,注重学生心理健康,给予孩子完整成长成了教师教书育人的必要要求。习近平总书记曾多次指出,教师是青少年健康成长的重要指导者和引路人,作为教师,应注重教师示范教育,开展学科渗透教育,实施学生关爱教育,让学生亲其师,信其道,"给学生心灵埋下真善美的种子,引导学生扣好人生第一粒扣子"。教师是立教之本、兴教之源,承担着让每一个孩子健康成长、培养社会主义事业合格建设者和可靠接班人的重任和使命,对每一个孩子的成长和发展负有不可推卸的神圣责任,必须自觉地做好学生健康成长的引领者。

做好学生健康成长的引领者,教师心中有爱。英国教育家罗素说:"爱是一缕金色的阳光。"我国现代文学家鲁迅说:"教育是植根于爱的。"师爱是教育的灵魂,是教师教育学生的感情基础。师爱中有呵护,师爱中有扶持,师爱中有鼓励,师爱中有引导。用爱心去呵护学生的成长,教育学生成为一个对社会、对他人有用的人,这就是"丰·彩教育"的本质。

做好学生健康成长的引领者,教师有丰厚的文化底蕴。丰厚的文化底蕴是教育事业赋予我们新时代教师的要求。教师具有丰厚的文化底蕴,用文化精髓熏陶感染,构筑学生的精神家园。"丰·彩教育"下师生丰实成长,厚积薄发,教师在教育的过程中注重自身的积累和提升,在自身的积淀中丰厚。"腹有诗书气自华",实小教师饱读诗书,学有所成,气质才华自然横溢,高雅光彩。学生受到熏陶,犹如和高人相处,得到教益、感化,潜移默化地引导学生健康成长。

做好学生健康成长的引领者,教师修身立德,为人师表。树人者必先立德,教书者必先强己,为师者必先自律。教育是心灵与心灵的沟通,灵魂与灵魂的交融,人格与人格的对话。有好的教师,才能教出好的学生;唯有教师人格高尚,才可能有学生心灵的纯洁。教师应自觉加强师德修养,坚持以德立身、自尊自律,以高尚的情操和良好的思想道德风范教育和感染学生,以自身的人格魅力和学识魅力赢得社会的尊重。

2. 教师是学生全面发展的组织者

教育教学的一个重要目标是"促使全体学生素质全面发展、个性健康发展,使每个学生学会学习,达到愿学、乐学、会学、善学"。现代教师已不仅仅只是传授知识,更要促进学生身心的全面发展。21世纪是一个快速发展的世纪,要想培养大批社会主义的建设者和接班人,就必须从小开始促进小学生的德、智、体、美、劳等全面发展。当前,"丰·彩教育"正是面向全体学生,促进学生全面发展的教育。教师打破了传统意义上老师教、学生学,以教师教为主的课堂氛围,改变了教育观念,活跃了课堂气氛,注重学生的主体地位,培养学生的创新意识,促进学生全面发展,提高学生的素质,保证教学质量,推动素质教育的实施。而教师是将素质教育真正应用于教学和实践活动的关键人物。所以我校教师将素质教育的观念及要求植于教学的精髓之中,真正地改变传统的教育,担负起学生全面发展的组织者的使命。

3. 教师是学生个性飞扬的促进者

美国人本主义心理学家罗杰斯首次把"促进者"这一概念引入教育领域。1952年,罗杰斯在哈佛大学做关于"教和学的思考"的演讲时郑重地宣告:"我失去了当教师的兴趣!"他认为,教给他人的任何东西,似乎都是无意义的,因为它对行为者的行为几乎不产生或根本不产生有效的影响。而唯一能对行为者的行为产生深远影响的知识是行为者自己发现并能被化为己有的知识,但这种能被化为己有并被同化到自己的经验中的知识不能直接传递给他人。所以,要实现这一目的,教师就必须发挥一种有别于传统作用的新作用,必须停止教导(teaching)而开始促进(facilitating),从而使自己成为学生学习的促进者。"促进者"是基础教育课程改革视阈下教师的重要角色之一,体现了课程改革所倡导的交往互动的教学观、平等和谐的师生观、发展共进的评价观,得到了教育研究者和实践者的广泛认同。教师即促进者,是指教师从过去仅作为知识传授者这一核心角色中解放出来,促进以学习能力为重心的学生个性的和谐、健康发展。当学生不会学习时,教师指导他们会学;当学生遇到疑难时,教师引导他们去想;当学生的思路狭窄时,教师启发他们拓宽;当学生迷途时,教师把他们引上正路;当学生无路可走时,教师帮助他们铺路架桥;当学生"山穷水尽疑无路"时,教师引导他们步入"柳暗花明又一村"的佳境。教师是学生学习的促进者,就必须做到"教学是师生多向交往、积极互动、共同发展的过程"。课堂上师生时空共有,是互动的两个主体,但他们之间存在着多方面的差异:生活经验不同,情感体验不同,观察方法不同,思维方式不同,学识水平不同等,师生的互动将丰富教学内容,求得新的发现,达到共识、共享、共进,实现教学相长和共同发展。因此,教师既要保持预设的教学进度,又要善于倾听,用心捕捉一些稍纵即逝的灵光,以自己的教学智慧去促使课堂的动态生成,让学生的自主学习和教师的参与充满创造力。

(三)教学观

教学就是传授知识、启迪智慧、点化生命的过程。学校的教学工作是由教师和学生两个方面构成的统一过程,二者之间互相联系、彼此渗透、互相制约、相互依存。"丰·彩教育"办学理念以学生发展为中心,主张以人为本,因材施教,注重知识的多重建构,促进学生素养的多彩绽放,进而达到师生共同发展的目的。这种教学观关注的是师生生态平衡,强调课程的主体是学习者,学习者以兴趣、需要、能力、经验为中介来发挥课程的作用,提倡教、学的有机统一。

1.注重以人为本、因材施教的教

因材施教首先要了解学生,学生的身心发展具有顺序性、阶段性、不平衡性、互补性、个别差异性等规律,这是经过现代科学和教育实践证实的。认识并遵循这些规律,是做好因材施教工作的前提。学生身心发展的规律客观上要求教师应依据学生身心发展的规律和特点来开展教育活动。早在两千多年前,思想家孔子就说:"中人以上,可以语上也;中人以下,不可以语上也。"他承认人的天赋秉性是有差别的,因为差异是客观存在的自然现象,尊重差异就是尊重学生的人格;善待差异,研究差异,才能更好地通过因材施教最大限度地防止差异的扩大。差异不仅是教育的基础,也是学生发展的前提,应视为一种财富而珍惜开发,使每个学生在原有基础上都得到完全、自由的发展。

其次,设计不同的教学目标,做到因材施教。教师设计与不同层次学生的实际水平相适应的分层教学目标,对各层次的学生,从他们对知识的认识深度和广度以及接受新知识的能力等方面,提出不同的要求;教师根据目标的分层进行备课的分层,并在教学中加以运用,从而使全体学生获得最佳学习效果。

最后,设计阶梯式辅导计划,进行因材施教。对于接受能力强的学生,激发他们的创造性思维,培养他们灵活应变的能力,激励他们向更高处发展;对于接受能力中等的学生,设计一些稍难的练习,慢慢提高他们的思维能力;对于接受能力比较弱的学生,选择简单的习题,对他们进行耐心辅导,给予精神上的鼓励,从而真正做到因材施教,以人为本。

2.注重知识多重建构的教

皮亚杰认为,认知的形成与发展是一种建构过程。建构主义学习理论强调以学生为中心的教学方式,学生是意义和知识的主动建构者;强调学生之间和师生之间协作交流的重要性;强调情境在学习过程中的重要性。学生只有在真实的情境下,才能更加积极并且有效地建构知识。因此,当前我校的教学模式可以被概括为:在整个教学过程中,以学生为主体、教师为主导,在教师组织、指导、帮助和促进下,充分发挥学生的主动性、积极性和创造性,学生借助一定的"情境",经过"协作""会话"等学习环境要素,最终有效地获得知识的意义建构。在这里,学生主动"学"占了主要的地位,因此建构主义教学应该以学生为主体,注重学生知识的多重建构,既促进学生的学习,也促进教师自身的教学和发展,使教学相长。

3.注重素养多彩绽放的教

"一花独放不是春,百花齐放春满园。"学校全方位构筑"丰·彩教育"课程体系,从"智、情、意、行,和谐统一"的课程内涵出发,确立了"道德立身,文化润心,科学启智,艺术冶情"的课程开发目标,构建必修课程、选修课程、活动课程"三位一体"的课程开发体系,从道德与健康、语言与文化、数学与科技、审美与艺术四个维度进行课程开发,开发出了"道德与修养""道德与智慧""健身与健心""阅读与表达""探索与发现""欣赏与展示"等系列课程,开设了十项国家规定的必修课程,六项校本选修课程,100+X项拓展课程。学校通过系列课程的开发,引领教师站在课程的高度审视教学、推动教学、促进教学、激活教学,提升了教师教学研究的素养,不仅教给学生丰富的知识,还培养了学生高尚的道德、坚韧的意志,使学生身心健康、善学能用、善思能创、阳光自信、和美达观、全面发展。

(四)课程观

现代教育把课程定义为:在教师的组织指导下,学校为学生提供的全部学习经历,所以它不仅包括国家课程标准规定的学科,还应该由学校自己开设的各种选修课、课外活动、兴趣小组、团队活动等组成。这即为大课程观。课程是构成教育的要素之一,是教育影响的核心内容。学校特色必须通过课程化来实现;课程特色是学校最大的特色。围绕"丰·彩教育"的办学目标,我校的课程特色是将学校整个课程体系整合为"道德与健康""语言与文化""数学与科技""审美与艺术"四个维度,国家必修课程、社团选修课程、百项活动课程均围绕这四个维度开发,形成"三位一体、多维互动"的课程开发体系。其中,"三位"指的是国家课程、选修课程、活动课程,"一体"指的是课程的终极育人目标,即共同指向培养"全面发展的人"的终极发展目标。"丰·彩教育"办学理念下的课程是丰富性的课程:丰富性是指"课程的深度、意义的层次、多种可能性或多重解释"。要促进学生和教师的转化和被转化,需要在教师、学生与文本之间进行不断协调。各门学科应以自身的方式诠释"丰富性"。例如,语文学科有口语交际、朗读、作文竞赛、写字比赛、开故事会,举办读书节(跳蚤市场、图书义卖等)、演讲比赛、手抄报比赛等;数学学科有计算、动手操作、统计调查、参观访问、错例分析,举办数学小论文、数学手抄报、数学经典故事比赛,测量、设计制作等;英语学科有唱英语歌、英语书写比赛、简单的英语会话、编演英语小品等。"丰·彩教育"办学理念下的课程是回归性的课程:回归性,现代主义模式强调"重复",而后现代主义强调"回归"。"回归性"是指"一个人通过与环境、与他人、与文化的反思性互相作用形成自我感知的方式"。"生活即教育""社会即学校"。教育与人的生活具有同质性,教育就是在社会生活之中促成人的"生长"。为此,通过丰富多彩的课程,学习与学生的生活世界密切融合,让学生在真实的学习生活中获得教育。生活化是小学课程的根本特征,小学教育应该回归儿童的生活世界,关注儿童的真正生活。它包括课程目标回归生活,课程内容回归生活,课程组织与实施回归生活以及创设回归生活的环境等,这种注重生命质量提升、回归自然现实生活的课程设计理念,能更好地促进儿童的深度发展。

第二节 "丰·彩教育"建构重点简述

一、浸润——营造"合一"丰悦育人环境

良好的校园环境是一部立体、多彩,富有感染力、吸引力和约束力的教科书,有利于陶冶学生情操,规范约束学生的行为,对学生的健康成长起到潜移默化的引领作用。"丰·彩教育"设法营造丰润悦目的学校环境,把校园塑造成为看得见的多彩文化读本,将学校环境建设中的"落实人本化"(陶冶人、规范人、教育人)、"凸显文化"(客家文化、红色文化、生态文化)、"兼顾'三化'"(绿化、美化、净化)等建造目标有机合体为一个核心目标——促进人的发展。学校打造好"一厅(理念厅)"、"二园(丰彩园、丰美园)"、"三馆(客家风展馆、博雅轩、健心馆)"、"四楼(鸿远楼、俊彩楼、守正楼、致远楼)"、"十基地",切实建成学生行动之时、触目之处皆教育的学生最喜欢、最留恋、最值得回味,甚至当他们离开学校时,仍流连忘返、热情不减的多彩学园,切实营造一种能让学生带着自己的精彩和一种积极向上的阳光自信的心态走向高一级学校,走向未来的丰悦环境。

二、立品——构建"两全"丰润德育体系

国无德不兴,人无德不立。立德树人,树人必先立德,立德铸魂是育人之本。我们知道德育不只是学生个人的事,也不只是一堂课的事,更不只是学校的事,它需要学校、家庭、社会来共同承担"立德"的责任。如今,社会舆论总是把学生行为不端、德育丧失的责任推卸给学校,以致诟病学校,诟病教育。殊不知,来自家庭、社会方面的因素往往是造成学生失去道德的引线。《中小学德育工作指南》明确了协同育人的道德原则,提出"引导家庭、社会增强育人责任意识,提高对学生德育发展、成长成人的重视程度和参与度,形成学校、家庭、社会协调一致的育人合力,并将加强家庭教育指导、构建社会共育机制作为德育的重要途径。"另外,因为学生的习惯养

成教育和道德品质的形成不是一蹴而就的,因此,"丰·彩教育"倡导要遵循儿童成长特点和德育工作特质,因地制宜地定好小学六年的德育工作目标;规划好每一年的德育工作课题;并在其统领下确立每月、每周、每天的德育工作主题,从而形成小学阶段(六年)—每年—每月—每周—每日的全过程和学校、家庭、社会三位一体的全方位的多维丰实,润物无声的"两全丰润"德育体系。

三、融通——构建"双线"丰盛课程体系

基础教育课程改革目标的提出,是一种对学校建设特色化、多样化课程的热切期盼。国家、地方、学校三级课程管理机制给学校创新带来了更多的机遇和活力,给教师提供了更加广阔的研究空间。基于这样的背景,我们认为:"丰·彩教育"是从多维度关注学生生命成长,促进不同的学生不同发展的教育。要提升办学效益,首先应从课程建设入手,通过课程开发撬动起学校发展的支点。"两线"丰盛课程体系构建的价值就是为了更好地促进每一位学生的发展,以培养学生健全的个性和完整的人格。具体实施中,一条线索是以地域文化资源为依托,采取主题统领的多学科式课程整合的开发思路;另一条线索是全方位构筑"丰·彩教育"的课程体系,让隐性课程与显性课程开发相结合,构建充满活力的丰盛课程体系,增强课程的灵活性、适应性和实效性。

四、凝实——打造"三精"丰雅教师团队

俗话说:"要给学生一碗水,不仅要求教师要有一桶水,教师还需要有长流水。""丰·彩教育"特别强调师生的丰实成长,厚积薄发,教师在教育的过程中要注重自身的积累和提升,把自身拥有的"一桶水"变为"长流水"。这里的"长流水"是指在师德、师能、教育情怀等层面上不断提升前行。"精诚教师"的培养是丰雅(丰茂雅正)教师团队建设的根本,立足于师德建设,努力把教师培养成忠于祖国、忠于人民、忠于党的教育事业的精诚教师;"精致教师"的培养是丰雅教师团队建设的基础,重点是指师能和学识提升方面,设法使全体教师不断提高教学能力和教研能力,持续提升人文素养和厚实的文化学识;打造"精进教师"队伍是丰雅教师团队建设的宗旨,通过多元培养,多维丰实,努力造就一支向上、向善、甘于奉献、敢于出

彩的"德艺双馨"的教师团队。

五、启智——打造"三化"丰实教学模式

所谓教学模式就是在一定教学思想或教学理论的指导下建立起来的较为稳定的教学活动结构框架和活动程序。作为结构框架,突出了教学模式从宏观上把握教学活动整体及各要素之间内部的关系和功能;作为活动程序,则突出了教学模式的有序性和可操作性。"丰·彩教育"在教学中重视构建"三化"课堂模式,即学习内容整合化(单元内整合,单元间整合,课内外整合,学科间整合);学习过程深度化(深度化不是指学习内容的深度,而是通过丰富教学层次让学生做到三个"学会":①学会知识建构,②学会问题解决,③学会高阶思维);学习成果多元化(呈现方式多元化,评价方式多元化,评价策略多元化)。

六、绽放——建立"四彩"丰茂评价机制

著名教育评价专家斯塔弗尔比姆说过:"评价不在于证明,而在于改进。""丰·彩教育"的评价宗旨是:面向全体学生倡导全面发展,因材施教,促进个性成长,培养"品格丰盈、才智丰茂、气韵丰雅"的时代出彩少年。基于此建立的"四彩"评价体系,既面向全体,又关注个体;既关注成长过程性的评价,又关注多彩结果的肯定;既关注优生,又关注成长进步中的后进生;既关注全面发展的全优生,又关注个性发展的特长生。学校建立了"四彩"评价机制——(1)全彩少年:德、智、体、美、劳全面发展的优秀学生;(2)智彩少年:文化课成绩特别优秀的学生;(3)成彩少年:在阶段内各方面进步明显的学生;(4)出彩少年:在各领域的某一方面特别出彩的学生。

第三章

"丰·彩教育"办学思想架构

第一节　建立"丰·彩教育"办学思想框架的意义

习近平以"国之大计、党之大计"——两个"大计"高度概括了教育在新时代的重要地位,强调坚持中国特色社会主义教育发展道路,培养德、智、体、美、劳全面发展的社会主义建设者和接班人。这一重要论述,体现了总书记对教育工作"培养什么人、怎样培养人、为谁培养人"这一根本问题的深谋远虑和高瞻远瞩,对加快推进教育现代化、建设教育强国、办好人民满意的教育有着深远意义。教育兴则国兴,教育强则国强。对当今中国来说,教育不仅仅承载着传播思想、传播真理、塑造灵魂的时代重任,更承载着服务中华民族伟大复兴的重要使命。教育系统要想解决"培养什么人、怎样培养人、为谁培养人"这一根本问题,就必须以习近平新时代中国特色社会主义思想为指导,坚持把立德树人的成效作为检验学校一切工作的根本标准,坚持以新时期中国特色社会主义思想为指导,把党对教育事业的全面领导贯彻好、落实好,切实树立正确、科学的办学思想。

苏霍姆林斯基说:"校长领导学校,首先是教育思想的领导,其次才是行政上的领导。"科学正确的教育思想和先进的办学理念体现在学生的学习中,体现在教师的教学活动中,体现在学校的发展目标里,体现在学校的战略愿景下,对校外是一面旗帜,对校内是一个纲领,对历史是一个总结,对未来是一个追求。

确立践行先进的办学思想必须站在新时期办好教育的战略高度,首先,必须明确"办怎样的学校""培养怎样的人";其次,务必明确"怎样办学"

"如何培养人"。有了大格局的战略思考,才会有明晰的战术思路,这是办好新时期人民满意的教育的前提。

什么样的思考层面才是"战略层面"? 何种高度才是"战略高度"? 怎样的视野才是"战略视野"? 何种办学思路才是"实现战略目标的战术思路"? 聚焦这些问题,"丰·彩教育"办学思想是围绕核心价值理念——让每个孩子拥有自己的精彩,办人人皆可成才,人人尽展其才的多彩学园。这其中的战略核心要义在于:确立践行"丰·彩教育"办学思想,不是一开始就直接落到技术、操作层面;也不是采用零星的、碎片化的操作方法,而是必须先形成一个系统的完整的战略框架——办学思想框架。这是因为搭建一个明晰的办学思想框架有益于:

1.进一步明晰"丰·彩教育"的内涵

建立系统明晰的"丰·彩教育"办学思想框架,使全校师生进一步明确"丰·彩教育"的内涵及背后的价值观和价值链,从而统领修正碎片化的操作方法。

2.进一步构建"丰·彩教育"的体系

建立系统明晰的"丰·彩教育"办学思想框架,使学校的理念体系、行为体系、环境体系、制度体系、评价体系等形成一条由核心理念贯穿的、完整的"体系群",以体系化的方式让原本碎片化、孤立化的理念、行为、环境、制度、评价等各种体系走向结构化、整体化。

3.进一步明确"丰·彩教育"的发展方向

建立系统明晰的"丰·彩教育"办学思想框架,使全校师生进一步明确办学目标,明晰努力的方向,使学校各部门的各项工作有方向、有目标、有抓手。

第二节 "丰·彩教育"办学思想的理论架构

一、总架构

在"丰·彩教育"办学思想的引领下,确立"丰·彩教育"的核心价值理念,围绕"让每个孩子拥有自己的精彩"的核心价值理念形成了"一训三风"及"基本理念"、"办学理念"、"管理理念"、"教学理念"等理念体系总框架。

"丰·彩教育"理论总框架

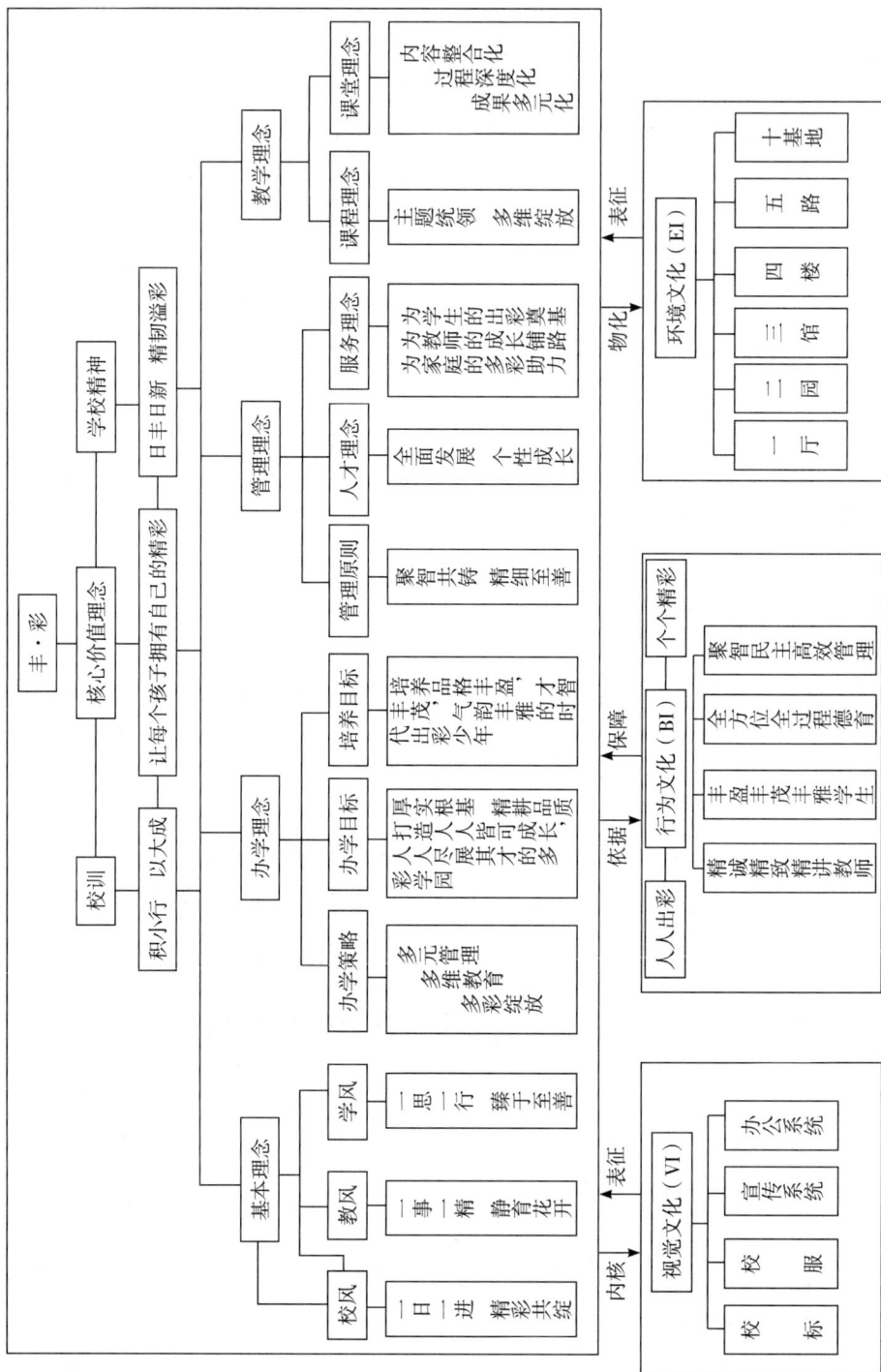

二、理念概说

(一)核心理念——让每个孩子拥有自己的精彩

在 CIS 企业识别系统的 MI 理念识别中,核心理念是常见的一个概念。古人语:言近而指远者,善言也;守约而施博者,善道也。一种理论框架需要有逻辑起点为"主线"来贯穿和统领,一个学校的理念体系及其学校发展的实践同样也需要这个"主线"。所以,在搭建"丰·彩教育"理论框架时,我们把"让每个儿童拥有自己的精彩"作为核心理念提到了办学逻辑起点的高度来建构。

什么是办学思想的核心理念?文献研究发现,虽然教育研究者和实践者对这个概念的使用十分频繁,但真正从学理上对它进行探讨和界定的却极少。曾有人认为,核心理念反映了学校的价值取向和目标追求,是学校教育思想和教育模式的哲学概括,它凝练而鲜明地回答了一所学校"举什么旗""走什么路""办什么校""育什么人"的根本问题。这个阐释相对比较准确,但似乎还是有点宽泛,还不够全面具体。纵观核心理念在学校理念体系中的地位的思考,可知核心理念是学校教育教学与管理服务活动的最高指导思想与最根本的价值追求,是贯穿于所有办学理念、办学行为和环境建设的系统,是学校办学的灵魂。

"让每个孩子拥有自己的精彩"这个理念会成为"丰·彩教育"的"核心理念",成为学校办学的价值追求,关键是具备以下这些基本特质。

一是体现本质性,本质性是事物本身所固有的根本的属性,这是对办学思想进行最基本、最深刻的概括。组织文化研究的代表性人物沙因认为,居于文化最深层的是"假设",所有价值观以及行为和生活方式都建立在这个假设之上。比如,儒家思想就是基于"性本善"的假设,所以孔子才建立了"仁学",才倡导要"爱人""立人""达人"。这里的"假设"就可以理解为各自文化的本质。苏格拉底说教育的本质是唤醒,"让每个孩子拥有自己的精彩"这个理念在于唤醒学生的内心,唤醒学生对知识的追求,对成长的信心,对美好生活的憧憬以及对生命的敬畏。

美国哈佛大学教育研究院的心理发展学家霍华德·加德纳(Howard Gardner)在 1983 年提出,定义智能是人在特定情景中解决问题并有所创造的能力。他认为我们每个人都拥有八种主要智能:语言智能、逻辑—数理智能、空间智能、运动智能、音乐智能、人际交往智能、内省智能、自然观察智能。传统上，学校一直只强调学生在逻辑—数学和语文（主要是读和写）两方面的发展。但这并不是人类智能的全部。不同的人会有不同的智能组合，例如：建筑师及雕塑家的空间感（空间智能）比较强、运动员和芭蕾舞演员的体力（肢体运作智能）较强、公关的人际智能较强、作家的内省智能较强等。

基于"多元智能理论"，"丰·彩教育"主张：每个孩子都是一粒充满希望、充满无限潜力的种子，每粒种子都是一个独立的生命个体，每个生命个体都在生长，都会开花结果，不同的个体绽放不同的花朵，虽花期不同，但每一个生命个体只要给他足够的爱和尊重，即给他充分的阳光雨露，定会怒放生命，绽放不一样的精彩！

作为教育者要设法使教育回归本真，摒弃急功近利、急于求成的违背教育规律和人才成长规律的短视教育。教师要切实树立"天生我才必有用""人人皆可成才"的人才理念，充分认识学生的差异性，差异性不应该成为教育上的负担，相反，应是一种宝贵的教育资源。我们要改变以往陈旧的学生观，用赏识和发展、发现的目光去看待学生，要重新认识到每位学生都是一个天才，我们要关注学生差异，善待学生的差异，在教学中，根据学生的差异，运用多样化的教学模式，因材施教，促进学生潜能的开发；同时实施多元管理、多维教育、多彩绽放的办学策略，最终成就每个孩子的优秀！

二是体现适切性，契合学校办学的传统、现状和愿景。这是学校发展路线设计的生命线，自然也成为核心理念策划必需的条件。核心理念一定是为各自学校量身定制的，一定要符合这个学校的办学属性、传统积淀、文化气质、发展方向等，就以语言表述的风格来说，比如一所历史老校，其核心理念就要体现出厚重感；高中或职校的核心理念就不宜像小学那样过于"小清新"。至于内涵，那就更必须在本校的文化土壤里筛选、凝练和表述。"适切性"意味着，学校核心理念只能是"适合的""切实的"，而非"普遍的""通用的"。"丰·彩教育"的核心理念适切如下办学元素。

首先是适切多元的地域文化。学校坐落于闽粤赣三省交界的武平县，武平是一座文化积淀深厚的千年古邑：这里有独特的姓氏文化、丰富的生态文化、浓郁的红色文化、丰厚的客家文化等。这些浓郁的多元文化的并存成就了武平独特的文化气质——兼容、大气，同时也使武平成为多元文化产生发展的摇篮。在这种文化环境背景下，学校重视运用多元管理、多维教育、多彩绽放的办学策略,使不同的孩子得到不同发展、多元发展,最终实现让每个孩子拥有自己的精彩。

其次是适切学校的校史发展。武平县实验小学创办于清光绪三十二年(1906年),是一所历经沧桑而充满活力的百年老校。百余年来,一代代实小人奉行有条件要办好教育,没条件创造条件也要办好教育的一种教育情怀,不论办学条件如何,武平实小人都能克服各种困难,心无旁骛地丰润一个个幼小的生命,为一个个美好的人生打造亮丽底色,潜心倾听生命拔节的声音,坚信"脚踏实地、艰辛的付出必有丰厚的回报"的朴素信念,培养了一代又一代各行各业的精英人才;同时,武平实验小学这"实验"二字本身就包含一种开拓、进取、敢为人先的创新精神,实小人一直崇善尚德、团结奋进、改革创新、追求卓越,面向全体,不断实施教育改革实验,学校办学效益好,办学品位高,得到了社会各界的充分肯定和高度赞誉!进入新时代,学校将一如既往地全面贯彻党的教育方针,扎实做好立德树人的工作。学校从管理、课程设置、课堂实施、德育工作、评价机制等各方面,因地制宜,精准施策,努力办一所人人皆可成才、人人尽展其才的多彩学园,让每个孩子拥有自己的精彩。

再次是适切相关传统文化的观点。中华民族有着五千年的文明发展史,有着非常厚实的文化底蕴,积淀了丰富的优秀文化,"天行健,君子以自强不息;地势坤,君子以厚德载物"体现的是不断进取、刚健有为的精神;《老子》中有:"合抱之木,生于毫末;九层之台,起于累土;千里之行,始于足下。"荀子在《劝学篇》中说:"不积跬步,无以至千里;不积小流,无以成江海。"其体现的是不畏艰险、养成自立的品质;"先天下之忧而忧,后天下之乐而乐"体现的是集体主义精神。"丰·彩教育"就是要培养这种具有优良民族精神的多彩学子,实现多维丰实成长、多彩绽放。

三是差异性,异于其他学校的独特个性。前面的"适切性"是从学校自身来说的,这里的"差异性"是从学校之间的比较来说的。理论上说,其追求了本质性和适切性,自然就会形成差异性,但事实并非如此。你可能觉得"和谐"、"创新"或"止于至善"是自己学校最本质的追求,但当某一天你突然发现原来有许多学校都在呼喊着"和谐"、"创新"或"止于至善"时,你将有何感受?会作何考虑、作何选择?在万绿丛中寻找一棵树何其之难,但若要从中寻找一朵红花,结果将会怎样?差异性就意味着,我们的核心理念必须是与众不同的,只有你这个学校文化的"魂"足够"特",在它贯穿下的理念体系才可能更具有校本特征。

"丰·彩教育"的核心理念:"让每个孩子拥有自己的精彩"。这是因为教育和成长是一个指向结果的过程,这个结果就是出"彩"。这个"彩"是表现优异的,但也是多元的。我们不苛求每个人都获得同一种成功的"光彩",但是期盼每一个人都能获得属于自己的"精彩"。这里的"精彩"是什么?没有标准答案,就是期盼教师能树立正确的学生观、教学观,面向全体、因材施教,并通过创建丰悦环境、打造丰润德育、构建丰盛课程、培育丰雅教师、实施丰实课堂、推行丰茂评价等促进每个学生的全面发展、个性成长;期盼学生能立足现状,面对现实,坚信"天生我才必有用",通过不懈努力,绽放属于自己的独特精彩,成为社会的有用人才!

四是统领性,统领、覆盖学校工作的所有方面。这个道理很简单,你的核心理念要想统领学校的所有工作,就必须让它有最大的外延,有最大的包容性。

五是超越性,能够成为脱离时间束缚的"永恒"存在。虽说"变化是这个时代唯一恒久不变的东西",文化的延续性有时也可能表现为滞后性,但核心理念作为学校的文化基因,在理论上说应该是贯穿学校始终的,所以我们期望它能够相对稳定,能够长期统领与支撑办学行为。例如,儒家思想自孔子以来不断演化,包括程朱理学、阳明心学、当代儒学,但它的核心"仁"字始终没变,只是不同时代对它有不同的理解而已。我们可以随着实践和认识的深化去不断对学校核心理念进行新的解读,去丰富它的内涵,不断给它注入时代的活力,以确保它在延续的基础上有效发展。学校文化的生命力究竟体现在哪里?就体现在它深刻的、丰富的、独特的战略个性。而要建立起这种战略个性,最首要、最重要的工作,如果用两个字来概括,那就是"立魂",就是确立鲜明而校本化的核心理念。只要我们真正确立了科学的核心理念,并把它作为贯穿学校所有办学思想的主线,再加上行为系统的完全跟进,物质形态的完美展现,使办学的理念、行为和环境建设形成由核心理念统领的"价值链",一个完整的、环环相扣的"价值链",那么学校文化就必定具备鲜明的战略个性,从而使学校文化力大大提升,使办学的综合水平大大提高。

(二)学校精神——日丰日新、精韧异彩

什么是学校精神?所谓学校精神,是指学校在长期的办学实践中逐渐形成的、被学校成员广泛认同和信守的群体风尚、思想境界、意志品质和行动准则以及它们所表现出来的各种状态。学校精神既是整个时代精神在学校中的反映,又有自身的相对独立性。学校精神是学校办学方针、价值准则、管理信条的集中体现,因而构成了学校文化的基石。它既可通过明确的意识支配行为,也可通过潜意识产生行为。学校精神一旦形成,就会产生巨大的能量,就能对学校成员的思想和行为起到潜移默化的作用。对于学校精神,有几个认识问题需要厘清:第一,它是统领全局的,是整体的学校风尚与境界的概括,而不是局部的,不宜用具体的某种学习精神、研究精神、教学精神等来替代整个学校精神;第二,它是内生的,是学校在长期的办学实践中逐渐形成的,而不是外加的,不能简单地"复制";第三,它是自治的,是可以想得明、说得通、做得到的,而不是随意的、散乱的、不符合实践规律的;第四,它是理性的,不但充满生活的渊源和情感的品格,更充满哲学的意蕴,而不是感性的,不是像生活常识那么简单;第五,虽然它是学校实践的总结,但也具有指向未来的前瞻性,而不是陈旧的、一成不变的。

武平县实验小学的学校精神是"日丰日新、精韧异彩"。这是因为"丰·彩教育"是关注生命成长的教育,即关注生命成长过程中各个维度的积累丰实,积少成多、集腋成裘、聚沙成塔,从而成长生命,丰润生命,为美好的生命打造亮丽的生命底色,为多彩的人生奠定坚实的基础。这就是学校精神的"日丰日新"。"日丰":指每天的丰实积累,立足知识的多元建构,关注生命的多重丰实积淀,实现生命的多彩绽放。"日新":促进每天的成长进步,促进素养的多维提升,进而使自己各方面都能实现日日新、苟日新、又日新的新境界。同时,武平县实验小学的"丰·彩教育"又是关注结果的过程,这个过程就是"彩"。这个"彩"就是出彩、精彩、异彩。我们的丰彩教育不苛求每个人都获得同一种成功的"出彩",但期盼每个人都能获得并绽放属于自己的"精彩"。这就是学校精神的"精韧异彩"。"精韧":精韧一词出自韩愈《进学解》的"精韧不息"。所谓"精",就是学知识和做学问应精益求精,对一种学问、技术或业务有深刻的研究和透彻的了解;在学问或理论上又专又深,达到博大精深。"韧",就是在求学和做学问时,要有坚忍不拔的意志和坚定的毅力,对科学知识的追求不能浅尝辄止、半途而废,要锲而不舍,持之以恒。在科学的道路上没有平坦的大道,只有沿着陡峭山路攀登的人才有希望达到辉煌的顶点。"异彩":突出的是不一样的精彩。

学校精神——日丰日新、精韧异彩,一是倡导全体师生要注重丰实积累,促进自己每天都不断成长,不断进步,力求做到学习无止境,创新无止境;二是倡导在成长的道路上、在追求进步的过程中,要有精益求精的态度、坚韧不拔的意志、坚不可摧的毅力,敢于创新,追求卓越,厚积薄发,收获并绽放属于自己的不一样的精彩!

(三)办学目标——厚实根基,精耕品质,打造人人皆可成才,人人尽展其才的多彩学园

学校办学目标即学校的发展目标,主要解决的是"办怎样的学校"的问题。武平县实验小学是一所百年老校,百年沧桑,百年光华,经过一代代实小人的努力,培养了一批又一批的优秀学子,办学品位不断提升,办学思想不断成熟,形成了武平实小的优质品牌。它基于"丰·彩教育"的核心理念"让每个孩子拥有自己的精彩",确定了学校的办学目标。"厚实根基,精耕品质",一是指厚实学校办学的各方面的根基,如办学条件、师资队伍建设、管理效益、品牌建设等;二是根据小学教育性质——基础教育,打基础的教育,夯实学生的发展根基,进一步促进百年老校的优质品牌建设,从而为"人人皆可成才,人人尽展其才"建设环境、搭建平台、增加动力、注入能量。同时,学校以大胸怀、大视野、大格局更新理念,实施多元管理,多维教育,促进学生的个性成长,多元发展,使整个校园一直绽放五颜六色、芳香馥郁的鲜花!

(四)培养目标——培养品格丰盈、才智丰茂、气韵丰雅的时代出彩少年

培养目标即为学校的育人目标,是回答学校培养什么样的人的问题。长期以来,受应试教育和一些教育体制机制的影响,许多学校把教育当成"工业模式"来运作,制造同一"型号"的考试机器,导致千校一面,千人一模,学生高分低能,或畸形发展,缺乏长足发展的后劲,缺少创新能力。这跟我们党和国家的教育方针是背道而驰的,跟我国新时期人才培养的要求"培养德、智、体、美、劳全面发展"是不相称的。武平县实验小学在"丰·彩教育"思想的引领下,更新理念,创新思路,充分发挥学校资源,培养"三丰"出彩少年。"品格丰盈"的"品格"是指品行、性格,是一个人的基本素质,它决定了这个人回应人生处境的模式;"丰盈"是丰满、富足之意。"品格丰盈"就是培养道德高尚、意志坚韧、谦虚笃行、担当忠诚的时代出彩少年,这主要是从道德品质、人格情怀层面提出的要求。"才智丰茂"的"才智"是指才能和智慧;"丰茂"是指茂盛、茂密,引申为"纵多"之意。"才智丰茂"就是培养善学能用、善思能创、个性成长、全面发展的时代出彩少年。这是从学习发展,才能智慧方面提出的要求。"气韵丰雅"中的"气韵"是指人的神采和风度等;"丰雅"有丰茂、高雅、雅正之意。"气韵丰雅"就是指培养身心健康、内外兼修、阳光自信、和美达观的时代出彩少年。这主要是从健康、美育、气质、修养等方面提出的要求。

(五)校训——积小行,以大成

校训,《辞海》的解释是:"学校为训育之便利,选若干德育条目制成匾额,悬见于校中公见之地,是为校训。其目的在于使个人随时注意而实践之。"《现代汉语词典》将其解释为"学校规定的对师生有指导意义的词语"。综上所述,我们可将校训定义为是对广大师生共同遵守的基本行为准则与道德规范的训词,它既是一个学校办学理念、治校精神的反映,也是校园文化建设的重要内容。通俗地说:核心价值目标是办学的追求、办学的归宿,而校训是为了实现这种办学追求而要求师生必须共同遵循的行为规范和行为准则。正因为校训对师生言行具有很强的规约性、激励性,所以我们可将校训称为办学理念的"人性观"。校训以优美的语言文字和深刻的文化内涵,简洁形象地表达出学校的指导思想、教育目标、办学特色和精神风貌;它是时代精神和办学理念的折光,是学校师生众望所归的精神园地;它是一种无形的力量,对于培养和造就优秀学子有着不可估量的重要作用。校训要求依托学校的性质,体现学校的意志,是学校着意建树的"应然之风"。

纵观众多的国内外校训表述方法,其大致有两种:一种是和核心价值理念完全一致,不再单独表述;第二种是在核心价值理念的统领下,把它具体到思想意识上、行为上。其主要有如下类型:(1)理念型。此类校训重在弘扬办学理念和学校精神。如北京大学的"自由、平等、民主、科学";南开大学的"允公允能,日新月异"。(2)特色类。此类校训往往根据培养目标和行业特征提出一些特色训词。如北京师范大学的"学高为师,行为世范";国家会计学院的"不做假账"。(3)素质类。此类校训从人的全面发展着眼,从素质教育的角度出发,提出全校师生员工应当遵守的要求和为之奋斗的目标。目前在中小学此类校训较多。如经常看到的校训高频词:团结、勤奋、求实、创新、笃行等均是从此角度提出的。(4)校本类。此类校训重在弘扬校训精神,突出校训品牌,激发全校师生爱国爱校的情感。如上海建平中学的"今天我以建平为荣,明天建平以我为荣";上海交通大学的"饮水思源,爱国爱校"等。(5)经典类。此类校训从经典著作中引申,其内容多为典籍名言名句的改进、翻新与充盈。① 如清华大学的"自强不息,厚德载物";复旦大学的"博学而笃志,切问而近思"等。

"积小行,以大成"是在"丰·彩教育"核心理念的统领下,从《易经》六十四卦的第四十六卦《升卦》的"君子以顺德,积小以高大"得到的启发,针对基础教育的特点和使命提出的,属于"理念型"类的校训。

"积小行"中的"积":积累、积蓄;"小行":一则是指小处的操守,犹小节。《汉书·贾谊传》:"布衣者,饰小行,竞小廉,以自托于乡党。"宋李清臣《明责》:"拔一夫而加之万众之上,以为将帅,非求其循法而不失小行,将任之以安危胜负之责也。"二则是指小品行,小行动,引申为一言一行,一举一动。

"以大成"中的"以"表示①才、使;②目的在于……的意思;"大成"一词源于老子《道德经》,原文为"大成若缺,其用不弊"。大成表示最为完满的东西,引申为完满的大事业、大成功、大发展。"积小行":一是积小行才能获得日后大的成就;二是每个思想的进步,每个行动的实践,不是为了积累而积累,而是心怀"高远",小积累,是为了成就之后的大发展,是心怀志气的体现。

综上概述,校训"积小行,以大成"寓意全校师生要立足当下,着眼小事细节,积蓄各方面的知识、能力,立足德、智、体、美、劳各方面的点滴成长进步,思行并进,不懈追求,从而丰实自身素养,为日后的完满的大事业、大成功、大发展打下厚实的基础,从而绽放不一样的生命精彩!

(六)"三风"概述

1.校风——一日一进,精彩共绽

"校风"是指全校教职员工的一种行为风尚,是一种群体精神风貌的集中展现。良好的校风既是教育和管理的成果之一,又在教育和管理上具有特殊的作用,它有一股巨大的同化力、促进力和约束力,是一种精神力量和优良传统。

"一日一进":是指全校教职员工通过不断丰实积累、不懈学习提升,实现人人都有新的进步,每天都呈现出新的状态,从而促进生命的生长。"精彩共绽":一是寓意每个个体不断丰实出彩,都获得了属于自己的精彩,且这种精彩共同绽放在多彩学园里;二是寓示武平县实验小学是一个包容多元、尊重个性成长的学校,让各自不同的精彩都共同绽放在学校里。它体现了在"丰·彩教育"视域下的学校、教师、学生及学校其他人员都呈现出锐意进取、开拓创新、恢宏大气、多元发展的良好态势。

2.教风——一事一精,静育花开

教育是一个"慢活""细活",是生命潜移默化的过程。全体教师要有新时期爱岗敬业、勇于创新、精益求精、追求极致、干一行、精一行的"工匠精神";尊重教育规律和人才的成长规律,以深厚的教育情怀,精心灌溉,耐心等候他绽放光彩!

3.学风——一思一行,臻于至善

全体学生既要做"行动中的思考者",又要做"思考中的行动者"。大家在平时的学习、生活中要善于思考,强化问题意识,培养探索批判精神;主动实践探究,提升综合实践能力,切实做到思行并进,知行统一,以高标准、严要求,修明自身,最终达到完美的境界。

第二篇

『丰·彩教育』的实践探索

第一章　浸润——营造『合一』丰悦校园环境

第二章　立品——构建『两全』丰润德育体系

第三章　融通——构建『双线』丰盛课程体系

第四章　凝实——培育『三精』丰雅教师

第五章　启智——打造『三化』丰实教学模式

第六章　绽放——建立『四彩』丰茂评价机制

第一章

浸润——营造"合一"丰悦校园环境

校园环境是指与学校教育、教学活动密切相关的校园及其周边环境。校园环境是展现学校文化和体现办学理念的重要窗口,同时校园环境文化是无形的教育,是无声的教科书。特色校园环境文化对于创立学校品牌、彰显学校个性具有举足轻重的作用。本章试从校园环境现实思考、校园环境文化融合、校园环境内涵打造、校园环境特色项目实践等几个方面来初步探讨我校如何在"丰·彩教育"思想的浸润下,营造"合一"丰悦校园环境。

第一节　校园环境的现实思考

在 19 世纪 80 年代,以美国华生为代表的教育"环境论"思想发展成为世界教育的重要流派,广泛影响并有力推动了世界教育的变革与发展。初期,人们更多地致力于基础环境建设,诸如校舍、运动场所、桌椅教具、教材等硬件。如今,在学校办学的物质条件更为优越,校园环境创设的技术和手段更先进,社会生活内容形式更丰富多样等优势下,环境育人功能将在更大程度上影响着学生的发展与成长,甚至在某种程度上发挥着主导性作用。

一、环境建设现状反思

创设良好育人环境必不可少,就现实情况来看,许多学校对这一问题已形成共识,但由于思想理念和措施不同,效果也不一样,在创设校园环境育人途径中,存在一些值得反思的现象。

(一)文化的错位

整体上缺少长远规划设计,没有分步实施,没有核心思想,发挥不了文化的教育功能,即校舍布局缺乏文化风格,校园景观缺乏文化品位,馆室安排零乱无序,墙面装饰标语、口号千篇一律、庸俗化。

(二)儿童的缺位

内容选用上经常采用难以理解的过于宏观层面的理念与政策,司空见惯地选用古今中外名家名言和名人图画等,教育不具有连续性,脱离了主流文化思想和深层次的教育导向,没有考虑到不同学生的知识掌握程度与理解能力。

(三)本土的失位

个性上往往是一时一品,参差易变,缺少统筹兼顾的长远策略,离开历史上的延续性和发展上的未来性,没有突出学校的地域特色,没有弘扬学校的传统文化,没有辐射学校的历史效应。

二、"丰悦"理念内涵解读

时代日益进步,随着经济水平的提高,社会各界对教育的投入越来越大。武平县实验小学于 2008 年实现整体迁建,基础设施已全面改善,现学校占地 32610 平方米,建筑面积为 14683 平方米,绿化面积为 11461 平方米,各专用教室及各功能教室配备齐全。我们提出以"丰悦"为主导的建设理念,是针对"丰·彩教育"思想理念在校园环境实施上作出的新的思考,结合"丰·彩教育"的实施理念,即在品格、才智、气韵等领域促进每一个幼小生命的持续生长,关注每一个生命的成长过程,重视在成长过程中人的发展,各个维度的丰实。

"丰悦"的本意为:丰润悦目。落实在"丰·彩教育"校园环境的建设上,即关注"内涵"和"审美",引申为丰润生命、悦美心灵。唐人有诗云:"山光悦鸟性,潭影空人心。""丰悦"校园环境文化以其美感文化的特性,以环境取胜的亲和力、感染性,让学生潜移默化地受到美的熏陶,放飞美的心灵,在其成长的阶段写下精彩的一笔。

第二节　校园环境的文化整合

没有特色校园环境文化的学校是毫无生气的建筑群。校园环境文化不是流水线上的产品,不是砖石瓦片的简单堆积,而是有着深厚文化底蕴的精神文明建设的育人基地。未来学校的竞争不再是硬件设施的完备与否,也不再是师资力量的强弱,归根到底是学校文化的竞争,因而赋有特色的校园环境文化建设能够很好地增强学校的竞争力。

华中理工大学博士生导师刘献君教授在他的专著《人类之治》一书中运用了一个精彩的类比:泡出来的白菜、萝卜的味道,取决于泡菜汁的味道;同样,不同学校育人的环境决定着所培养出来的学生的素质也不同。这就是著名的"泡菜理论"。物化校园环境文化是学校空间存在精神理念的载体,校园环境文化包含有学校规划结构,校园环境的绿化和美化都具有学校教育的理念,是校园物质文化的重要组成部分。

"丰·彩教育"的定义是遵循教育规律,多维丰实生命,成就精彩自我,奠基多彩人生的教育。多元文化的融合,"丰悦"理念的主导,让"丰·彩教育"思想下的校园文化环境的打造表现了以下特征。

一、广度

特色的校园环境文化是整合学校资源的强大力量,它能调动学校所有的智慧和创造力,在价值观塑造中起到引领作用。"丰·彩教育"的文化本源立足历史丰厚、文化多元、生态多样、物种丰富的地域特征和具有百年光辉发展史的学校实际,校园文化环境建设的内涵和外延日益拓宽,把学校的育人理念以及传承的客家文化、红色文化、生态文化渗透到校园的整体环境中,导向明确,辐射面广,品位且高。

二、深度

教育可分为显性、隐性两种教育手段,校园育人环境文化这隐形教育是一个重要载体,历来被人们看作是校园文化建设中的重要方式。"丰·彩教育"启发于杜威的"教育即生长"教育思想和霍华德·加德纳的多元智能理论,汲取了中华优秀传统文化主张,有着理论的深度,需要以校园环境为空间,以学生、教师为参与主体,充分展示学校的个性魅力,与学校特色育人文化构建相互影响、相互作用。

三、温度

一个优秀的校园环境必定通过艺术设计的手段将学校文化、核心精神进行环境物化展示,反映出学校的特点、面貌和个性等,帮助学校形成有效的文化识别系统。"丰·彩教育"遵循"人人皆可成才,人人尽展其才"新时代的人才观和人才培养要求,暖心润心,贴近学生成长的脚步。将校园塑造成为文化读本是我校的一贯追求,学校对校园环境文化的建设注重落实新育人观,通过潜移默化的形式内化为师生的素养,让校园的一切会说话。校园的建筑、景点、书画廊、绿化带精心巧妙地有机呈现育人文化,就是一幅幅生动形象的学校精神写照。

第三节　校园环境的内涵打造

如何在校园环境建设中做到既简洁明朗、形式与功能有明显育人特征,又能体现学校"丰·彩教育"独有的办学特色,形成符合时代发展潮流并顺应师生独特审美心理的特色校园环境,让学生在此浸润下,成长为品格丰盈、才智丰茂、气韵丰雅的时代出彩少年?我们提出了打造"合一"校园环境的建构目标。

合一,指合而为一,合成一体;道家哲学术语之一,指境界。它语出宋代张载《正蒙·神化》:"推行有渐为化,合一不测为神。"各自独立的个体合并(融合)成为一个整体,就是合为一体。杜威这样表述过学校环境:"学校是一种特殊的环境,其特殊性就在于它是一个简化、净化、平衡化、精神化、以人为中心的环境。这种环境不仅表现在校舍、图书、课堂这样一些物质环境上,还表现为气氛、风气、交往关系、教师的态度等精神环境上。"从中我们可以看出，校园环境不是简单的物化，而是多个层面的整合与统一。而"合一"校园环境创建的核心正是整体与局部的统一、传承与发展的统一、功能与审美的统一、校内与校外的统一。

一、"合一"——整体与局部的统一

学校办学理念是学校办学的理想、信念、价值观，也是校园环境建设的基础、中心和灵魂，引领着育人的全面发展。"丰·彩教育"理论的全面渗透，体现在整个校园环境的创意设计中，具有显著的特征。其主要有以下三个方面：

一是文化风格的统一性。"丰·彩教育"的文化主题是立足本土的千年客家文化、苏区红色文化、绿色生态文化，每个景观区、展示场馆，其局部的设计表现风格与整体所反映的风格是相一致的。例如，展示馆主题与客家的传统文化有关，则其局部设计的装饰、色彩、图纹也与客家文化相联系。

二是区域结构的协调性。充分考虑到各环境要素之间，各区域之间，与周边文化建设相适应，既考虑到布局的合理，又考虑到结构的完整、协调一致，构成了一个和谐的整体。教学区安静和谐；体育活动区生动活泼；绿化风景区优美大方，各区域互相联系互不干扰。例如，学校从校门立体、前坪主景观到教学区，到沿河绿化带，从运动场、升旗展示台到风雨操场，尽量与周边环境相适应，既不脱离区域文化的整体性，又能体现学校的环境文化特色，形成一个多功能、立体化的最佳校园环境结构。

三是空间连接的系统性。在校园环境的创设中，学校根据教学活动的需要将各个分散的校园场所连接起来，形成人的活动路径和区域。系统性体现在校园环境各个文化空间之间存在着相互作用，如丰彩园、丰美园，成为联系紧密、层次分明的空间体系。廊道、楼梯、步道等被纳入统一规划，防止了空间的割裂和散乱，根据各块的文化立意，将其串联起来，形成校园空间的整体环境，从而保证师生在校园中享受环境文化浸润的连续性。

二、"合一"——传承与发展的统一

校园环境本身亦是校园文化的载体，承载了校园的历史，见证了教育发展和文化变迁的历程。武平县实验小学创办于清光绪三十二年（1906

年），是一所历经沧桑而充满活力的百年老校，经历了不同的历史阶段，沉淀了不同的历史文化，也形成了不同的校园精神。"丰·彩教育"文化内涵本身也承载着百年老校的"崇善尚德、团结奋进、敢为人先、追求卓越"的学校精神，并在此基础上融入新时期的教育理念，培育适应新时代的人才。校园环境的建设离不开长久积累所渗透的一个学校的价值取向和审美理念，丰悦环境建设是传承与发展的相统一，校园历史文化与发展理念融汇在一起就形成了独具特色的人文气息。校园环境处处展现出百年老校对人生观、价值观、审美观、哲学取向以及道德准则、行为规范、意志品格等的理解和体验，而师生是校园建筑与环境的受用者，他们通过这些逐步了解、认识学校的历史，取得认同感，增加内聚力，并且时时刻刻受到它的熏陶和感染，感受到一种人格化的力量。

三、"合一"——功能与审美的统一

审美环境引起儿童审美感知，由审美感知产生审美心理，进而获得审美情感和审美行为。校园的建筑、运动场、园林、绿地、廊道、宣传栏等具有各自的空间特征，承担不同的育人功能，为此，我们力求将功能与审美相统一，把校园建成一本立体的教科书，使校园处处充溢着诱人的审美文化内涵。如"丰彩园"的构建，书亭、绿化、雕塑、花廊、山石等颇具教育意义，又充满审美情趣，演绎了文化艺术与自然的和谐统一：'丰·彩"主题书法石刻辅以"让每个孩子拥有自己的精彩"诗一般的内涵诠释，映衬在苍翠的高山榕、芒果树前，充满理趣；梅林、象牙红、大榕树周围配以仿古木座椅，尽显优雅；苍劲而秀美的紫藤，缠绕着质朴的花架，表达了艺术情趣；红瓦白柱，古典六角顶，透视出"启林书亭"的熠熠智慧；曲径、绿草、山石、铜雕，形神兼备，传送着艺术韵律，活泼自然。在这种"立体的画、无声的诗"的意境下，师生们更能体验情景交融，更能享受审美情趣，更能追求行为完美。

四、"合一"——校内与校外的统一

文化生态学派的创始人斯图尔德提出，文化生态理论的实质是指文化与环境。文化生态系统与一定的空间相联系，不同的地域有不同的文化。同样，校园作为一种特殊的文化生态系统，它的存在和发展也离不开它所处的社会环境和地理区域。学校是科学育人的"内环境"，可以形成一种

"小气候",而社会(含家庭)是"外环境",形成"大气候"。由此可见,校园环境育人仅仅停留在校园内的层面是不够的,它离不开社会与家庭的合力。

　　优秀的校园环境文化应该是浮雕式的,需要校内与校外的统一,多种因素互补,有厚度也有深度,让学生的成长环境不只限于校园内,将其延展至家庭中、社会中,使学生在立体化的大环境中涤荡心灵、启迪智慧、锻炼能力、健康成长。学校立足"丰·彩教育"的培养目标,建立契合学校育人追求的十大校外基地,力求在校内环境建设、社会环境建设和家庭环境建设方面实施多项有效措施,充分发挥环境的启迪、导向和教育功能,使环境真正成为伴随学生成长的隐性课堂。优质的活动基地,是开展社会性综合实践活动的土壤,学校应有机整合各类社会资源,为学校育人工作的开展和学生的全面发展开拓广阔的社会活动空间。我校十大校外基地的建立,有效拓展了环境育人空间,使社会活动的基地资源更加立体化,社会活动的内容更加丰富化。

第四节　校园环境的建设原则

　　特色校园环境建设是整合学校资源的强大力量,它能调动学校所有的智慧和创造力,在价值观塑造中起到引领作用,并不断地调适着学校内部和外部的种种关系,凝聚教育合力。特色校园环境建设能够彰显办学理念、演绎学校精神、物化育人环境。学校环境文化建设不可能一蹴而就,它需要遵循科学的原则,秦岭所著的《学校环境文化建设》一书中提到,中小学环境文化规划要遵循人性化、持续发展原则、和谐性原则、主体性原则。我们丰悦校园环境要承载"丰·彩教育"办学思想内涵特色的能动态势,增强可持续发展的活力,也应该遵循校园环境建设的一些基本原则。

一、育人性原则

　　丰悦校园环境建设结合学校培养目标,从服务师生的角度出发,充分发挥校园环境建设的育人功能,使全体师生在校园环境建设中提高思想道德修养,养成良好的行为习惯。

二、前瞻性原则

丰悦校园环境建设坚持继承与发展的原则,与时俱进,主题鲜明,内容丰富,形式多样,既有百年老校传统的经典元素,又能紧扣时代脉搏,体现新时代的人才培养观。

三、全面性原则

丰悦校园环境建设不是孤立的、单一的,要密切联系学校、家庭、社会实际,即校内与校外相结合,人工设计与自然造型相结合,显性文化与隐性文化相结合,同时要全体师生共同参与,在大环境下,实现学校的整体和谐发展。

四、特色性原则

丰悦校园环境建设坚守"以人为本",遵循儿童生长规律,顺应学生发展的需要,内容选择特色化,展现方式特色化,设计布置个性鲜明,体现"丰·彩教育"浓厚的办学底蕴与办学特色。

五、艺术性原则

丰悦校园环境建设坚持人文景观与自然景观相结合,创造一个开放的、功能综合又品位高雅的艺术性的空间,让师生产生良好的视觉效果和心理联想,带来愉悦的审美感受,在潜移默化中感悟蓬勃向上的力量。

第五节　校园环境的项目实践

基于以上"丰·彩教育"校园环境建设的思考与规划,为全面展现校园文化,学校围绕办学核心理念,打造"合一"校园环境的建构目标,第一步着手做好了"一厅、二园、三馆、四楼、十大基地"的项目实践,体现执行系统的完全跟进与物质形态的完美展现。

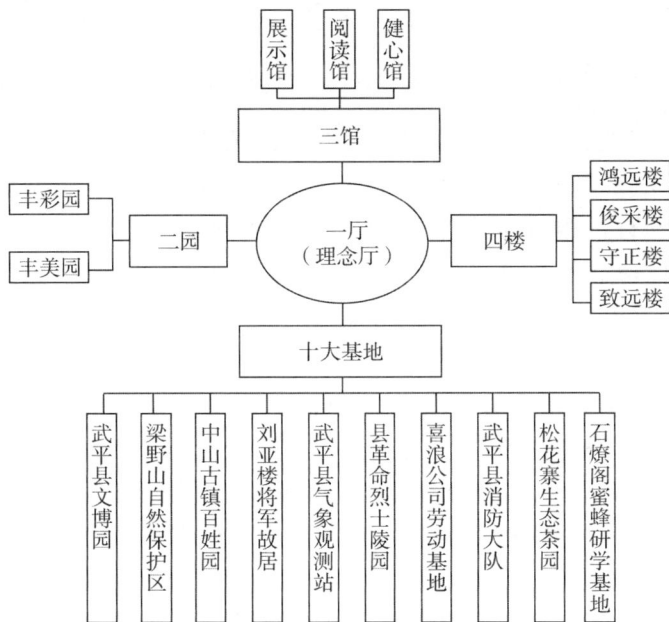

一厅、二园、三馆、四楼、十大基地

一、一厅

　　整套的办学理念体系,它是学校教育、教学与管理活动、学生成长发展的指导思想与根本的价值追求,是贯穿于所有办学行为和环境建设的体现,是学校文化的灵魂。学校将环型主门厅建设成理念厅,将核心理念体系以立体的方式艺术化呈现出来,体现鲜明的文化个性,使学校办学的思想、目标和学校精神、办学行为形成完整的"价值链",让全校师生、家长以及各界人士能直观地审读、理解,建立起独具魅力的品牌形象,从而使学校的文化力大大提升。

二、二园

　　校园景观不仅要强调景观,更要强调文脉,使校园景观对校园文化起到反映与烘托的作用。学校将园林主景观按南北两个区域划分为"丰彩园""丰美园",从校园的自然环境和历史出发,继承并改善校园的物质环境,对形成"丰·彩教育"校园特色起直观主导作用,并在一定程度上呈现了校园文化。

(一)丰彩园

"丰彩园"校园景观规划的设计定位是"彩",注重呈现多彩的自然生态,表现"丰·彩教育"多样性的特征,以树木、亭台、山石、花草、雕塑为主体,将绿色与科技相结合,体现情景交融、曲径通幽的艺术境界和细致严谨的科学精神,蕴涵科学美、艺术美、自然美等多种美的形式。

以学校北面整个沿河景观带为载体,整个园区种植了近千种各类花卉、树木。树木类有榕树、芒果树、桃树等;花类有玉兰、杜鹃、樱花、茶花、梅花、紫藤等;草类有毛地黄、金鱼草、马鞭草、波斯菊等,四季有花开,月月有花看,一年四季鲜花不断,芬芳醉人。每一株花木上都有"植物名片",有该植物的详细介绍,含拉丁学名、中文名、科属、一些形态特征的描写等,与科技活动相结合,开展植物生态研究。其通过科学性与艺术性相结合,培养学生将科学理性能力与校园景观直觉审美相融合,使园区处处洋溢着科学精神和人文精神的气息,展现科学与艺术的影响力以及历史的自豪感,更具有知识性和教育意义。

(二)丰美园

"丰美园"的环境规划设计定位是"美",呈现"丰·彩教育""人人出彩,个个精彩"的立意,以人与自然的和谐统一为指导思想,主阵地为综合运动场与展演舞台及绿化区,将艺术与体育相融合,挥洒美的乐章,既是美体健心的好地方,又是展现艺术才华的大舞台,充分把握师生时间性、群体性的行为规律,科学合理地确定功能分区和结构形式,使校园自然景观、场馆设施与人文精神具有统一性与凝聚性。

学校的综合运动场地占地9996平方米,有250米塑胶环形跑道,中间采用综合利用、多功能的设计方法,建设标准的8人制足球场,可分割使用2个5人制足球场,可间套用2个小学生手球训练场。南侧建设全钢架风雨操场,容纳两个标准塑胶篮球场,间套用两个排球场。全开放、完整的体育场地设施充分满足了全校师生的锻炼需求。学校利用有利条件,采取常规体育教学和学生课外体育活动相结合;体育运动训练竞赛与师生群体阳光体育相结合,学生体育评价与学生体质健康达标相结合,构建了体育锻炼协同发展、全员提高的联动机制。

运动场东侧建设展演大舞台,套用升旗台,与运动场融为一体,体艺交融、综合利用,让学生与校园环境之间的关系更加融洽。展演大舞台以"丰·彩教育"的核心理念"丰实,让每个孩子拥有自己的精彩"为主背景墙,上空飘扬的国旗鲜艳夺目,两侧的树木郁郁葱葱、绿草生机盎然、文化石调皮清新,在开阔的运动场的衬托下,更显鲜活灵动。展演舞台是学校"六一""元旦"校园艺术节、"123"读书节等全校性大型活动的主阵地,也是每周升旗活动、少先队大队活动的常规教育中心。在每个孩子成长的历程中,在他们小小的心灵中,都有一个渴望展示自我、放飞梦想的希望。为此,学校利用展演大舞台开设"校园小舞台,出彩你我他"活动,每周安排两个班级,在周二、周四傍晚阳光体育活动时间,在舞台上展演本班级学生的才艺,声乐、舞蹈、乐器等各种艺术形式均可,为学生打造属于自己的精彩空间和快乐舞台,让每个孩子都有发挥特长和潜能的机会与平台。

三、三馆

学校馆舍建设是学校办学水平的重要标志,各功能馆舍建设必须同校园文化建设相结合,同学校内涵发展相结合,提升学校的整体办学水平。为落实好"丰·彩教育"师生成长机制,学校着重关注核心"三馆"环境建设,构建立体化"丰·彩教育"师生成长的服务体系。

(一)展示馆——客家民俗文化展示馆

武平县系客家人聚居地的千年古邑,武平客家人历经千年坚韧不拔的繁衍生息和艰苦创业,积淀了深厚的文化。民风民俗代代传承,学校建设客家民俗文化展示馆,为的是让学生能重温历史,记住乡愁。客家民俗文化展示馆通过对客家渊源、客家文化、客家民俗、客家农耕实物及模型等进行布展,让学生亲眼所见,亲身所感,追忆民俗文化,传承农耕文明。

展物主要有全校师生共同努力,深入当地民间收集的一部分武平客家传统的生产、生活用具实物,如:风车、竹箩、磨石等;有模拟再现客家生活情境的厨房、客厅、房间等;有师生创作的表现客家节日民俗、建筑、文化活动的书法美术作品等。学校每周定时向学生开放,学生在"红领巾"管理员、讲解员的引导下,可以有序观摩、了解、认知,有些实物还可以尝试体验,亲身操作,实践运用。

(二)阅读馆——"博雅轩""智雅轩"

"阅读前行,丰实溢彩",阅读是师生们丰实自我的重要抓手,学校在鸿远楼一楼开阔、显著的位置建设"博雅轩"学生开放式阅读吧及"智雅轩"教师开放式阅读吧,目的就是给师生们播下阅读的种子,丰沃阅读的土壤,做好培根固本的工作,让阅读成为一种共识、一种自觉行为。阅读吧面积约300平方米,以浅绿色、枫木色为主调,整体清新高雅、简洁大方;设计的书架、书橱、阅览桌功能齐全、生动鲜活;墙面张贴引人深省、意味十足。阅读吧藏书根据学校师生阅读情况定期进行更换,全天开放,可以同时容纳 100 余人阅览,设专职教师管理人员 1 名,配备学生志愿者,保证阅读正常有序。优美安静的读书环境,吸引了全校的师生,他们会利用大课间、课外活动等时间来阅览室读书学习,丰实自我。

(三)健心馆——师生心理健康服务中心

学校在致远楼建设了师生心理健康服务中心,加强心理疏导服务,面向师生开展相应的心理科普培训,保障师生心理健康。中心配备了一名专职、两名兼职心理辅导老师。中心主要有接待室、心理沙盘室、宣泄室、心理测评室、团体辅导室几大功能室。心理接待室是心理辅导老师日常办公和接待来访师生,预约登记,接听心理热线电话,整理和放置心理档案或相关心理资料的场所。其整体布置以柔和色调为主,整体宽敞舒适,给人轻松自然的感觉,为师生来访人员提供可信、安全、柔和、温馨的环境,提升咨询效率。心理沙盘室采取温和的装饰风格,配备箱庭(沙盘),在"自由、安全、保护"的情况下实施,让来访者通过对场景、沙具的摆放以及在这过程中的相互引导、交流,达到治疗目的。宣泄室的墙面和地板都是由特殊材料制成的,有隔音降噪、防撞防摔等作用,有助于个体发泄自身的不良情绪,获得心理情绪平衡。团辅室宽敞舒适,可开展有效的团辅活动,针对学生普遍存在的心理健康教育问题加以引导、点拨,从而使同学们能够以良好的心态面对生活,正确认识考试学习、完美地进行人生规划等。

四、四楼

学校四栋主楼体是师生教学活动的主阵地,基于学校的校情和愿景,以核心理念"丰实必会出彩"为主导,结合学校的办学目标"厚实根基,精耕品质,打造人人皆可成才、人人尽展其才的多彩学园"和校训"积小行　以大成"展开环境文化设计,以楼宇名为主意,以立体化的画面作呈现,体现出浓浓的"丰·彩教育"文化氛围。

(一)鸿远楼——鸿风远蹈

鸿远,出自《文心雕龙·诏策》中的"辉音峻举,鸿风远蹈。"其意为光辉的诏策(诏策即指令、训令)高高在上,宏大的教化之风远远传播,引申为全校教师在"丰·彩教育"理念的指导下,以丰雅教师为目标,努力践行"一事一精,静育花开"的教风,倾心培育出品格丰盈、才智丰茂、气韵丰雅的卓越少年。

本栋楼主要为教师办公楼,为践行"一事一精,静育花开"的教风,在楼层文化环境布置上主要以一贯传承的陶行知教育思想为主导,结合"丰·彩教育"理念,精选著名教育家陶行知提出的"生活即教育""社会即学校""教学做合一"的主张,精心设计楼梯文化墙、文化长廊、教师办公室装饰等,打造一个富有教育教学智慧和品德修养的立体办公环境。在此浸染下的实小教师,持续展现着实小教师应有的优异风采,彰显出淳厚教风,对待教育工作、自身专业成长,有追求极致的风貌,在教育工作中有耐心,尊重教育规律,有静育花开的智慧。

(二)俊采楼——俊采星驰

俊采,出自唐初王勃的千古名篇《滕王阁序》中的"雄州雾列、俊采星驰"。俊采,指有才华的人。俊采星驰指天下的才俊如同繁星闪耀。结合"气韵丰雅"的培养目标,即学校要求学生提升修为,内蕴实力,人人出彩,成就多彩、异彩的自我,将来如同繁星一样闪耀在各个岗位上。

"气韵丰雅"主要体现内蕴与传承,本栋楼在文化环境布置上以传统文化为根基,突出"丰·彩教育"所倡导的"日积月累,厚积薄发"等孟子、荀子的教育思想精髓,精心设计、装饰了国学经典文化走廊吊牌、阶梯文化标语、教室文化展板等。浓厚的国学文化氛围让孩子们更直观地接受国学经典文化的熏陶,孕育古典文化底蕴和优雅情怀,提高人文素养,加强思想品德塑造。

(三)守正楼——恪守正道

守正,出自《史记·礼书》:"循法守正者见侮於世,奢溢僭差者谓之显荣。"结合"品格丰盈"的培养目标,学校要求学生在适应外界的同时,内心有所坚守,能守住道德的底线,守护灵魂深处最纯净的地方,成为一个幸福快乐的人。

萨克雷说:"播种一种行为,收获一种习惯;播种一种习惯,收获一种性格;播种一种性格,收获一种命运。""丰·彩教育"提出的"品格丰盈"培养目标就是要落实在一言一行之中,本栋楼在文化环境布置上突出了行为习惯的养成要求,精心提炼出孩子们需要掌握的文明行为习惯要求,通过生动活泼的文化板在各个楼梯口、通道、转角等孩子们举目所及的地方进行呈现。习惯之形成,在于同一行为的反复强化;性格之养成,乃是通过外在习惯的内化。目之所及、时时处处的行为提醒、行动诚言规范着孩子们的日常行为,成为他们成长路上的"指南针",进而让孩子们能更好地践行"积小行 以大成"的校训,主动养成良好的行为习惯,受益终生。

(四)致远楼——宁静致远

致远,出自诸葛亮的《戒子篇》:"夫君子之行,静以修身,俭以养德。非淡泊无以明志,非宁静无以致远。"结合"才智丰茂"的培养目标,其引申为学生通过不断积累和成长,厚积薄发,实现远大的理想、事业上的抱负,努力追求卓越。

要实现"才智丰茂",必须要有远大的理想和目标,本栋楼在文化环境布置上以"励志"教育为主,建设楼层文化墙、文化柱、文化梯,内容有古今中外文化名人提出的如何树立理想目标的言论、正确认识人生观的论断等,意在激发和唤醒学生的内动力,更好地面向未来,成人成才,实现自我的人生价值,人人出彩,个个精彩。

五、十大基地

武平是文化积淀深厚的千年古邑,也是中国南方最早发现新石器时代人类活动的遗址之一;武平生态多样、物种丰富,是"天然氧吧";武平拥有客家文化、红色文化、姓氏文化、民俗文化、仙佛文化,名人辈出。我校充分利用县域的丰富资源,打造"合一"丰悦校园环境校外教育"十大基地"。

(一)校外活动基地一:武平县文博园

文博园是闽粤赣边的文化宝库、武平对外以及闽粤赣边文博交流中心、传统文化和爱国主义教育基地、闽粤赣边文化艺术收藏品的交流集散地，也是武平人民共有的精神家园。文博园园区总面积104亩，建筑占地15亩，建筑面积6000平方米，气势宏伟，仿唐代建筑，观赏性较高，内有武平历史博物馆、中国第一任空军司令刘亚楼将军纪念馆、中央苏区（武平）纪念馆、海峡两岸客家艺术馆和情缘馆（知青馆）5个馆。其内有大量珍贵的文物，图片，模拟场景，影像，采用多种展示方式，运用科技的手段将场景再现。

文博园是我校爱国主义教育基地之一，开展馆校共建活动已有十几年。学校充分利用馆内资源，了解客家文化，了解家乡的风土人情，对学生进行爱国、爱家乡教育。每年暑假，我校与文博园共同选拔培养一批新的文博园小小志愿讲解员与志愿服务工作者，从小培养队员们的志愿服务意识和奉献精神。

（二）校外活动基地二：梁野山自然保护区

梁野山，自古以来就是武平的象征，被誉为"梁野仙山"，为武夷山脉的最南端与广东南岭山脉最北端的交汇点，海拔1538.4米，为武平县最高峰。梁野山山体雄浑，山水相依，风景优美，有不少的名胜古迹，有峡谷、险峰、绝壁、深潭、溪流、怪石、密林等多种景观。梁野山不仅是天然的旅游胜地，而且还是福建省乃至全国保护最完好的天然原始森林群落之一，具有明显的典型性、自然性和稀有性，被誉为"北回归线上的翡翠""天然绿色基因库"和"野生动物避难所"。区内动植物资源丰富，区系成分复杂，起源古老。现已知野生动物资源249科1800余种。原生植物资源有199科1742种，属国家重点保护的有20多种，如世界濒临灭绝的物种半枫荷等。特别是国家一级保护树种红豆杉，分布面积竟达一万多亩，种群结构之好，面积之大，堪称全国第一，被林业专家们誉为"国宝"。

我校利用梁野山开展研学实践活动。学生走出校园，感受林下经济、梁野山自然保护区的良好生态，感悟梁野山深厚的文化内涵，拓宽视野、丰富知识、增长才干，培养学生热爱家乡的自然和人文之美。

（三）校外活动基地三：中山古镇百姓园

武平中山镇是千年文化古镇，素有"小京城"之美称。唐宁时是武平县的场治、县治所在地，旧称武平所，简称武所，有历经沧桑保存下来的古街、迎恩门、相公塔、永安桥等众多文物古迹。在中山古城这人不逾万、户不盈千、方圆不过二平方公里的弹丸之地,却聚居着100多个姓氏人家,并自清朝以来一直延续至今。这一文化奇观在全国各地乡镇绝无仅有,备受海内外学术文化界的关注,被誉为"客家百姓镇"。其以"姓氏门联"孝廉元素为主题建设有中山镇百家姓文化园,而廉文化元素又为公园注入了新的文化内涵。

姓氏文化长廊上挂着的每一张图片背后都有一个故事,每一段简介都可以扩展成一部传奇。学校组织学生结合中山实践基地活动到古镇、百姓园进行参观研学,了解自己姓氏的来源、繁衍、迁徙以及特有的家风文化、楹联文化,让姓氏孝廉文化得到弘扬,优秀家风家训代代相传。

(四)校外活动基地四:刘亚楼将军故居

武平县湘店乡湘洋村是武平县北部最偏远的山村,是中国首任空军司令刘亚楼将军的故居、成长地。刘亚楼将军故居建于清代,坐北朝南,由上下厅、左右厢房和东西护厝组成。刘亚楼将军故居为砖木结构、悬山顶四合院平房,二进三开间,有上、下厅,左右厢房,带东、西护厝。占地面积400余平方米,建筑面积约200平方米。2018年,刘亚楼故居被福建省人民政府公布为第九批省级文物保护单位。近年来,在空军部队的多方资助下,该地又进一步建设了空军主题公园和武平县亚楼红色教育培训基地,更具有教育价值。

刘亚楼将军光辉的战斗人生,反映出中国革命和新中国建立的伟大历程,反映了人民军队和人民空军发展的辉煌历史。学生通过故居参观学习,了解将军的成长故事,感悟空军精神,培养爱国情怀,树立远大理想,争做新时代好少年。

(五)校外活动基地五:武平县气象观测站

福建省武平县气象局是武平国家一般气象站,始建于1958年冬,1959年4月1时正式进行地面气象观测,2007年1月1日迁至现址,现观测场址占地面积8425.4平方米,可开展地面气象要素观测、风廓线雷达探测、闪电监测、GPS水汽观测、自动土壤水分观测等多项气象业务工作。

学校利用基地的多媒体设备向同学们介绍本地气候资源、我国气候变换的特点,普及灾害天气的预警及自我保护方式。同学们还能在室外测量场地近距离感受如何测量风向、风速、降雨量、温度等与日常生活息息相关的天气因素,了解天气预测的过程及天气预报中各种仪器的作用,培养科学的兴趣,提高科学素养及环境保护意识。

(六)校外活动基地六:武平县革命烈士陵园

武平县革命烈士陵园是青少年爱国主义教育示范基地和青少年革命传统教育基地,距我校2公里。自1928年冬中共武平县委成立以来,武平人民在它的引领下,军民团结,经历了漫长的如火如荼的土地革命战争、抗日战争和解放战争。据不完全统计,在几十年艰苦的烽火岁月里,成千上万的武平优秀儿女参加了革命斗争,近4000名武平儿女拥军扩红,参军参战,为民族的解放、新中国的建立,谱写了可歌可泣的革命史诗,被誉为"双星四将之乡"和"20年红旗不倒之乡"。在革命战争年代,武平涌现出了1067名烈士,还有许许多多杳无音信的无名烈士和革命群众抛头颅、洒热血,用鲜血和生命谱写了可歌可泣、荡气回肠、光耀千秋的信仰史诗,给我们留下了取之不尽、用之不竭的精神财富。

学校引导学生利用基地开展清明祭扫、讲习红色故事等,引导孩子们传承红色基因,缅怀革命先烈的丰功伟绩,发扬光荣传统,学习先烈的崇高精神。

(七)校外活动基地七:福建省喜浪农业科技发展有限公司劳动基地

福建省喜浪农业科技发展有限公司是一家农业一二三产融合的省级重点龙头企业。公司在梁野山周边建立以绿色生态为核心的优质水稻种植基地,有特色稻谷原料生产基地9个,约21000亩。公司充分发挥龙头企业的引领带动作用,建立了农业产业化联合体体系(农民合作社和家庭农场跟进、广大小农户参与、采取订单生产股份合作),推广"五新技术"(新品种、新技术、新肥料、新农药、新机具)的种植方法,推进"五优联动"(优粮优产、优购、优储、优加、优销)的工作办法,提高了优质粮食的全产业链发展水平。公司建设了围绕水稻生产、加工的传统农业主题展馆、高新技术主题展馆以及实验田等,成为中小学生农业文化、劳动技术研学基地。

基地给学生提供了良好的农业文化传承教育、劳动技术教育、劳动实践教育。学校让学生了解传统和现代情境下一粒米的生产、加工过程,参与田间劳动作业实践,发挥了学生的主体参与意识,让学生在具体形象的情境中受到了教育。孩子们不仅从中了解了我们的传统农耕文化和现代高新技术,也掌握了劳动的技能和技巧,培养了自主、自强、自信的个人品格和观察、思考、探究的学习品质,养成了勤劳的好习惯,促进个体全面、健康的发展。

(八)校外活动基地八:武平县消防大队

武平县消防大队是一支担负着武平县 2630 平方公里、40 万人口消防保卫任务的现役力量。广大消防官兵始终牢记党和人民的重托,不畏自己神圣的使命,奋力开拓,不断进取,用青春和热血谱写着一幅幅忠诚为民的动人画卷。拥有现代装备的武平县消防大队官兵在抢险救援、防火监督、反恐处突中,践行着习总书记"听党指挥、能打胜仗、作风优良"的总要求,在平凡的岗位上心系人民、励精图治、无私奉献,唱响了高亢激昂的新时代主旋律。

武平县消防大队是我们学校长期的共建单位。2017 年,学校被教育部基础教育司、公安部消防局评为"全国消防安全教育示范学校"。学校在武平消防大队基地通过开展警营开放周活动、共建交流活动,让孩子们以现场倾听、实地参观、实操体验等多种方式更直接、更全面地了解了各种消防器材和消防安全知识,提升对火灾突发事故处理的灵活应变能力,掌握更多的自救、逃生、自我保护的具体方法;同时,也让孩子们学习消防队员们勇敢、守纪、担当、奉献的优秀品质。

(九)校外活动基地九:武平县松花寨生态茶园

武平县松花寨生态茶园距武平县城 15 分钟车程,是天然的大氧吧,是一个高优农业精品示范园,主打"古镇云雾"雅致、优质茶叶产业园,被评为福建省红领市校外体验示范基地、龙岩市农村科普示范基地、龙岩市首批中小学生研学实践教育基地等文明实践基地。它环境优美、区位独特、空气清新,有茶园、果园、森林乐园、云顶观光园等。古镇云雾茶是中国传统名茶,茶色色泽翠绿,外形扁而光滑,汤色碧绿明亮,香馥如兰,向有形美、色绿、香郁、味醇四绝佳茗之誉。

"绿水青山就是金山银山",学生在武平县松花寨生态茶园基地可进行科普教育,体验采茶、制茶(晾青、手工炒茶)、制手工茶皂、绿茶奶昔技艺;学习茶园拔草、茶艺表演、茶具识别;参与民俗、家事体验实践。学生从中传承传统绿茶的手工艺,提高动手能力,增强社会责任感和环保意识。

（十）校外活动基地十：武平县石燎阁蜜蜂研学基地

武平县作为全国林改第一县，充分发挥生态优势，积极发展林下经济。武平县石燎阁蜜蜂研学基地坐落于野生植物极其丰富的闽赣二省交界处的武平万安镇石燎阁，距学校 7 公里。基地有从事养蜂的社员 268 人，蜂箱数达 1 万 2 千多箱，已成为一家集蜜蜂养殖、生产加工、产品销售、蜂文化开发、养蜂培训等为一体的综合型企业。2017 年在"全国深化林权制度改革现场交流会中"作为参观点之一；2018 年年底被农业农村部评为"国家级示范社"；2019 年被认定为省级新型职业农民实训基地、武平县中小学生研学基地等。基地建设了可容纳 80 人的多媒体教室，制作了专题教学宣传片；建有占地 3000 平方米的科普教学场地，可让参观者及学员进行实操体验，并展示有蜜蜂科普知识展板；建有 1000 平方米的蜜蜂文化故事馆，展示出了各种蜜蜂文化和蜜蜂产品；配套有 800 平方米的生产加工厂房参观通道、可容纳 20 桌的餐厅、2000 平方米的操场、1000 米的森林步道等。

孩子们在石燎阁蜜蜂研学基地通过班级亲子活动等形式，了解蜜蜂文化，学习蜜蜂精神。孩子们近距离接触蜜蜂，观察蜜蜂的生活习惯、采蜜的本领，切身体验蜂蜜的采集、加工过程，进而感悟团结、奉献、自律、勇敢、勤劳的蜜蜂精神，提升综合素养。

第二章

立品——构建"两全"丰润德育体系

第一节　学校德育体系建设的重要意义

　　中华民族历来重视道德教化,无论古今,都把立品立德作为做人的第一要务。四书中的《礼记·大学》,开篇就写道:"大学之道,在明明德,在亲民,在止于至善。"并且其提出"修身、齐家、治国、平天下"的主张,认为教育就在于格物致知。对于"德行"的追求,中国古人孜孜不倦、景行行止。我国教育特别强调人的道德主体精神的弘扬,人的精神境界的追求。明朝政治家、教育家和哲学家王阳明说过:种树者必培其根,种德者必养其心。东汉史学家司马光在《资治通鉴》中更是把"德"誉为才之"帅",强调德胜于才者谓之君子,德才兼备者谓之圣人。

　　在阶级社会中,历来的统治阶级,都需要通过德育塑造其社会成员的思想品质,以维护和巩固本阶级的利益。这是影响人们思想的头等大事。因此,历史上的各个时代和各个国家的教育都把德育放在首位。我国古代教育中,礼(德育)就是"六艺"之首。大教育家孔子在《论语·学而》中指出:"弟子入则孝,出则悌,谨而信,泛爱众,而亲仁。行有余力,则以学文。"这就说明实行"孝""悌"等道德修养应先于"学文"。资本主义教育也毫不例外,英国教育家洛克就曾强调在培养绅士的品性中,"德行是第一位,是最不可缺少的"。

　　阶级社会中的德育是有鲜明的阶级性的。无产阶级为了完成自己的历史任务,推翻和消灭剥削阶级,清除剥削阶级影响,建设社会主义,最终实现各尽所能、按需分配的共产主义社会,必须更加重视德育。中国共产党在新民主主义革命和社会主义建设时期一贯重视德育。毛泽东在抗大教育方针中就把"坚定正确的政治方向"放在首位。中华人民共和国成立后,又多次强调要加强德育,指出:"没有正确的政治观点,就等于没有灵魂。"邓小平在1978年全国教育工作会议上的讲话中指出:"毫无疑问,学校应该永远把坚定正确的政治方向放在第一位。"

党的十八大以来,以习近平同志为核心的党中央高瞻远瞩,站在民族复兴伟业的高度,审视学校教育,重视少年儿童的培养工作,要求全面贯彻党的教育方针,坚持立德树人,加强社会主义核心价值体系教育,完善中华优秀传统文化教育,形成爱学习、爱劳动、爱祖国活动的有效形式和长效机制,增强学生的社会责任感、创新精神、实践能力。

立德树人是教育的根本任务,要培养德、智、体、美、劳全面发展的社会主义建设者和接班人,就必须把德育放在首位,立德树人,使我们培养的人才既有高度的道德素养,又有建设社会主义的真实本领。《国家中长期教育改革和发展规划纲要(2010—2020年)》中明确指出,要坚持育人为本,要把促进学生的健康成长作为学校一切工作的出发点和落脚点。无疑,德育的品位几乎决定性地影响着教育的质量,切实有效的德育也是学生健康成长的"护身符"。

良好的道德品质是一个人的灵魂,也是一个民族的灵魂。党的十八大报告提出,把立德树人作为教育的根本任务。人才培养是育人和育才相统一的过程,而育人是本。人无德不立,育人的根本在于立德。德育是教育的基础性工程,这就是要培养年轻一代具有正确认识自己、正确对待他人、正确对待社会的高贵品质,对社会、对国家、对民族有高度的责任感。

2018年9月10日,全国教育大会在北京召开。中共中央总书记、国家主席、中央军委主席习近平出席会议并发表重要讲话。他强调,在党的坚强领导下,全面贯彻党的教育方针,坚持马克思主义指导地位,坚持中国特色社会主义教育的发展道路,坚持社会主义办学方向,立足基本国情,遵循教育规律,坚持改革创新,以凝聚人心、完善人格、开发人力、培育人才、造福人民为工作目标,培养德、智、体、美、劳全面发展的社会主义建设者和接班人,加快推进教育现代化、建设教育强国、办好人民满意的教育。

习近平强调,党的十八大以来,我们围绕培养什么人、怎样培养人、为谁培养人这一根本问题,全面加强党对教育工作的领导,坚持立德树人,加强学校思想政治工作,推进教育改革,加快补齐教育短板,教育事业中国特色更加鲜明,教育现代化加速推进,教育方面人民群众的获得感明显增强,我国教育的国际影响力加快提升,13亿多中国人民的思想道德素质和科学文化素质得以全面提升。

习近平指出,培养什么人,是教育的首要问题。我国是中国共产党领导的社会主义国家,这就决定了我们的教育必须把培养社会主义建设者和接班人作为根本任务,培养一代又一代拥护中国共产党领导和我国社会主义制度、立志为中国特色社会主义奋斗终身的有用人才。这是教育工作的根本任务,也是教育现代化的方向目标。

习近平强调,要在坚定理想信念上下功夫,教育引导学生树立共产主义远大理想和中国特色社会主义共同理想,增强学生的中国特色社会主义道路自信、理论自信、制度自信、文化自信,立志肩负起民族复兴的时代重任;要在厚植爱国主义情怀上下功夫,让爱国主义精神在学生心中牢牢扎根,教育引导学生热爱和拥护中国共产党,立志听党话、跟党走,立志扎根人民、奉献国家;要在加强品德修养上下功夫,教育引导学生培育和践行社会主义核心价值观,踏踏实实修好品德,成为有大爱、大德、大情怀的人;要在增长知识见识上下功夫,教育引导学生珍惜学习时光,心无旁骛地求知问学,增长见识,丰富学识,沿着求真理、悟道理、明事理的方向前进;要在培养奋斗精神上下功夫,教育引导学生树立高远志向,历练敢于担当、不懈奋斗的精神,具有勇于奋斗的精神状态、乐观向上的人生态度,做到刚健有为、自强不息;要在增强综合素质上下功夫,教育引导学生培养综合能力,培养创新思维;要树立健康第一的教育理念,开齐开足体育课,帮助学生在体育锻炼中享受乐趣、增强体质、健全人格、锤炼意志;要全面加强和改进学校美育,坚持以美育人、以文化人,提高学生的审美和人文素养;要在学生中弘扬劳动精神,教育引导学生崇尚劳动、尊重劳动,懂得劳动最光荣、劳动最崇高、劳动最伟大、劳动最美丽的道理,长大后能够辛勤劳动、诚实劳动、创造性劳动。

习近平指出,要努力构建德、智、体、美、劳全面培养的教育体系,形成更高水平的人才培养体系;要把立德树人融入思想道德教育、文化知识教育、社会实践教育各环节。

目前,在风云变幻的复杂国际形势下,在全面建成小康社会、实现"两个一百年"奋斗目标的伟大进程中,加强学校德育工作更具有重要的历史意义。

一、加强德育是贯彻党的基本路线的需要

当前,我国面临复杂的国际形势和良好的发展机遇,必须加速改革开放,抓住时机,发展经济。其关键是坚持以经济建设为中心,坚持四项基本原则,坚持改革开放。教育必须为贯彻党的基本路线服务,培养社会主义的建设者和可靠接班人,以取得国际竞争中的人才优势。这种竞争型的人才,不仅要掌握先进的文化科学技术,而且要具有坚定正确的政治方向,良好的思想素质和道德品质。因此,学校教育贯彻党的基本路线,仍然要把德育工作放在首位。特别是随着改革开放的不断深入,对人们的思想道德素质提出了更高的要求,要教育学生学习和借鉴世界各国包括资本主义发达国家的一切有用的东西,形成有利于社会主义现代化建设和改革开放的道德舆论力量和新的价值观念,同时,还要教育学生警惕和抵制资本主义、封建主义的腐朽思想。实践证明,在当前加速改革开放的新形势下,我们不但不能放松德育,而且必须加强和完善德育。

二、加强德育是促进两个文明建设的重要保证

学校德育,既是建设社会主义精神文明的一个重要方面,决定着精神文明的社会主义性质,又是渗透在整个物质文明建设之中,体现在经济、政治、文化、社会生活的各个方面,为物质文明的发展提供精神动力及有力的思想保证。学校德育在建设社会主义精神文明、实现中国梦的伟大新征程中担负着特别重大的责任。全国在校学生占全国人口的五分之一多,对他们加强共产主义理想教育,提高他们的社会主义思想觉悟,培养他们的优良道德品质,不仅可以保证学校教育的社会主义方向,而且对改变社会风气也会产生积极的影响。尤其对新世纪提高中华民族的政治素质、树立良好的道德风尚必将产生深远的影响。

三、加强德育,更为青少年的全面发展指明方向

德育在青少年的全面发展教育中,起着定向的作用。它所包括的政治态度、道德品质、世界观及思想等方面的教育,是解决为谁服务问题的。它保证人的各方面发展沿着一定的政治方向前进。社会主义社会的德育,目

的就是要使受教育者朝着社会主义方向发展,能够坚定为社会主义建设服务的正确方向。

德育在青少年的成长中起着灵魂的作用,它是青少年全面发展的动力。随着社会的不断发展和进步,德育教育已经被上升到了一个新的高度,德育工作的好坏,关系到社会主义的建设大业,影响着学生未来的发展,是一个国家、一个民族能否保持强盛不衰的重要前提。加强学校德育工作,对学生未来的发展和健康人格的形成有着不可或缺的重要意义。

第二节　"两全"丰润德育的内涵

小学阶段六年时间是每个人的世界观和人生观形成的重要时期,是一个人理想信念、道德品质奠基的最初时刻,将影响人的一生。为落实好立德树人的根本任务,在学校"丰·彩教育"办学思想的指引下,学校本着"丰其羽翼,浸润生命"的理念,实施全程育人、全方位育人的"两全"丰润德育。

2016 年 12 月,习近平总书记在全国高校思想政治工作会议上要求"坚持把立德树人作为中心环节,把思想政治工作贯穿教育教学全过程,实现全程育人、全方位育人。"所谓全程育人,是指德育要贯穿到立德树人的全过程。全过程对小学德育来说是指学生从一年级入学到六年级毕业的整个过程,贯穿小学教育的全过程和各环节。实施"丰·彩教育",要针对不同年龄段学生的特点和需求,采取与之相适应的教育教学方式,突出教育重点,循序渐进地开展教育,培养一代又一代拥护中国共产党领导和社会主义制度、立志为中国特色社会主义事业奋斗终身的有用人才。小学阶段对一个人的健全人格和优良品德的形成起着基础性作用,我们应在培育道德情感上着力,通过开展爱国情怀和优秀的传统文化教育,引导学生形成爱党、爱国、爱社会主义、爱人民、爱集体的情感。全方位育人是指德育覆盖到立德树人的各个方面:首先是以德育课程为主体,各学科渗透德育,充分发挥课堂主渠道的作用;其次是充分发挥学校各部门及社会各个方面的德育功能,把德育落实到生活的每时每刻、每一件事、每一次的活动之中,努力形成一以贯之、久久为功的德育长效机制。

在"丰·彩教育"视野下,全过程德育、全方位德育的思想,牢牢锁定在学生学习成长的每一个不同时期,不仅体现在课程设置上——既有国家课程,也有地方和学校开发的校本课程,更体现在教学环节、评价环节,统筹课堂、社团活动、家庭育德、社会养德的方方面面,如学生在小学六年的时间里,要参加或体验完成100+X项教育活动。就德育的实施途径而言,全方位德育有课程育人、文化育人、活动育人、实践育人、管理育人、心理育人、协同育人,每个方面都可设计多个具体实施途径。这些途径如同德育的一张大网,覆盖着小学生活的方方面面,共同呵护着学生全面健康地成长,让每一个孩子都能体验收获到"人人出彩,个个精彩,丰实溢彩"的成长惊喜。

第三节 "丰·彩教育"视域下的"两全"德育体系建设

一、提升"两全"德育工作队伍素养

教育是百年大计,德育是教育的基石和根本。德育是对学生进行思想、政治、道德、法律和心理健康的教育。它是学校教育工作的重要组成部分,与智育、体育、美育等相互联系,彼此渗透,密切协调,对学生的健康成长和学校工作具有重要的导向、动力和保证作用。无论哪个国家,哪种教育体制,都应该将育德工作放在整个教育工作的首要位置。基本道德往往是历史上传承下来为人类社会广泛接受的道德规范。美国教育学者阿迪斯·瓦特曼说,不管时代如何变化,我们总将有着和我们祖先同样的需要。那就是愉快、勇敢地度过我们的一生,和周围的人友好相处,保持那些指导我们更好成长的品质。这些品质是欢乐、爱、诚实、勇敢、信心等等。校园是加强和改进未成年人思想道德的前沿阵地,随着社会突飞猛进的发展,人们获得了巨大的物质收获,同时社会道德的缺失已成为不可回避的问题,道德的滑坡已经严重影响到了学生的健康成长。学校作为培养人的地方,应当担负起塑造学生健康人格、形成良好品德的责任。面对新形势,武平县实验小学这样一所百年老校,秉承"丰·彩教育"的办学理念,围绕"让每个孩子拥有自己的精彩"这一价值目标,始终把德育放在首位,努力探索以实践为主线,以学生为主体,以灵魂塑造为主旨的德育工作模式。培养学生正确的道德认识、自觉的道德养成、积极的道德实践,这就要求教师必须具有高尚的道德,合格的老师首先应该是道德上的合格者。《论语》有言:"其身正,不令而行",以德立身、以身作则,学生方能以师为镜。学校德育工作的好坏,关键在于教师,为此我们将全力打造"丰·彩教育"视域下的"两全"德育体系,着力提升教师队伍的素养。

(一)完善"两全"德育工作架构

"丰·彩教育"要求教师树立"人人都是德育工作者"的全员育人理念,大力营造"大德育"的氛围,强化教师的德育责任感,整合校外德育教育资源,构建完善的校内外德育体系。充分认识加强和改进学生思想品德教育是事关国家前途和民族命运的战略工程,紧紧围绕以育人为中心,牢固树立"学校教育、育人为本,德智体美劳五育并举、德育为先"的思想,构建社会、学校、教师、家庭、学生"德育工作共同体"。

学校在德育工作领导小组的统领下,依靠"校长室"和"党支部"两大载体,带领学校的各处室充分挖掘整合校内及校外的德育教育及实践资源,建立立体式的德育工作架构,形成了简洁明了的"两全德育"工作架构图。

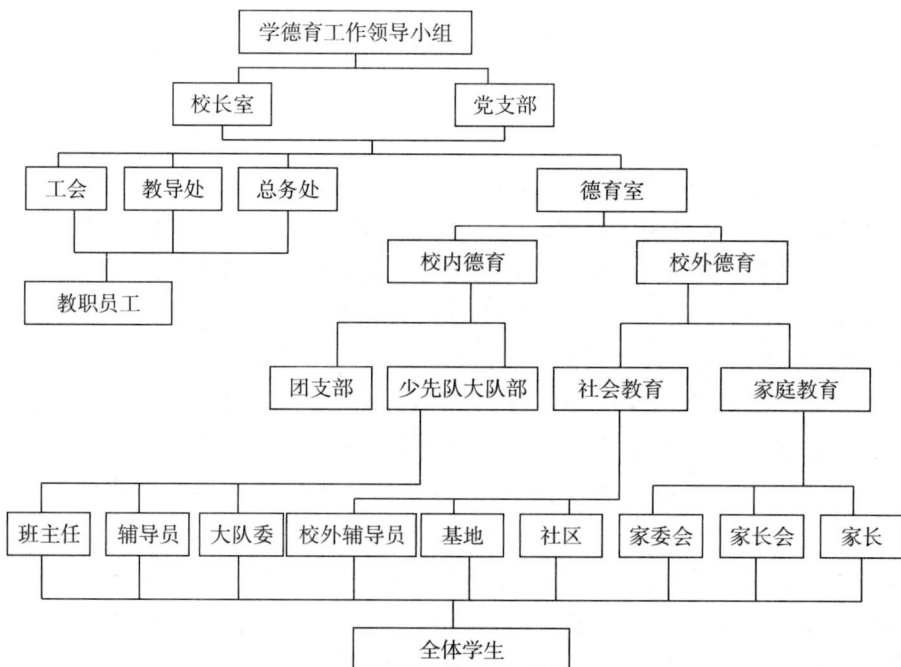

武平县实验小学"两全德育"工作架构图

(二)提升德育工作队伍素养

1.提升教师德育工作水平

所谓德育教育,就是按照一定的阶段或一定社会的道德观念、思想意识、政治观点、行为规范等,有计划、有目的地对受教育者的心理进行引导,以此达到被教育者向教育者期待的方向发展的思想品德教育活动。德育是触摸心灵、与心灵对话的教育。"丰·彩教育"的办学理念,它需要教育工作者具有高尚的思想品质、合理精深的理论知识、全新的思维方式和精湛的德育艺术。德育教育工作不是简单的说教,而是一种在言传身教、潜移默化中逐渐形成的教育。提升德育工作队伍素养是顺应时代发展要求的、势在必行的任务。提高教师个人的思想觉悟和师德境界,努力把教书育人转化为教师个人的内心需求和自觉行为,爱岗敬业、为人师表。学校将着力从以下方面提升教师的德育工作水平:

(1)加强学习,改进育人方法

提高教师的思想道德素质,必须转变育人观念,改进育人方法,打造学校德育特色,探索内涵发展之路,与时俱进,以人为本。"育人者必先育己",教师理论知识的更新、教学素养的提升、育人方法的改进是做好德育工作的前提。

首先,加强教师理论学习。学校规定每周三下午第二、三节课为班主任活动时间,集中学习前沿理论知识,共同探讨近期学校德育工作、学生管理、学生心理健康教育中出现的主要问题;同时,要求每位教师每月两次利用网络平台自学教育管理知识,扩宽途径,吸取新知。其次,强化外出培训学习。学校尽量争取外出培训学习的机会,聆听专家的经验方法并与专家互动,确实改进、提升德育工作方法;同时,学习后要在学校进行二次培训,对所学知识进行转化和传播。学校定期召开德育工作研讨会、班主任工作会议,交流工作经验,提升教师的德育工作水平。

(2)完善制度,保障育人机制

一是健全、完善德育工作体系。学校一直以党建带少先队建设,成立了党支部书记为组长的"德育工作领导小组",领导小组下设办公室,办公室设在德育室,形成了党支部领导及行政系统(工会、德育室、教导处、综合办、总务处)为主实施的德育工作领导体制,把培养"四彩"少年作为学校工作的头等大事,切实列入议事日程。学校德育形成了由校长牵头,分管领导负责,德育室主抓,少先队大队部督办,全体班主任参与,科任教师指导的德育工作体系,各负其责,形成合力,保证了学校全员德育工作的实施。二是创新德育管理机制。学校实行谁发现(学生不文明或违纪行为)谁教育的工作氛围,充分发挥每一个教职工在学校德育管理中的作用。实施"值周行政、值日教师、岗位定人的责任制",每周1名行政值周,各年级每日1名语(数)值日教师,各岗位1名科任值日教师,分工负责对学生在校一日行为进行全方位跟踪,做到日常管理无漏洞、无缝隙。

(3)岗位练兵,促进德艺双馨

学校教育,德育先行。提升教师育人水平,岗位练兵是直接有效的方法。在岗位练兵过程中,教师主动学习理论知识、寻找解决问题的方法。每学年我校岗位练兵的具体做法有:举行一次队活动课评选;开展一次班级管理方法案例评选;组织一次"家校沟通艺术"微展示课评选;开展日常演练活动(如特殊学生事件处理、疫情防控突发事件处理、外出安全等)。

(4)注重评价,提升育人水平

师德建设是教师队伍建设的永恒主题,是保证教育教学质量、促进学生全面发展的重要保证。学校把师德建设摆在最重要的位置,外强业务,内强素质,做到对教师的考核业务能力和师德修养双管齐下;进一步创新工作思路,不断提高师德水平,完善师德考评制度,对师德表现和教书育人成绩突出的集体和个人,予以表彰和奖励,并大力宣传,弘扬先进典型的高尚精神;对违反师德规范的教师要进行严肃的批评教育和相应的处罚,对情节严重并造成恶劣影响的要坚决实行"一票否决制",给予行政处分,甚至追究刑事责任;完善教师考评制度,把评优评先与考评结果相结合,展现能者上、弱者追的积极向上的局面。

2.提升大队干部的德育工作水平

大队干部是在老师的推荐和同学们的大力支持下,通过层层竞选产生的。他们的一言一行有更多的同学关注,他们的行为将会成为全校少先队员学习、模仿的对象。因此,提升大队干部的思想素质、规范大队干部的言行具有重要意义。

(1)在会议中提高认识

少先队干部是光荣的,也是辛苦的,每次会议,都要强调大队干部的责任、使命、担当。中国少年先锋队是中国共产党领导下的先锋组织,先锋模范作用要在大队干部心中生根。每次会议,提升队干部的思想高度是首要任务。

(2)在岗位中锻炼能力

根据大队干部的特长,设置大队岗位,要求他们用满腔的热情,积极地履行大队干部义务,发挥自己所长,做好本职工作,把工作做实、做细,在岗位中学习为人处事、学习德育引领、学习工作方法。

（3）在活动中提升水平

开展活动是少先队的特色与生命线。活动组织是严密的,端正的态度是开展好活动的前提,具有团结的、补位的意识是开展好活动的根本要素,责任心是开展好活动的密钥。在组织活动的过程中,我们要不断引领、提升小干部的品德素养。

3.提升家委会成员的德育工作水平

著名教育家苏霍姆林斯基说过:"最完备的教育是学校与家庭的结合。"教育孩子是一个系统工程,教育的效果取决于学校和家庭影响的一致性,如果没有这种一致性,学校教育就不能够真正地发挥作用,也就不能够全面提升学生的综合素质。学校家委会是学校与家长沟通的中坚力量,提升家委会成员的德育工作水平,也就有利于助推家庭德育教育的提升。

（1）提高认识水平

家庭是社会的细胞,是孩子生活的第一环境,是人生的第一个课堂。家庭教育在孩子成长中起着重要作用,家长只有加强学习,不断学习、更新家庭教育的专业知识,多看家庭教育成功案例,在学习中找到适合自己孩子的家庭教育方法。学校在对家委会成员自我学习上有很明确的要求:一是成立家长学校,学校购置家庭教育方面的书籍,家委会成员可到学校借阅书籍阅读;二是班主任推荐阅读书目或相关家庭教育栏目,家长自己学习或观看;三是定期召开家委会会议,邀请专家现场讲座。

（2）增强领导与服务意识

家委会要充分发挥组织的领导作用,学校通过开展家委会成员的各种教育活动、体验活动,引导家委会成员转变教育观念。班级家委会通过开展亲子活动、亲子共读、公益活动等,引导家长做快乐的参与者,让更多的家长明确自身的教育责任,并积极配合学校做好教育工作,让学校德育工作在家庭中得到落实。

（3）提升沟通、协调、督促、反馈能力

家委会成员的一个重要任务是做好学校教育与家庭教育的沟通与交流,提升家委会成员的沟通、协调、督促与反馈能力,将大大提升家委会的工作效率。①班主任与家委的沟通,在沟通过程中指导家委会成员提高沟通技巧;②家委会成员多与家长沟通,了解自我沟通方面存在的问题,不断改进沟通方法;③在工作开展中不断总结,提升能力。

4.提升社区居委会干部的德育工作水平

社区居委会干部的职责之一是组织引导社区居民开展法制教育、公德教育、科学教育、青少年教育、职业培训等。而未成年人教育是社区教育的特殊群体。学校德育注重学生成长过程中得到的点点滴滴,从而使学生不断丰实自我,才能积少成多。社区文化、社区教育对学生的影响是潜移默化的,学校关注学生的全方位教育,因此,学校与社区居委会干部达成对未成年人教育的共识,提升社区居委会干部的德育工作水平,具体做法有:

(1)定期培训,提高理论水平

学校定期(每学年两次)组织社区居委会干部参加学校德育工作专题研讨会,学校领导及德育室主任与社区干部共同探讨社区与学校教育的衔接,社区德育的重要性及社区德育的主要内容。学校组织集体培训会,邀请社会德育工作专家、家庭教育知名人士对社区居委会干部在未成年人德育教育的方法、形式方面进行指导,提高他们的理论水平。

(2)参观学习,触动德育情怀

思想政治教育要"从娃娃抓起",帮助他们"扣好人生第一粒扣子",是落实立德树人根本任务的基础,是全社会的共同责任。每学年,我们都会邀请社区居委会干部走进学校,参观我们的一年级新生入队仪式、参与红领巾讲坛、走进"十大基地"、毕业典礼等有意义的活动,让他们感受到德育教育无处不在,触动他们参与未成年人德育教育的情怀。

(3)案例展现,提升德育高度

近年来,伴随离婚率的高涨,单亲家庭的孩子增多,随着社会的不断发展,农村剩余劳动力向城市转移,留守儿童不断增多。面对这些孩子,全方位德育(学校、家庭、社会)显得尤为重要。学校精选社区德育教育的成功案例,与他们分享,共同分析社区教育不同群体的不同方法,结合社区特殊教育对象的具体特点,寻找适合的教育方法与途径,让社区德育更具实效。

(4)评选先进,树立学习榜样

在平凡的岗位中,总有一些不平凡的人和事,他们为未成年人的成长默默奉献着。为树立先进典型,学校根据社区居委会干部工作成效,评选优秀校外辅导员,由县教育局、共青团武平县委、武平县少工委共同颁发奖状,激励广大社区干部投身到未成年人的德育教育行列。

5.提升校外"十大基地"有关人员的德育工作水平

在组织德育实践活动中,我们结合学校的办学思想,充分利用县域丰富的资源,打造德育教育"十大基地",扩展德育培养途径,拓宽学生视野,提升三种文化素养。学校根据各基地教育参与的不同年级及目的、意义，有针对性地提升基地有关人员的德育工作水平。

(1)提炼红色文化传播方法

文博园、刘亚楼故居、烈士陵园、梁山书院、消防大队都是传播红色文化的阵地。学校组织人员对这些基地的红色文化进行梳理，找到德育教育与红色文化的切入点，通过故事把德育教育渗透给学生，帮助工作人员提高面对未成年人讲红色故事的技巧。①帮助他们了解未成年人的性格特征、兴趣爱好，精选故事人物；②帮助他们修改故事情节，让故事更贴近小学生；③帮助他们充分利用儿童化语言来讲述故事，吸引学生。

(2)拓宽生态文化传播途径

梁野山、气象观测站、松花寨、石燎阁是生态文化知识传播的好地方。提炼基地文化中的生态文化元素需要：①看：帮助工作人员选择供未成年人看的地方，让他们看到生态文化。②讲：讲武平林改故事，林改后带来的变化。③辩：组织辩论："绿水青山就是金山银山"，更深层次了解生态文化的重要性。④实践：动作操作，体验制茶、采蜜、种植等。

(3)创新客家文化的传播手段

武平是客家人的聚集之地，让未成年人了解客家文化，传播、传承客家文化，是学校的教育任务之一。①凝练文博园、刘亚楼故居、百姓园、梁野山基地客家文化元素；②把客家文化与基地文化相结合，在讲解过程中突出客家文化要素；③观看武平民俗活动片，感受客家文化的魅力。

二、打造"全方位德育"工作平台

(一)校内平台

1.学习宣传平台

为打造高效实用的校内德育工作平台，充分用好学校资源，学校因地制宜，着力打造校园电视台、校园广播、LED显示屏、宣传栏、微信平台、家校联系卡等学习宣传平台。

表 2-1　武平县实验小学学习宣传平台一览表

宣传平台	运行模式	作用效果
校园电视台	每周队活动课时间、播放校园新闻、传播校园文化	了解校园动态,关注校园文化
校园广播	每天下午第一节课前5分钟是校园广播时间。它开设了成长风情线(心理健康)、法治看台、三节三爱教育、日常行为规范养成教育等栏目	通过红领巾广播的传播,让学生了解时事新闻、规范日常行为,宣传健康知识、学习法律法规等较全方位的德育补充教育
LED显示屏	及时更新显示内容,内容含每周出彩班级、校园好人好事、近期日常行为规范教育内容等	树立榜样作用,让学生时刻都能关注到校园好人好事及年段出彩班级,树立集体荣誉感,明确学校行为规范的教育内容,有针对性地做好
宣传栏	每月更新一次宣传栏内容,内容有校园年度十大新闻、健康知识、禁毒、消防、防震减灾、运动等	各种知识有针对性地宣传,可增强学生对体育运动的兴趣,了解当季易发的传染病、禁毒、消防等专项知识,提高学生的认知水平
微信平台	建立班级家长群,随时与家长沟通交流	让家长及时了解学生的在校情况,明确孩子在校学习的内容,让家校沟通交流无距离
家校联系卡	各班主任根据需求发放,发放时间、内容根据要发放学生的表现自行打印	便于班主任收集学生资料,家长了解学生在校表现及各种注意事项,共同关注学生健康成长

2.课程资源平台

(1)上好"道德与法治"课程。

《道德与法治》是教育部审定的义务教育教科书。新教材的编写重视传统文化的教育,以立德树人为主旨,以社会主义核心价值观为引领,普及法律常识,小学尤以规范教育为重,所以这既是道德教材也是法治教材。在培养学生道德素养的同时,增强学生的法律意识,有助于学生的健康成长。它是以儿童生活为基础,以培养孩子良好的品德习惯、乐于探究、热爱生活为目标的综合型活动课程。"道德与法治"作为一门对学生进行道德与法治教育的专设课程,与学校日常德育、党、团、少先队组织教育共同成为并驾齐驱的三条德育工作路线,应做到"内化于心,外化于行"。"丰·彩教育"培养目标是培养品格丰盈的丰彩学子。因此,上好《道德与法治》课程,培养学生良好的道德品质,是落实立德树人的重要途径。①深入学习"道德与法治"新课程标准:每学期开学初,学校利用一下午的时间,统一组织"道德与法治"课程的教师集中学习新课程标准,由市"道德与法治"课程骨干教师刘伟峰同志培训课程教学的老师,通过培训教师能把握课程性质,明确课程基本理念,知道课程设计思路,明确课程评价方法及课程编写原则、课程资源开发和利用等,更好地为教学服务。②在研讨中提升:每周二上午第一、二节课时间为"道德与法治"备课组活动时间,由备课组长组织研讨,提前定好研讨内容及研讨形式,充分做好研讨前的准备,在研讨中解决当前的困惑,提高理论知识。③举行教学观摩活动:课堂是传播知识的途径之一,只有立足课堂,践行"积小行"的校训,我们的"道德与法治"课程才更有实效。每学期每位任课教师要上好一节研讨课,本备课组老师集中听评课,听取同仁意见,吸取精华,去其糟粕,提高教学水平。④走出去,请进来:"闭门造车",思维就会局限,只有拓宽视野,多学、多看、多听,才能有新的教学思想。学校重视教师的培训学习,采用请进来的方式,让较多的老师能聆听到专家团队、优秀老师的理念,观看到课堂教学的不一样的精彩。走出去虽然人员较少,但也是一个提高教师教学能力的好途径,走出去的老师回校要二次培训,把学习到的知识、方法与本学科老师分享,共同提升学科素养。⑤组织老师积极参加教材培训活动:每年暑假,除上级要求统一参加的教材培训活动外,学校每年暑假要组织学科老师利用三天时间,集中进行教材培训活动。只有深入教材,研讨教材,才能更好地把握德育教育方向,在课堂中绽放精彩。

(2)开发校本课程"道德与修养""道德与智慧"(具体见课程开发章节)。

(3)创新主题队活动课(班队课)形式。

队活动课是以活动形式开展的。确定主题,提前做好队活动课的准备,做到全员参与,人人有角色,人人有任务,做集体的小主人。如安全话题是常常挂在嘴边的,帮助树立学生安全意识,学生更能牢记心上。召开"安全知识我知道"主题班队课的课前准备,将学生分为:①安全知识收集组;②校园可能发生的安全事故收集组;③家庭安全事故收集组;④交通安全、校外安全资料收集组。通过多种形式(快板、儿歌、舞蹈、录像、讲故事)的展现,学生印象深刻。班队课起到了事半功倍的效果,学生再也不会违反规则做不安全的事情了。在队活动课中进行德育教育,学生受益匪浅。

(4)各学科课程渗透德育教育。

德育是全过程的教育,是学科教学工作中的一项重要任务。每一个课堂都是德育渗透的主阵地,每一门学科都是对学生思想的洗礼。如何在学科教学中进行德育教育呢? 一方面,在教学内容中寻找德育。联系教材内容,结合学科特点,突出强调在教学过程中加以"渗透",而不是在教学内容之外进行"附加"。教书是育人的手段,育人才是教书的目的。教师要充分挖掘教材文本中的德育素材,因材施教,因势利导,尽可能地让学生从中吸取营养。如体育学科,在技能练习中、在游戏活动中、在体能练习中都要渗透积极参与、安全运动、互帮互助、团结协作、吃苦耐劳、拼搏进取等品质;音乐学科渗透浓厚的时代信息和强烈的爱国主义感情,热爱生活、热爱一切美好事物、奋发向上的高尚情操;科学学科渗透实事求是、尊重自然规律、从细节入手、从点滴入手、小组合作、克服困难等品质。另一方面,在教学形式中运用德育。教学形式必须符合学生的认知规律特点,满足其学习、成长和发展的需要,遵循以人为本的原则,尊重学生,关爱学生,既要有科学性,还要有道德性和伦理性,使德育在潜移默化中实现。英国教育家怀特说:"教育只有一种素材,那就是生活的一切方面。"作为教师来讲,要善于发现与捕捉教材资源与德育的联系,在备课、上课、课后辅导等各个环节中有意识地寻找德育资源,捕捉德育时机,以"润物细无声"的方式滋润孩子的心田,让它更好地为学校德育教育服务,实现全程德育。

3.活动资源平台

为更好地落实"全过程德育",切实实现在活动中提升,以活动促践行,做到知行合一,从而提升德育工作实效性的目标,学校在"丰·彩教育"办学思想的引领下,规划了100+X项活动,即在小学生涯的六年至少参加100项各领域的活动,100+X项活动根据学生的年龄特点及活动自身特点,把各项活动科学规划到各学段、各时段,形成德育活动体系。其具体分为:全校性共同开展的活动、各年段开展的活动、集中讲座活动等。

（1）武平县实验小学 100＋X 学生活动

表 2-2　全校性开展的活动

参与年级	活动内容	活动意义
一至六年级	感恩教育活动	学会感恩,用行动感恩父母、感恩老师、感恩同学、感恩母校,做知恩感恩少年
	"三节"教育活动	树立节约意识,引导学生从小事做起、从自己做起,逐步养成节约的习惯
	"我为祖国来点赞""我为祖国唱支歌"国庆节爱国主义教育系列活动	了解祖国的变化,祖国的强大,培养爱国主义情怀,树立民族自豪感,为祖国的美好明天奋发努力,学好本领,贡献力量
	"书的世界无限美"123 读书节活动	培养学生喜欢书籍、爱上阅读的习惯,让书香伴随成长,让经典浸润心田
	"我们的节日"清明、端午、中秋、重阳、春节、元宵中华文化传承教育活动	了解传统节日的来历、习俗、节日文化,树立文化自信,传承中华传统文化
	"我运动,我健康,我快乐"学校体育节暨田径运动会活动	培养学生的运动兴趣,积极参与体育锻炼,培养敢于挑战自我、拼搏进取的体育精神
	"小小舞台大世界"校园艺术节活动	积极参与校园艺术节,培养学生的艺术素养,争做气韵丰雅的卓越少年
	"走进大自然,感受家乡美"春游、秋游远足活动	走出校园,放飞心情,观察大自然,感受家乡的变化、家乡的美,培养爱家乡的情怀
	"快乐的节日"欢庆六一	重温少先队知识,树立我光荣,我是少先队员的意识,时刻记着为胸前的红领巾增光添彩
	"童心向党"系列活动	了解中国共产党,从小听党话,永远跟党走
	"我是小小志愿者"志愿服务教育	从小培养志愿服务他人意识,"小手拉大手"积极参与志愿服务活动
	"我是文明小学生"文明礼仪教育	用好文明用语,做文明学生、文明市民、文明公民;遵守公共秩序,爱护公共财产
	"我是班级小主人"集体主义教育	争当班级小主人,树立集体荣誉感,为班级争光

续表

参与年级	活动内容	活动意义
一至六年级	"劳动最光荣"劳动教育	树立劳动光荣的意识,积极参与力所能及的家务劳动及社区劳动活动
	预防溺水事故应急救援演练	学习防溺水知识,学会自护自救的方法
	预防电梯事故应急救援演练	知道电梯安全知识,遇到电梯事故不惊慌,会拨打求救电话
	地震逃生应急救援演练	学习地震知识,知道地震逃生方法,参与应急救援演练活动
	极端天气疏散安全演练	有效应对极端天气,防范事故的发生
	消防逃生疏散安全演练	增强师生的消防安全知识,提高自护自救、抵御灾害事故的能力
	防踩踏安全疏散演练	培养师生沉着冷静、从容应付、快速疏散的能力
	预防校园欺凌安全演练	有效预防校园欺凌事件发生,杜绝校园恶性暴力事件的发生
	防空袭疏散安全演练	加强国防教育,增强忧患意识和爱国主义思想,提高师生应对突发事件的能力

表 2-3　各年级开展的活动

参与年级	活动内容	活动意义
一年级	"安全过马路,认识红绿灯"活动	遵守交通规则,培养交通安全意识
	"报警电话我会用,自护自救我能行"活动	记住报警电话,什么时候能用报警电话及如何报警
	"刷牙拉拉拉,爱牙刷刷刷"牙齿健康活动	知道正确的刷牙方法,爱牙护牙
	"我会交友快乐多"活动	与同伴友好相处,学会礼貌待客
	"我爱红领巾"少先队队前教育活动	学习队前知识,增强少先队组织的光荣感,向往加入少先队组织
	"我爱红领巾,加入少先队"入队活动	树立我是少先队员的光荣感、使命感

续表

参与年级	活动内容	活动意义
二年级	"安全过马路,认识红绿灯"活动	知道遵守交通规则的重要性,"小手拉大手"做遵守交规的小小宣传员
	我会整理学习用具、衣物	从小养成自己的事情自己做的好习惯
	我是安全小卫士:争当班级安全员活动	安全记心中,不安全行为我制止
三年级	"从小学先锋,长大做先锋"先锋中队创建活动	学习先锋,树立先锋榜样意识,争做小先锋
	学会分享:开展我为班级捐本书活动	学会分享,体验分享的快乐
	校外教育基地活动:参观气象站	培育科学意识,了解天气与自然环境的关系,争做环保小卫士
	"方寸世界无限美"集邮示范校活动	开拓视野,增长知识,培养学生的爱国主义情怀,见证祖国的强大
四年级	"10周岁集体生日"仪式	让学生感受到父母亲的辛苦,体验成长的快乐,担当未来的责任
	争当博物馆小小志愿讲解员	选拔博物馆小小志愿讲解员,提升志愿服务意识,大胆展示自我
	"我与红领巾的故事"分享会	增强少先队组织的光荣感,用实际行动为红领巾增光添彩
	校外基地活动:参观文博园	了解家乡的英雄故事,了解客家文化、林改文化,培养爱国、爱家乡的情感
	研学实践活动	走进大自然,在研学中成长,在研学中收获
五年级	"我是少年,播种梦想"主题教育活动	放飞梦想,播种希望,树立远大理想
	校外基地活动:"我是小小消防员"	了解消防仪器设备的作用,学习军人一切行动听指挥的作风
	"我与红领巾的故事"分享会	增强少先队组织的光荣感,分享我为红领巾增光添彩的故事
	基地学校实践活动	体验军营生活,学会生活自理

续表

参与年级	活动内容	活动意义
六年级	"我毕业·我丰实·我出彩"毕业生理想主题教育活动	树立远大理想,树立为实现中华民族伟大复兴贡献力量的决心
	"我们毕业了"毕业典礼	感恩母校、感恩师长、感恩同学,不忘小学生活
	毕业生安全专题教育活动	生命至上,安全第一,时刻不忘安全

表 2-4　讲座活动

参与年级	活动内容	活动意义
1～6年级	"我是安全小卫士"安全自护教育讲座	学习安全知识,提高安全意识,安全从小事做起
	"争当交通安全小卫士"讲座	"小手拉大手",共同遵守交通规则
	安全教育平台、禁毒教育平台使用与学习方法	学会使用安全平台,在平台中学习安全知识
3～6年级	法治教育讲座	学习法律知识,与法同行,做个遵纪守法的好学生
4～6年级	检察院"向日葵宣讲团"法治、自护教育进校园活动	学习法律知识,知道什么是违法行为,并机智地同违法行为作斗争
5～6年级	禁毒安全自护知识讲座	了解毒品种类,知道毒品的危害,远离毒品
5～6年级	高年级女生青春期健康教育讲座	了解自己的身体变化,正确对待青春期
留守儿童	留守儿童关爱主题讲座	正确对待留守,听长辈的话,给予留守儿童更多的关爱
大中队干部	红十字救援知识讲座	增强面对突发事件和意外伤害的应急意识,了解和学习应急救护的基本知识,提高自救和互救能力

（二）校外平台

1.打造校级、年段、班级家委会平台

教育是合力作用的结果，它需要家庭与学校紧密的配合并互相支持。学校为进一步做好各项工作，增强学校工作的透明度，增加学校与社会之间的相互沟通和了解，确保教育的自律和公正，更好地发挥家长作用，规范协调家长参加学校管理和监督工作，促进家校沟通联动，成立了家长委员会。

（1）家长委员会的产生

各班主任先深入了解本班学生的家长情况（热心学校教育，有组织能力，有社会影响力，有固定工作时间），通过班级家长会议差额推荐，班主任根据了解到的信息最后确定 5 人组成"班级家长委员会"，设主任 1 名，委员 4 名。各班推荐 2 名家长代表产生年段"家长委员会"，设主任 1 名，副主任 1 名，其余家长为委员。学校家长委员会由年段推荐每班 1 名家长代表，组成了"学校家长委员会"，设主任 1 名，副主任 8 名。

（2）家长委员会工作的开展

①制定章程、工作计划

学校校级班子、教导处主任、德育室主任协助家长委员会制定《武平县实验小学家长委员会章程》《武平县实验小学家长委员会工作计划》《武平县实验小学家长委员会工作制度》《武平县实验小学家长委员会管理办法》《武平县实验小学家长委员会职责》等相应的制度和措施。

②发挥"家长学校"的作用

家长委员会成员来自各行各业，各有所长。学校充分发挥家长的特长，利用家长学校，实现学校与家长委员会之间、家长与家长之间的沟通交流。学校规定每周三晚上为"家长学校"讲学时间，学校家委会成员原则上都要到校学习，讲学人员有学校领导、主任、班主任、家委会成员。讲学活动让家委会成员从不同角度了解学校教育，了解学校教育与家庭教育的密切关系，掌握家庭教育方法，带动更多的家长积极主动地做好家校教育的结合，切实提高德育教育实效。

③发挥家委会传、帮、带的作用

家长委员会成员是各班级家长推荐产生的，他们在班级家长中具有一定的话语权。开学初，学校、班级召开家长委员会成员会议，布置本学年、本学期学校德育工作及校外德育的延伸活动。有了明确的目标，学校、班级家委会成员与老师共同商讨实施办法,制定切实可行、安全有效的计划或工作安排。家委会成员就起着传达、协调、组织、服务等作用,调动班级家长的参与热情,提高活动的效果。

2.联动社区、居委会,打造德育平台

社会教育可以让未成年人在社会大课堂中,体验各种不同的社会角色,学习社会规范,扩大社会交往,将德育工作与社会生活有机联系起来,可以更有效地发挥社会生活中各种积极因素的作用,控制、消除各种消极因素对学生的影响,因此,可联动社区、居委会打造社区德育教育平台,帮助学生逐步树立起正确的世界观、人生观和幸福观。

(1)成立社区"四点半学校"

学校放学较早,很多上班的家长无法准时在家里陪伴孩子学习,学生有了"空白"监管时间。为了使"空白"监管时间让家长放心,社区、学校联合成立"四点半学校",由学校教师、社区成员轮流看管或指导学生学习、看书或做其他的活动。

(2)开展"小手拉大手",争做文明市民活动

争做文明市民,从小事,从身边事做起,学校德育要落到实处,最有效的途径是家庭与社会共同参与。开展"小手拉大手"活动,提高居民的德育素养,创造良好的德育教育大环境。

(3)开展志愿服务活动

协助社区开展清洁家园、看望孤寡老人、社区交通安全宣讲员、社区禁毒宣传员等活动,学校动员少先队员积极参与社区开展的志愿服务活动,提升社交能力,培养乐于奉献的精神。

3.打造校外"十大德育实践基地"

为更好地落实"大德育"观,切实提高"两全德育"实效,学校不但重视落实课内课外相结合,也关注校内校外互相联动的德育工作措施,针对武平县现有的地域文化资源,因地制宜地挖掘打造校外德育"十大基地"(表2-5)。

表 2-5　武平县实验小学校外德育"十大基地"

基地名称	参与年级	活动形式	活动内容	目的/意义
文博园	1年级 4年级	集中参观	1.一年级新生入队 2.节假日小小志愿讲解员讲解 3.探究武平历史与客家文化 4.了解刘亚楼将军的生平事迹	1.增强少先队员的光荣感、使命感 2.培养学生的自愿服务意识和奉献精神 3.进行爱国、爱家乡教育,了解客家文化,了解家乡的风土人情
梁野山	1~6年级	亲子研学活动	1.了解徒步及徒步中的注意事项和准备工作 2.欣赏高山瀑布群,探究形成原因 3.探秘铁皮石斛基地,了解林下经济	1.体验梁野山自然保护区的良好生态,进行环境保护教育 2.拓宽视野、丰富知识、增长才干 3.筑牢绿水青山就是金山银山的思想,增强爱国爱家乡的情怀
百姓园	1~6年级	亲子研学	1.参观民俗广场、百姓众祠 2.参观姓氏文化长廊,了解自己姓氏的来源 3.祭拜百姓祖殿	1.了解自己姓氏的来源、繁衍、迁徙历程 2.了解家风文化、楹联文化 3.弘扬姓氏文化,传承良好家风
刘亚楼故居	1~6年级	亲子研学	1.参观将军故居 2.红军驿站观看红色故事 3.将军广场模仿长征行军之路	1.了解将军小时候生活的地方 2.感受家乡的变化,培养学生的爱国、爱家乡的情怀,树立远大理想
气象观测站	3年级	集中参观	1.参观展览馆 2.观看科普片 3.参观各种仪器	1.了解本地气候资源 2.了解我国气候变换的特点及特殊气候形成的原因 3.了解各种仪器在观测气候中的作用,培养科学的兴趣,提高科学素养
烈士陵园	4年级	集体祭扫	1.清明节、公祭日亲子祭扫 2.清明节少先队集体祭扫	1.知道我县英烈事迹,讲好红色故事 2.不忘历史,缅怀先烈,感恩幸福生活的来之不易 3.进行红色教育、爱国主义教育,从小立志报国
梁山书院	6年级	集中参观	1.阅读吧品读 2.参观书院	1.细读藏书,了解历史,不忘使命 2.传播红色记忆、弘扬民族文化

续表

基地名称	参与年级	活动形式	活动内容	目的/意义
消防大队	5年级	集中参观	1.参观消防车,体验消防装备的穿戴 2.参观消防官兵宿舍 3.了解消防仪器的用处,体验操作方法	1.学习整理内务,体验军营生活的严谨 2.知道消防车、消防装备、消防仪器的作用 3.感受听从指挥、遵守纪律的军人作风
松花寨	1～6年级	亲子研学	1.茶事体验(采茶、晾青、手工做茶) 2.茶叶的科普 3.体验手工磨豆浆 4.DIY茶皂制作	1.了解茶叶制作的过程 2.了解茶文化 3.提高动手操作能力,培养创新精神 4.进行环保教育,感受家乡的变化
石燎阁	1～6年级	亲子研学	1.观看蜜蜂科普知识片 2.观察蜜蜂采蜜的过程、方法 3.参观蜂产品	1.了解蜜蜂的生活习性 2.了解蜜蜂采蜜的本领,学习蜜蜂勤劳、团结合作、奉献、求实、自律的精神 3.扩展学生的创新思维,体验劳动创造财富的过程

三、优化"全过程德育"的工作途径

(一)优化校内德育的工作途径

1.学科课堂渗透

课堂教学是学校德育的主渠道、主阵地,学校德育目标主要靠课堂教学来实现。加强学校的德育工作就必须做好德育在学科教学中的渗透。首先,改变教师的德育"窄化"观。很多老师认为,德育就是思想政治教育,即思想政治课,与其他学科无关,忽视了德育内容丰富的内涵。其次,改变教师的德育"点缀"观。很多学科的课程标准都对本学科德育目标有明确的要求,但这一目标往往被科任教师所忽略,因此,我们要重视各学科德育的培养目标,让德育教育在学科教学中得到落实。再次,改变教师德育的德智"分离"观。长期以来重智育轻德育、重知识技能轻道德实践的现象一直存在,学校为改变教师的这种观念,每学期要组织学习课标,明确学科德育目标,切实把德育教育贯穿于各学科的教学中。如体育学科,在技能练习中、在游戏活动中、在体能练习中都要渗透积极参与、安全运动、互帮互助、团结协作、吃苦耐劳、拼搏进取等品质;音乐学科渗透浓厚的时代信息和强烈的爱国主义感情及热爱生活、热爱一切美好事物、奋发向上的高尚情操;科学学科渗透实事求是、尊重自然规律、从细节入手、从点滴入手、小组合作、克服困难等品质。

附 2-1:数学学科教学中渗透德育教育教案

❋《平均数》教学设计

武平县实验小学　温晓燕

【教学内容】

人教版四年级下册第 90～92 页。

【教学目标】

(1)结合具体情境,在动手操作、观察、讨论等活动中理解平均数的意义,会求简单数据的平均数;

(2)初步学会简单的数据分析,灵活运用平均数的相关知识解决简单的实际问题,进一步体会统计在现实生活中的作用;

(3)在轻松愉快的活动中体会运用知识解决问题的成功的愉悦,增强学习数学的兴趣和学好数学的自信心。

【教学重点】

理解平均数的实际意义,掌握求平均数的方法。

【教学难点】

体会平均数的特征,用平均数解释简单的生活现象。

【教学过程】

一、理解平均数

上周,兰老师的班级举行了踢毽子比赛,这是其中两个组的成绩。

(一)出示并提出问题

第一组:总计 32 个;第二组:总计 35 个。

你想把优胜奖颁给哪个组?

(二)反馈

问:为什么你们想颁给第二组?有没有不同的意见?比总数一定能比出哪组好吗?接着出示两组的实际情况统计表。

(三)再讨论,引出比较平均每人踢的个数

问:现在你还想把优胜奖颁给第二组吗?既然总数不能比,那比每组中的最好成绩可以吗?比什么合适呢?

(四)学生尝试解决问题

出示毽子统计图和表,找一找第一组平均每人踢了多少个?独立思考,在图中画一画或在图下面用算式写一写,完成后组内交流。

请学生将不同的方法在黑板上表示出来。

汇报交流,理解求平均数的两种方法:

方法一:移多补少法

生1上台介绍自己的方法。用同样方法的生2复述归纳:这样把多的个数移出来,补给少的,使得它们变得同样多,这种方法叫移多补少法。(板贴:移多补少)

课件演示,再次感受移多补少,使原来不同的4个数变得同样多。

方法二:求和平分法

生1上台介绍,用同样的方法生2复述。

归纳:先求出4个人踢毽的总数,再平均分,使得每人同样多。这种方法我们可以称为求和平分的方法。(板贴:求和平分)课件演示,再次感受先合再分。

(五)感受揭示平均数的含义

1.揭题

同学们通过移多补少和求和平分的方法都得出了平均每人踢了8个,这个8就是这组数据的平均数。(板书课题:平均数)刚才这两种方法就是求平均数的方法。

2.质疑

刚才4位同学的踢毽个数9、7、6、10中没有8呀,那8是怎么来的?这个平均数8是他们每个人实际踢的个数吗?虽然平均数8不是每个人实际踢的个数,但是这个数和每个人踢的个数都相关,所以用这个平均数8

来代表这组同学的踢毽水平合适吗？

（六）试一试

出示第二组踢毽情况统计图，用求平均数的方法找第二组踢毽个数的平均数。

生在练习纸上独立完成，再交流方法。

小结：我们要根据数据的特点来选择合适的方法。但不管是哪一种方法，最终目的都是把原来不同的数量变得同样多。（板书：两个箭头）

生再判断优胜奖应该颁给哪个组。原来认为总数多的一定获胜合理吗？出示：在人数不相等的情况下，用平均数表示哪组的成绩更好。

二、平均数的特征

（一）深化平均数的意义

出示第一组和第二组数据的统计图，再分别出示两组平均数的虚线，引导学生观察，同桌交流发现，汇报：

（1）一组数据的平均数介于最大数和最小数之间。

（2）比平均数多的部分和少的部分正好相等。（板贴"移多补少"中的"多"和"少"连线）

出示第三组统计图，估平均数。

出示：平均数虚线（姓名：踢毽个数）。

张小东：5；刘明：4；李闲：7；包力文：8；孙起：11；总计：35。

陈赞：9；方清：4；陈洁：7；潘美怡：8；总计：28。

（二）平均数的特征

问：在第二轮的比赛中，第三组队员的平均数提高了，你觉得可能是什么原因？生自由说一说。

方清的个数提高，平均数上升。（课件演示）全组一起努力，平均数再上升。（课件演示）质疑：实际第二轮比赛中，方清的个数是减少的，那为什么平均数还提高了呢？根据学生回答，课件演示出示：两屏汇成一屏。

通过刚才的研究请学生说说想法。

追问：如果第三组队员的平均数降低了，你们觉得又可能是什么原因？

小结：某个人或某几个人的成绩变，平均数就会变。看来平均数是很敏感的哟，它和每个数都是息息相关的，所以用平均数来代表一组数据的整体水平是比较合适的。

（三）新课小结

师：同学们，通过刚才的学习，你有什么收获？

三、联系实际，巩固所学

（一）判断练习

(1)6、9、15、7、13，这组数据的平均数是 16。（　　　）

(2)在投球比赛中，第一小组平均每人投中 4.5 个。（　　　）

（二）解释生活中的平均数（图文出示）

学生介绍自己在生活中遇到过的平均数。例如：平均成绩……

追问：要提高我们班的平均成绩，老师经常会怎么做？

得出：平均成绩是一个班级学习好坏的衡量标准，平均成绩和我们每个同学的成绩有关，作为班级的一员，如果你爱我们的班级，会不会为自己的班级的平均分努力呢？学习又是你们主要的任务，每个人都要为自己的学习负责，也就是要为班级的平均分而努力！

解释生活中的平均数：

1.平均寿命

出示：2016 年平均寿命

浙江：男 75.6 岁；女 80.2 岁。西藏自治区：男 66.3 岁；女 70.1 岁。

观察 2016 年平均寿命数据，学生自由说说了解到了哪些信息。

想一想：一个浙江的老爷爷，他今年已经 74 岁了，他很担心，你觉得老爷爷在担心什么？你会怎样劝导他？

得出：平均寿命不是实际每个人的寿命，它体现的是一个地区的整体寿命水平。只要我们保持好心情，拥有好情绪，多锻炼，长寿不是问题！

2.中国水资源问题

出示：①中国淡水资源总量约 2 万亿立方米，仅次于巴西、俄罗斯和加拿大，在全世界 200 多个国家和地区中位居第四。②中国是一个水资源贫乏的国家。

质疑：这两则信息好像有些矛盾哦，你能解释一下吗？若学生有困难，提供中国人口数据，得出：原来第一则信息说的是我国水资源的总量，但是因为我国是人口大国，平摊到每个人头上，人均占有量就非常少，已排到世界第 100 多位，是全球人均水资源最贫乏的国家之一。今年这个学期，你们关注到了吗？我们学校每层教学楼都安装了很多洗手池，这是方便同学们洗手的,可是有些同学怎么洗手的?所以我们要节约用水,爱护学校的每一滴水资源!看来,学了平均数能帮助我们更科学、更全面地分析问题。

3.介绍均码

生活中还有许许多多地方用到了平均数,听说过均码吗?均码也是一个平均数,它是根据大部分人的身材情况得来的。像均码的帽子,均码的手套、拖鞋、雨衣、游泳圈,各国统计的新冠疫情的数据(得出:中国作为一个人口大国,我们的新冠疫情人数还没有达到全世界的平均数,为什么呢?因为我们身在社会主义国家,因为我们有钟南山爷爷、李兰娟奶奶和众多医生、护士这样的美丽逆行者,因为我们有团结一心的人民大众!我们身在中国,应该感到无比自豪和幸福!今天能返回美丽的学校读书,是多么幸福!同学们,我们要好好珍惜,珍惜我们的生命,珍惜我们美好的学习时光!)还有很多很多。

4.介绍 1.2 米线

我们在乘坐公共汽车时,身高在 1.2 米以下的儿童可以免票,这个 1.2 米的标准是怎么确定的呢?是以你的身高为标准吗?是以他的身高为标准吗?那是以谁的身高为标准的呢?得出:这条 1.2 米的免票线就是依据全国 6 周岁儿童的平均身高确定的,看来平均数在生活中还起着决策作用。

平均数在生活中的应用还有很多很多……同学们,只要你善于观察,就会发现平均数就在我们身边。

2.榜样示范

列宁说:"榜样的力量是无穷的。"树立榜样有助于树立正确的人生理想,指引人生方向,探索奋斗轨迹。我校的核心价值目标是"让每个孩子拥有自己的精彩",因此,学校重视树立不同领域的"出彩"典型,从而实现全方位的榜样示范作用。

表 2-6　武平县实验小学"丰·彩"榜样示范栏

	名称	评选时间及人数	出彩人	评选标准	目的意义
美德少年	文明有礼美德少年	每年"六一",每班推荐 1 名候选人,德育室审核最后确定	表扬结束后在学校榜样示范栏填写出彩人的班级及姓名	谈吐文明、行为文明、用餐文明、做事文明	宣讲事迹,树立榜样,文明行为举止在本班本校具有表率作用
	自强自立美德少年	每年"六一",每班推荐 1 名候选人,德育室审核最后确定	表扬结束后在学校榜样示范栏填写出彩人的班级及姓名	珍爱生命、严于律己、积极向上、自强不息	宣讲事迹,树立榜样,自强自立,在本班本校具有表率作用
	诚实守信美德少年	每年"六一",每班推荐 1 名候选人,德育室审核最后确定	表扬结束后在学校榜样示范栏填写出彩人的班级通讯姓名	真诚待人、拾金不昧、言行一致、信守诺言	宣讲事迹,树立榜样,诚实守信行为在本班本校具有表率作用
	奉献爱心美德少年	每年"六一",每班推荐 1 名候选人,德育室根据名单审核最后确定	表扬结束后在学校榜样示范栏填写出彩人的班级及姓名	关爱孤寡老人、尊重残疾人士、参与社会清洁、热心公益活动	宣讲事迹,树立榜样,爱心行为在本班、本校、社区、社会具有表率作用
	尊老爱亲美德少年	每年"六一",每班推荐 1 名候选人,德育室审核最后确定	表扬结束后在学校榜样示范栏填写出彩人的班级及姓名	自理自立,学会感恩,尊敬长辈,主动关心	宣讲事迹,树立榜样,尊老爱亲行为在本班本校具有表率作用
	助人为乐美德少年	每年"六一",每班推荐 1 名候选人,德育室审核最后确定	表扬结束后在学校榜样示范栏填写出彩人的班级及姓名	互相帮助、互学互爱、关心集体、关爱他人	宣讲事迹,树立榜样,助人为乐行为在本班本校具有表率作用
	优秀队干部	每年"六一",每班推荐 2 名	表扬结束后在年段榜样示范栏填写出彩人的班级及姓名	思想积极上进,具有较强的组织能力和活动能力,乐于为少先队员服务,以身作则,做好表率	班级宣讲事迹,树立榜样,让更多的队员向优秀队干部看齐,积极主动地加入少先队干部行列

续表

名称	评选时间及人数	出彩人	评选标准	目的意义
市、县优秀少先队员	每年"六一",每年段推荐1名	表扬结束后在学校榜样示范栏填写出彩人的班级及姓名	勤奋好学、团结友爱、乐于助人、热爱集体、热爱劳动、积极锻炼、诚实守信	年段各班宣讲先进事迹,在年段队员中树立榜样,在本班本年段具有表率作用
优秀图书管理员	每年"六一",图书室根据队员工作情况推荐10人	表扬结束后在学校榜样示范栏填写出彩人的班级及姓名	爱惜书籍,责任心强,乐于为同学服务	年段各班宣讲先进事迹,在本班、本年段具有表率作用
书香少年	123读书节,每班推荐1人	表扬结束后在学校榜样示范栏填写出彩人的班级及姓名	有较深厚的阅读兴趣和良好的阅读习惯,读书量大,品德优良	年段、班级宣讲事迹,树立榜样,读书行为在本班、本年段具有表率作用
年度"十佳"好少年	每年12月份,各年段推荐5人,学校审核后确定年度"十佳"好少年	评选结束后公布在学校榜样示范栏。先进事迹单独做一块宣传栏展示	从"从小学习做人、从小学习立志、从小学习创造"这三方面推荐	红领巾广播站开设校园"十佳"少年事迹专栏,树立榜样,做表率作用
年度"最美教师"	每年12月份,由年段推荐1名,学校综合考评后确定	评选结束后公布在学校榜样示范栏。先进事迹单独做一块宣传栏展示	师德高尚,堪称楷模,爱岗敬业,乐于奉献,教风严谨,业务精湛,敢于创新,业绩显著	国旗下演讲时间宣讲事迹,在全校师生中树立榜样,做到表率作用

3.环境陶冶

"孟母三迁"是一个家喻户晓、脍炙人口的环境育人的故事,环境好坏对小学生成长有着至关重要的影响。校园环境是重要的隐性教育场所,对学生的思想品德有着潜移默化的影响,尤其是在陶冶思想情操、塑造美好心灵、激励奋发向上的精神方面,有着其他教育方式不可替代的作用。"我们的教育应当使每一堵墙都说话。"(苏霍姆林斯基)健康优美的校园环境就像是一部立体的、多彩的、富有吸引力的教科书,它陶冶了学生的情操,美化了学生的心灵,激发了学生的灵感,启迪了学生的智慧,因此,学校努力营造一个适应学生健康成长的优良环境,让学生在整洁、优美、富有教育意义的环境中学习和生活,让校园成为孩子们流连忘返的生态田园、儿童乐园、书香校园、人文家园:(1)注重绿色校园的形成,校园绿化面积占30%;(2)"沐浴书香·丰实溢彩",学校是学习的场所,阅读环境的营造是我校的一大亮点,学校有博雅轩学生阅读吧,清新的绿色阅读书桌,给人积极向上的动力,让学生一眼就爱上阅读吧,每天流连忘返在阅读吧中,迟迟不愿回家,尽情享受阅读带来的乐趣;智雅轩教师阅读吧、学校阅览室、图书馆、班级图书角等,校园到处可见认真阅读的师生身影;(3)注重文明校园的滋养,学校宣传栏有校园十大新闻,各种知识的宣传栏定期更新,鸿远楼楼道张贴着陶行知先生的名言及教育理念,教学楼楼道张贴着学生行为规范及学习习惯名句,走在校园的每个角落,都彰显着校园文明素养;(4)教室环境做到美化、净化、绿化,每班有学生种植角、卫生角、阅读角,给人以整洁、美观、幽静的感觉;(5)校园角落的环境尽量因地制宜地种植花草树木,布置花坛、开辟花圃,在一些树木、花卉上可以用木牌写上名称作简单的介绍,使学生在自觉爱护花草的同时增长知识;(6)校园通道两旁、楼梯转角或室内走廊等地方,布置名人图像、格言警句、师生艺术作品等。总之,校园的一草一木、一楼一宇、一字一画都能给师生以美的享受、美的熏陶、美的教育。学生每日生活在这样的环境中,优良的品德言行一定会在潜移默化中养成。

4.仪式教育

朱永新教授曾指出:"仪式、节日和庆典······使有意义的事情或者伟大的事物能够拥有一种伟大的时刻,获得神圣、庄严与尊重。"这样的仪式,会启迪孩子的心灵,让他们的生命与伟大的事物交汇在一起,从而形成长久的动力。我校注重仪式感的渲染和营造,有效提升学生的素养,放大教育影响力,促进心灵成长和生命绽放。

表 2-7　武平县实验小学仪式教育活动安排表

仪式活动名称	参与年级	活动目的、意义
入队仪式	一年级	帮助一年级小朋友认识红领巾,了解少先队,向往队组织,培养其热爱祖国、热爱党、热爱人民的高尚品质,树立远大理想,争做新时代好队员
中队风采展示仪式	二年级	规范少先队活动仪式,强化少先队组织工作的严肃性与纪律性,促进少先队活动的全面活跃
先锋中队成立仪式	三年级	打造少先队品牌项目,让先锋精神引领少先队员成长,形成人人争当新时代好少年的良好风尚
10 周岁集体生日仪式	四年级	10 周岁生日是学生成长轨迹中的重要标志,引导学生认识到生命的价值、母爱的伟大,教育学生要珍爱生命,心怀感恩,懂得回报,树立远大理想
播种梦想仪式	五年级	交流梦想,放飞梦想,引导学生播种希望,树立远大理想,为实现梦想而努力拼搏
毕业典礼仪式	六年级	小学毕业是人生学习的里程碑和转折点,利用毕业典礼开展感恩教育和责任心教育,帮助孩子树立远大的理想,让他们有一种自豪感、责任感
清明祭扫	三至六年级	缅怀先烈,学习革命先烈为了民族、为了国家,舍生取义的爱国精神,学习不畏艰难、艰苦朴素的作风,激励学生发奋学习,将来为祖国做贡献
国庆升旗	一至六年级	培养少先队员的爱国意识,增强学生的民族自豪感、荣誉感
大队主题队日活动	一至六年级	进行爱党、爱国、爱队的教育,从而激发队员的光荣感、自豪感、使命感
一年级新生入学仪式	一年级	增强一年级的光荣感,帮助他们认识集体、认识学校,尽快适应小学生活

5.评价提升

　　"丰·彩教育"的"丰"是指引领学生厚积薄发,丰实溢彩,享受成长的快乐。"彩"是表现优异的,但也是多元的,不苛求每个人都获得同一种成功的"光彩",但是期盼每一个人都能获得属于自己的"精彩"。因此,在德育中,我们采用多元化、多维化、多样化的评价方式,努力争做出彩人,汇聚多彩,成就精彩。

(1)建全学生的行为习惯评价体系

以学生的学习习惯、品德行为习惯、文明礼貌习惯、卫生习惯为主线，建立学生的行为习惯评价体系。

表 2-8　武平县实验小学＿＿＿学年学生行为习惯月评价表

班级：　　　　　　　　　　　　　　　　　　　　姓名：

评价项目	评价标准	二月	三月	四月	五月	六月	九月	十月	十一月	十二月	学生自评	同伴评价	教师评价
按时上学	不迟到,不早退,按时回家												
	不旷课,不逃学												
	有事、生病要向老师请假												
学习习惯	课前预习												
	课堂认真听讲,注意力集中,积极发言												
	课后按时、认真完成各科作业												
	中午、晚上阅读												
仪表、文明礼仪	校服干净整洁												
	红领巾干净,佩戴规范												
	自觉使用文明用语												
	主动与客人、师长、同学问好												
校园安全	课间文明有序,不追赶打闹												
	上下楼梯靠右行												
	不爬栏杆,不爬高处												
	离开教室上课列队整齐,安静有序												
卫生保洁	不乱丢垃圾,不随地吐痰												
	做好值日工作,注意保洁												
	能随手捡拾纸屑,制止乱扔行为												

续表

评价项目	评价标准	二月	三月	四月	五月	六月	九月	十月	十一月	十二月	学生自评	同伴评价	教师评价
三节意识	节约用水：随手关水龙头，小手拉大手宣传节水行为												
	节约用电：随手关灯，小手拉大手宣传节电行为												
	节约粮食：实行"光盘行动"，不浪费粮食，不购买零食												

（2）建立"学生、家长、教师"横向评价体系

小学生良好习惯的培养，不是学校一方的事，要学校与家庭结合起来，齐抓共管，形成合力，对学生进行综合教育。

表 2-9　武平县实验小学家、校共促评价表

评价内容	评价要点	学生自评	家长评价	教师评价
学习习惯	提前预习、勤于动笔，带着问题去学习、及时复习			
生活习惯	早睡早起、自己的事情自己做、独立自主不依赖、安全使用家用电器、遇到困难想办法			
饮食习惯	饮食有规律、不挑食、不浪费、吃饭时不大声讲话、自己夹菜、文明用餐			
卫生、劳动习惯	饭前便后要洗手、早晚刷牙、每天自己洗澡、每天换洗贴身的衣物、打扫整理房间、做日常家务			
文明礼仪习惯	见到长辈主动打招呼、用礼貌用语、热情招待客人、不对家长大声说话			

（3）评选先进，树立典型

班主任依据行为习惯月评价表，家、校共促评价表，评选出班级优秀少先队员、优秀队干部。其余表扬见榜样示范章节。

（二）优化校外德育工作途径

1.提升家委会德育工作水平

详见提升德育工作队伍素养第 3 小点提升家委会成员的德育工作水平。

2.建立社区、居委会为评价主体的学生校外表现评价机制

"丰·彩教育"既是"丰盈"学生生命的过程,也是"润泽"学生内心的育心过程,"丰·彩教育"为学生童年的生命打上了五彩斑斓的亮丽的生命底色。学生的生命底色来自学校的教育、家庭的教育,也来自社会、社区的教育。社区是学生生活的第二大场所,学生的社区表现直接影响着学生习惯的养成、素养的提升。因此,学校与社区、居委会共商共议,制定以社区、居委会为评价主体的学生校外表现评价机制,为学生健康成长润色、添彩。

表 2-10　武平县实验小学学生校外表现评价表

评价内容		评价要点	学生自评	社区评价
思想表现	遵纪守法	遵守社区公民的行为规范、公共秩序		
	诚实守信	不说谎话,有错就改,不拿社区东西,借用公物及时归还		
	文明守纪	在社区做文明市民,讲礼貌,说话文明,不大声喧哗,午间不影响居民休息		
行为表现	小小宣讲员	积极参与社区的文明宣讲、禁毒宣传、传染病知识宣传等活动		
	小小志愿者	积极参与社区组织的志愿服务活动		
	孝老爱亲	主动为社区孤寡老人做家务,尊敬长辈,敬重老人,孝顺父母		
	环保卫生	爱护社区的花草树林、公共财产,不随地吐痰,不乱扔果皮纸屑等废弃物		

第三章

融通——构建"双线"丰盛课程体系

第一节 "丰·彩教育"课程开发的体系建构

我们深知,办学思想要真正落地,变成教师育人的思维方式与行为方式,变成学生的精神、学识和素养,融入师生的精神血脉之中,沉淀为一所学校的文化,就必须通过具体的教育教学活动——课程与教学来实现。课程是促进学生生长的重要载体。为让"丰·彩教育"的思想更好地在课程与教学中落地,我校结合学校实际,围绕"丰·彩教育"的育人目标,全方位构建"丰·彩教育"的课程体系,从国家必修课程、社团选修课程、活动课程三个层面进行建构,形成"三位一体、多维互动"的校本课程开发体系。

一、"丰·彩教育"课程体系概述

围绕我校"丰·彩教育"的办学目标,我们将学校的整个课程体系整合为"道德与健康""语言与文化""数学与科技""审美与艺术"四个维度,国家必修课程、社团选修课程、百项活动课程均围绕这四个维度开发,形成"三位一体、多维互动"的课程开发体系。其中,"三位"指的是国家课程、选修课程、活动课程,"一体"指的是课程的终极育人目标,即共同指向培养"全面发展,个性成长的人"的终极发展目标,从文化基础、自主发展、社会参与三个维度着眼,去夯实学生的文化底蕴,培育他们的科学精神,引导学生学会学习、学会健康生活,培养他们的责任担当意识和创新实践能力,让每个孩子都拥有属于自己的精彩。建构"丰·彩教育"课程体系的过程中,我们结合学校实际,采取了国家课程校本化、选修课程整合化、活动课程体系化的形式,形成课程的整体链条,建构课程网络。

（一）国家课程校本化

"所谓国家课程的校本化开发,指的是学校遵循国家课程的基本理念和目标并从自身的实际出发,在国家课程留下的可能空间之内对其进行的'再开发'或'二度开发'。"开发过程中,我们着力探讨"如何在国家课程改革宗旨、课程育人目标即课程实施方案的基本精神指引下,从学校的课程发展实际尤其是学校自身特有的课程哲学（或称'课程理念'）出发,在持续的课程变革实践和创新中,逐渐形成一种既体现国家课程的共性又带有办学特色或独特性的学校课程体系。"

为让"丰·彩教育"的办学思想能够渗透在国家课程的教学中,我们采取国家课程校本化的策略。一方面,我们以单元教学为依托,有机融入动态文化资源和地域文化资源,让融入的资源有效地为学科教学服务,将"丰·彩教育"思想渗透到学科教学的各个层面,即在不改变课程框架的情况下,让动态的文化资源、地域文化资源以更加灵活多样的形式进入学科教学的视角,达到既能促进学生的学科学习,又能有机地渗透学校办学思想的教学目标。另一方面,我们又注重相邻学科的有机融通,打破学科间森严的壁垒,实现跨界统整,进行学科间的对话、互动与沟通,实现学科间的相互滋养:（1）将体育与心理健康有机统整,在体育学科教学中,重视学生心理健康教育,培养身心健康的实小学子;（2）将信息技术与综合实践活动进行统整,以主题探究的形式,培养学生实践探究的能力;（3）将数学、科学、语文学科进行统整,把语文的阅读、写作等策略迁移到数学、科学等学科中,通过学科写作促进数学和科学学科的学习,让学生学会学科阅读,在学科阅读中提升学生的学科思维。而语文学科又从数学、科学等学科中获取写作素材,不断拓宽学生的写作渠道,促进学生写作能力的提升。这样,通过灵活多样的形式对国家课程进行校本化改造,给了教师较大的创新空间,有效地推动了"丰·彩教育"思想的落实,让丰实、多彩的办学思想在课程和教学中有效落地。

（二）选修课程整合化

在国家课程的框架下,我们根据"丰·彩教育"的育人目标,研发出系列社团选修课,包括"道德与修养""道德与智慧""健心与健身""阅读与表达""探索与发现""欣赏与展示"等,目的是通过社团选修的形式,夯实学生的文化基础,培养学生的责任担当,激发学生探索的兴趣,提升他们实践研究的能力。

首先,从真善美相互融合、情与理相互交融的视角出发,对国家课程"道德与法治"进行有效延伸,研发出"道德与修养""道德与智慧"两门校本课程。朱光潜先生指出:"人类如完全信任理智,则人生趣味剥削无余,而道德亦必流为下品。严密说起来,纯任理智的世界中只能有法律而不能有道德。纯任理智的人纵然也说道德,可是他们的道德是问理的道德,而不是问心的道德。问理的道德迫于外力,问心的道德激于衷情,问理而不问心的道德,只能给人类以束缚而不能给人类以幸福。"从这一理论出发,我们将道德与法治的课程引向真善美统一、情与理相融的教学境界中。其中,"道德与修养"指向问心的道德,是善与美的结合,以"美"促"善",走向至善、尽美的境界,去培育学生的"精神长相",提升道德教育的品位;"道德与智慧"指向问理的道德,是善与真的结合,将理性认知融入善的教育中,让求善的过程更完美,走向求真、至善的境界。通过小学六年的学习,学校营造求真、尚美、崇善的德育氛围,在学生心灵中播下真善美的种子,让学生的思想、意志、情感有机融合,成长为品格丰盈的实小学子。

其次,我们从学科学习与自然、社会相融合的角度,开发出"探索与发现"的选修课程,着力培养学生实践、探究和创新的能力,将数学、科技、科学等理性学科与自然、社会、生活结合起来,培养学生敏锐的眼光,激发他们探索自然、观察社会、融入生活的兴趣,将学科学习与社会生活打通,培养学生的实践创新以及研究能力。此项课程注重项目式学习,重视引导学生运用已有知识和经验制定计划,在具体的情境中通过自己的操作、实践来解决问题;通过项目式学习,有效地促进学生的深度学习和核心素养养成。具体学习过程中,首先,从学科的关键问题出发,根据研究的核心问题,以学生感兴趣的问题为生发点,确定研究项目,结合学情和学习目标,进行项目分析,制定详细的项目计划。接着,在将总项目分解成若干子任务的基础上,分步执行项目。学生探究实践的过程中,教师适时介入,帮助学生将设计合理化、可视化,通过任务驱动,促进学生的项目式学习走向深入,然后,进行评价项目。一方面,学生根据一定的标准进行同伴互评;另一方面,教师在此基础之上引导学生总结所用知识,归纳设计思路,以更好地完善作品。教师在课程开发与实施过程中,深入把握核心素养、深度学习与项目式学习三者之间的内在关联,进而探索出适合我校校情的实践框架与策略体系,有效地提升项目式学习实践的自觉性与合理性。最后,通过研究报告、调查报告等形式展示学习成果。

再者,我们还注重阅读与表达的深度融合。我们在语文和英语学科中开发出"阅读与表达"的选修课程,让阅读与表达相互打通,实现读与写的深度融合,不断提升学生的阅读和表达能力,成为一个善于阅读、乐于表达的实小人。开发过程中我校将福建师范大学余文森教授的"读·思·达"教学法思想融入课程开发中。余文森教授认为,读、思、达是教学的三个基本环节、步骤、流程,只有经过这三个环节的完整学习,知识才能转化为素养,这是一种面向核心素养、让核心素养落地的教学法。阅读、思考、表达是学生学习的基本能力、基本工具。这三种能力是手段,又是目的;是过程,又是结果;是工具,又是归宿。阅读力、思考力、表达力是最基础、最具生长性的关键能力,其他所有能力都是其延伸拓展或特殊表现而已。从这一思想出发,我们在语文和英语学科的教学中进行延伸,通过"阅读与表达"的选修课程,努力使学生成为批判性的阅读者、明智的思想者、熟练的写作者,引导学生逐渐拥有读好书的习惯、独立思考的习惯、负责任表达的习惯,不断提升学生的阅读力、思考力和表达力;同时注重迁移到其他学科的学习中,让学生学会学科阅读、学科思维、学科表达。

此外,在艺术学科中,我们将艺术的欣赏与展示相融合,开发出"欣赏与展示"的选修课程,从熏陶感染的角度,提升学生的艺术素养,同时注重为学生提供展示自我的舞台,通过熏陶与展示,培养学生的艺术情操,提升他们的自信心。

(三)活动课程体系化

为营造全方位育人的学科体系,我们将学科活动、学校活动、学生课余活动、家庭活动以及社会活动等进行统筹规划,让多层面、多维度、多空间的活动形成一个有机的活动课程体系。我们结合学校实际,研发了小学六年的百项活动课程,根据课程特点,以多种活动形式开展。其中"道德与健康"重在体验式活动,"语言与文化"重在积累式活动,"数学与科技"重在探究式活动,"审美与艺术"重在浸润式活动,各项活动按年级梯度呈现,每一个层面的活动均围绕活动目标、活动内容、活动形式、活动过程、活动评价五个方面展开,构建一个多维互动、多位一体、螺旋式推进的活动课程体系。如语文学科,我们将课内外阅读等进行整合,形成一个体系,用六年的时间,采用雏鹰争章的形式,让学生阅读百本好书、背诵百首古诗词、诵读百个精彩片段、讲述百个经典故事等。再如,将科学学科与综合实践活动进行整合,在六年的时间里,引导学生认识百种动植物、说出百个小发现、试做百项小制作等。德育层面,我们围绕儿童与自我、儿童与家庭、儿童与社会、儿童与自然四个层面设计百项集体活动,将课内与课外、家庭与社会、学习与生活、书本与自然相互融合,形成一个相互促进、相互关联、螺旋式上升的活动课程体系。

二、"丰·彩教育"课程体系建构原则

首都师范大学的杨志成指出:"课程是现代学校实施教育的载体,也是国家教育主权的载体。因此,学校课程必须体现对国家教育方针的落实,体现学校办学理念的表达。""丰·彩教育"作为我校的办学主张,如何在系统规划学校课程体系中,深入贯彻国家教育方针,遵循小学生认知规律,融入时代发展主题,又鲜明地体现"丰·彩教育"的办学思想呢?在逐渐摸索中,我们确立了以"让每个孩子拥有自己的精彩"为理念,以坚持"立德树人"和践行"社会主义核心价值观"为目的,以全面整合、系统建构为方法的学校课程体系建设行动。我们遵循国家课程的基本理念和目标并从自身实际出发,在国家课程留下的可能空间之内对其进行"再开发"和"二度开发",在国家课程改革宗旨、课程育人目标的指引下,从学校的课程发展实际出发,在持续不断的探索中,遵循多项原则,形成一种既体现国家课程的共性又带有办学特色或独特性的学校课程体系,构建了"丰·彩教育"课程体系,走出了一条"国家课程校本化"的课程开发之路。

(一)遵循价值导向与学校实际相结合的原则,完善学校课程价值建构

"学校课程体系是学校课程设置、课程管理、课程资源、课程实施、课程评价的综合体系,是课程管理权的系统性表达,是学校课程领导力的核心载体,决定着国家课程标准、育人目标的落实。"立德树人是新时期我国重要的教育价值取向,是我国当前有效统一教育价值的指导思想。我们将"为谁培养人""怎样培养人"和"培养什么样的人"作为课程开发的价值导向,紧紧围绕立德树人根本任务与社会主义核心价值观设计课程。首先,我们对"丰·彩教育"价值体系进行了统一建构,提出了"品格丰盈、才智丰

茂、气韵丰雅"的育人目标。这一育人目标指向 2016 年 9 月发布的《中国学生发展核心素养》的基本内涵,即文化基础、自主发展、社会参与这三方面,着力培养学生的人文底蕴、科学精神、学会学习、健康生活、责任担当、实践创新六大素养,形成与国家"立德树人"价值体系有效对应的校本化实践策略。"品格丰盈、才智丰茂、气韵丰雅"这三大育人目标相互联系、相辅相成、相互渗透,实现了学校课程价值体系的系统建构,为培养学生的核心素养奠定了坚实基础。

学校课程体系建构的逻辑起点是学校育人的价值取向。因此,无论何种层面、何种形式的课程开发,都要体现价值导向原则,以学校育人的终极目标为价值取向。"让每个孩子拥有属于自己的精彩"是我们经过多方论证提出的育人目标,为让这一育人目标能有效落实在课程中,学校对"丰·彩教育"课程进行建构,形成了"三位一体、多维互动"的课程体系。课程体系建构中,我们从学校育人目标出发,从"道德与健康""语言与文化""数学与科技""审美与艺术"四个维度对国家课程、选修课程以及活动课程进行统整,在国家必修课程的基础上,构建了道德与修养、道德与智慧、健身与健心、阅读与表达、探索与发现、欣赏与展示等系列选修课程,并由此延伸出系列"百项活动类课程",即从体验式、积累式、探究式、浸润式等角度开展系列活动。这样,学校从不同层面建构课程体系,夯实学生的文化基础,打下扎实的人文底蕴,培育科学精神,促进学生自主发展,学会学习,学会健康生活,进而培养学生的责任担当和实践创新能力,培养学生未来发展所需的必备品格和关键能力。

(二)遵循个性化与多样化相结合的原则,实现学校课程特色建构

我校在系统构建、逻辑统一的基础上,结合学校特点、地域特点、教师优势和社会资源,进行"丰·彩教育"特色课程的开发和实施。课程实施过程中,我们遵循个性化和多样化相结合的原则,在具体实施中,着重把握好了以下几个关系:"一是把握好学校课程理念与国家课程标准的关系,做到以贯彻国家课程标准为底线,确保国家课程有效实施;二是把握好课程内容资源开发与育人为本的关系,坚持育人为本,坚持'物服务人'的原则,有效把握课程内容与资源贴近学生、贴近生活;三是把握顶层设计与因地制宜的关系,充分发挥学校历史资源、教师资源、社会资源、环境资源等特色和优势,降低学校课程建设运行成本,形成学校课程建设特色,让学生的生活、经验、社区、环境融入课程,进入课堂,实现课程开放性建构。"

我校结合学校实际,因地制宜地设计特色课程。如学校在道德课程中将日常行为规范教育、少先队活动、道德讲坛、班队活动等进行整合,从道德与修养、道德与智慧两方面开发实施道德校本课程。学校将社团选修课和百项活动课程融为一体,立体构建德育网:一是贴近生活开发"道德与修养"课程,从学校、家庭、社会三个层面开发客家传统礼仪课程、日常行为规范课程,进行"好习惯伴我成长""做文明实小人""做客家好少年"的道德教育,实现学会做人的目标;二是利用传统节日开发文化课程,如"节日文化润泽童年"教育,将客家节日、二十四节气中蕴含的文化、礼仪等纳入道德课程之中,引导学生在感受传统文化的过程中学习传统礼仪,在日常生活中内化传统礼仪,成为一个有修养的人;三是将道德教育与道德讲坛有机结合,引导学生讲身边的故事、学身边的好人,树立"榜样就在我身边"的理念,引导学生"寻榜样、学榜样、做榜样",在相互学习中成为一个有修养的实小人;四是通过公益行动开发爱心课程,如以班级为单元,组织学生到福利院、贫困户家中等,投身爱心公益活动,在活动中受到熏陶和感染;五是利用社会资源开发研学课程,如到中山实践基地、文博园、兴贤坊、专业养蜂基地、气象观测站、梁野山自然保护区等,通过参观、听讲解、动手实践等形式,在丰富多彩的实践活动中,学习鲜活的知识,感受知识的魅力,受到情感的熏陶、知识的滋养,体会知识中隐含的道德元素,体会道德与智慧的内在联系;六是有体系地建构道德"百项活动课程",围绕儿童与自我、儿童与社会、儿童与自然三个层面设计百项活动。这样进行课程开发与实施,既彰显了我们独特的地域特色,又让课程开发多面开花,构建丰富多元的课程内容,让学生在多元的课程中提升素养,不断生长。

（三）遵循顶层设计与分层设计相结合的原则,确保课程开发的系统建构

校本课程开发是一个系统性较强的工作,需要考量学生的年龄特点以及地域特质,同时也要对课程资源、课程体系、师资力量以及学生的发展等进行全面分析与评估,系统考虑校本课程开发问题。具体开发中,我们摒弃单科直线的开发形式,采用螺旋推进的形式,注重学科间的统整,打通学科间的森严壁垒,对学校各类学科、各级课程实现有机整合,对校本课程开发的课程目标、课程纲要、课程内容、实施过程、课时以及活动安排、实施条件、实施策略、资源状况、评价形式等问题进行系统的考量。开发过程中,我们注重顶层设计与分层设计相结合的原则,学校课程领导小组对校本课

程开发进行总体规划,对学校发展的需要、教师发展的需要以及学生发展的需要进行全面评估,在此基础上,制定出《学校课程开发实施纲要》《校本课程开发指南》与《学校课程审议制度》,并根据课程标准制定各学科课程纲要,对全校教师进行通识培训。学校教研组层面则根据学校的指南、纲要等制定课程实施方案,备课组负责制定课程实施计划,具体班科教师则根据课程纲要、课程实施方案、课程实施计划以及学段课程目标等,结合班级学生实际,制定出具体的开发策略以及课程内容、活动方案,等等,形成一个自上而下、上下互动的校本课程开发网络,确保了课程开发的系统建构。这既体现了课程开发顶层设计的指导性,又体现了教师课程开发的灵活性和创造性。

第二节 "丰·彩"教育课程开发的模式探究

在"丰·彩教育"课程体系的开发过程中,我校首先对国家课程进行校本化开发,并在开发过程中逐渐摸索出适合我校实际的课程开发模式。具体实施中,我们结合学校实际,参考国内的相关研究,采用了课程的创新模式、整合模式、调适模式、选择模式等进行开发。

一、课程创新模式

课程创新模式是指创造性地开发全新的课程或者课程单元,是校本化程度最高的一种课程开发模式,可以充分体现学校课程的特色,并要求教师具有较强的课程开发意识和能力。具体实施中,我们围绕"丰·彩教育""品格丰盈、才智丰茂、气韵丰雅"的育人目标,从四个维度对国家课程进行整合,在国家课程的框架下将其整合成"道德与健康""语言与文化""数学与科技""审美与艺术"四个维度。其中,"道德与健康"维度主要指向道德与法治、体育与健康课程,"语言与文化"维度指向语文和英语学科,"数学与科技"维度指向数学、科学、信息技术以及综合实践活动等,"审美与艺术"维度包括音乐、美术等学科。在这些学科的框架下,学校开发了道德与修养、道德与智慧、健身与健心、阅读与表达、探索与发现、欣赏与展示等社团选修课程,本着主动选择、兴趣为本、拓展为主的原则,让学生自主选择选修课程,目的是给予学生更大的选择空间,实现技能的迁移、能力的拓展、兴趣的培养等诸方面目标,让学生能够拓宽视野、举一反三、触类旁通。同时学校将学校活动、学生的课余活动也纳入课程的视野中,形成国家课程、社团选修课程、活动课程"三位一体"的课程体系。

（一）社团选修课程

为让创新的课程单元能够得到有效落实,学校在地方课程的比例范围内安排课程,每周星期五下午的第二、第三节课为社团选修课,学生以年段为单位,采取走班学习的方式。学校根据教师特长,统一调配社团选修课上课教师,确保创新课程的实施。

同时,学校还增设了晨诵课、午读课、暮省课（亲子互动）,即每天早上第一节课前20分钟为晨诵时间,让学生诵读经典,下午第一节上课前15分钟为午读时间,进行大阅读活动,积极营造一种晨诵、午读、暮省的氛围。

社团选修课的教材由学校组织骨干教师统一编写,编写采取与国家课程相互配合、相互补充的形式,在国家课程的框架内,在课程标准的指导下,紧扣学段目标,依托现行教材,以单元的形式编排教材,避免教材编写中目标不明、定位不准、散乱无序的现象。以语文学科为例,教材编写以部编教材的"双线组元"的形式进行,人文主题根据学校特点和地域特点,对统编教材作适当的延伸和拓展,如高年级语文教材就围绕祖国与家园、诗歌与人生、地域与文化、阅读与成长、生存与智慧、岁月与传承、自然与环境等人文主题进行编写,既呼应了统编教材中的相关主题,又拓宽了学生的阅读视野,每个单元的语文要素则将第三学段的语文要素进行整合,结合学生学习的薄弱点,确立适合我校实际的单元语文要素。这样的学习材料,遵循统编教材的编写框架,成为现行教材学习的有效补充,既巩固了语文学习的知识,又提升了能力,提升语文素养。具体开发过程中,每一类教材都要拟定相应的课程纲要、课程计划和课程板块设计以及课程评价,确保社团选修课程的落实,让社团选修课同样遵循课程体系,做到纲要定位精准、方案设计明确、计划细致有效、活动落到实处、评价多样有效。

（二）百项活动课程

为实现"人人出彩,个个精彩"的培养目标,我校将学校活动以及学生的课余活动也纳入课程体系之中,确立了"百项系列活动课程"。统筹规划学校的德育活动、班队活动、学科活动以及家庭活动、社会活动,从道德与健康、语言与文化、数学与科技、审美与艺术的角度规划小学六年的活动课程。道德与健康层面以体验式活动为主,语言与文化层面以积累式活动为主,数学与科技层面以探究式活动为主,审美与艺术层面以浸润式活动为主。总体要求是:(1)每一个层面的活动均要围绕活动目标、活动内容、活动形式、活动过程、活动评价五个方面展开;(2)各项活动以一到六年级 12 个学期梯度呈现,各块内容六年合计不低于 100 项,其中一、二年级共 20 项(一学年 10 项,一学期 5 项),三、四年级 40 项(一学年 20 项,一学期 10 项);五、六年级 40 项(一学年 20 项,一学期 10 项);(3)活动评价主要按学期提出具体要求,以争章或星级形式评价。这样就将学校活动、家庭活动和社会活动有机地纳入课程视野中,彰显了生活即教育、教育即生长的理念,让学生在生活中锤炼,在实践中成长。为更好地开展百项活动课程,学校利用每天的晨读、午读时间帮助学生完成积累式活动,同时还将少先队德育活动、班队活动、阳光体育以及学校系列传统节日(如体育节、读书节、艺术节、科技节等)与百项活动相融合,让学校的每项活动都做到有计划、有目标、有阵地、有时间、有制度和评价保障。

二、整合模式

课程整合模式是指超越不同学科知识体系,以关注共同要素的方式来安排学习的课程开发活动。学校通过课程整合可以把不同背景下的知识有机地联系起来,培养学生综合解决问题的能力,促进学生个性的和谐发展。参考国内相关研究的资料,我校从知识、儿童、生活这三个维度进行课程整合,将其具体划分为学科本位、经验本位、社会本位这三种课程整合模式,其中以学科本位的整合模式为主。

(一)学科本位的整合模式

具体实施中,依据学科知识的相关程度,其分为学科内整合和学科间整合。学科内整合以单元整合为主,通过单元整合,让单元学习内容形成一个有机的整体,将学科内部知识打通,让这些知识前后相连、相互呼应、相互作用,形成结构化知识,有利于学生的学习提升。

以统编教材五年级上册第六单元为例,本单元的人文主题是"舐犊情深",单元语文要素是"体会作者描写的场景、细节中蕴含的感情""用恰当的语言表达自己的看法和感受"。本单元共三篇课文,教学时,可以将三篇融为一个整体,设计不同课型展开学习。首先是单元预学课,以学生自学为主,主要扫除生字障碍、疏通学习内容、提出疑难问题等,一般为一课时或两课时。接着是单元导读课,以理清文章顺序、疏通文章内容为主,一般为一课时。然后是单元主题学习课,围绕单元语文要素,聚焦重点句段,进行专题学习,引导学生在不同的文章中,如何体会文章蕴含的思想感情。《慈母情深》中主要以体会场景描写中藏着的思想感情为重点,如通过聚焦母亲的工作环境、母亲工作的背影、母亲转身时的神态描写以及母亲掏钱的情景、忙碌工作的情景,体会作者的思想感情。而《父爱之舟》则以体会字里行间隐藏的情感为重点,《"精彩极了"和"糟糕透了"》则通过我的心理活动和情感变化去体会父母之爱。教师在一个相对集中的时间段里,进行单元语文要素的训练,让学生体会面对不同的文本,怎样从不同的角度、采用不同的方法体会,去发现相互之间的区别和联系,进而发现蕴含其中的规律,改变逐篇教学的做法,一般可以用 2、3 课时。最后是专题拓展课,围绕交流平台,将交流平台中小结的方法,迁移到课外阅读中,进行专题拓展课,将所学方法迁移到课外阅读中,一般是 1 课时。这样教学,既节省时间,又聚焦语文要素,打通相互之间的联系,进行整体观照。

学科间整合主要是相邻学科围绕一定的主题单元开展综合性学习。比如,将语文的习作教学与科学学科进行整合,科学学科为语文学科提供写作素材,而又通过学科写作促进对学科知识的学习和理解,学科间相互促进、相互提升。同样的,数学与语文、美术与语文、音乐与语文、体育与美术均可以相互整合。此外,学校还可以进行学科大整合。例如,年段老师围绕同一主题指导学生开展统一活动,各学科均可以从活动中发掘学科潜质,实现学科大综合。学科间的壁垒打通了,集中了学生、教师、家长和社会的多种资源,涉及了语文、数学、科学、美术、品德等多方面的知识和技能,学科间相互渗透,相互促进,大家既从各自学科的视角出发,又互为影响,相互转化,你中有我,我中有你,从他者视角获取本学科的知识和资源,为我所用。教师对所教学科就有了更全面、更整体的认识,不再是只见树木不见森林,而是站在整体育人的高度去思考教学,基于儿童本位统整课程,形成合力,促进教学。

（二）儿童本位的整合模式

儿童本位的课程整合以儿童现实的直接经验、儿童的需要和动机、儿童的兴趣以及心理发展为核心,其目的在于促进学生的经验生长和人格发展。这项课程主要体现在综合实践活动和班队活动课程领域,按照"自我体验""主题实践""综合活动"三大领域进行校本课程开发,围绕"儿童与自我""儿童与自然""儿童与社会"三个维度,确立"小小的我""可爱的家""可爱的校园""美丽的家园""神奇的自然""童眼看世界"等课程主题,通过班队活动、综合实践活动、小组活动、家庭活动,引导学生在课程主题的引领下,不断拓宽视野、感知生活、体验生活、接触社会,获得成长。

(三)生活本位的整合模式

生活本位的整合模式是以学生生活经验为中心,通过主题形式统整课程内容,具有学际性的特点。它通过师生间、生生间、学生与家长间的合作来完成学习任务。我们主要以研究性学习的方式开展此类学习。它主要聚焦生活问题,以学科知识为引领,去发现问题、解决问题,培养学生关注生活、观察生活、感悟生活的能力。如以"美丽的梁野山"为主题,引导学生从不同角度关注梁野山的生态环境、历史变迁、植物资源、经济效益等等,运用学科知识去解决生活问题,运用语文、数学、科学、道德与法治、综合实践等多种学科的知识,解决生活问题,彰显了源于生活、用于生活的教学理念。

三、调适模式

课程调适模式是根据学生的学习需要以及学科教学规律,对课程的目标、内容、教学方式等进行调适和调整,使其更具适切性。这种课程开发模式主要是以某一种教材为蓝本,以学科课程的某一领域或某个知识点为基础。具体教学中,我们主要从如下几方面着手:

(一)课程目标的调适

教学中对课程目标的调适并不意味着置教学目标于不顾,随意调整课程目标,而是指根据学生实际,从学生的可接受程度上,适当化解难度,分解内容,调整目标,以便让学生学得更好,学得更充分,以适应学生的实际发展水平。对教师而言,就是在日常教学中,适当调整单元目标、课时目标,根据学生实际,或者将单元目标适当后移,减缓坡度;或者将课时目标适当分解,让学生易于接受;或将相关目标进行整合,便于集中学习。

（二）课程内容的调适

教学内容的调适,主要是指在日常教学中,根据学生实际,采取增加、替换、重组等方式,对教学内容进行有效的调整、补充。增加主要是指在具体教学中,适当增加学习内容,帮助学生更好地达成课时教学目标或单元教学目标。适当增加教学内容要注意两个方面:一是增加内容的难易度要与正在教学的单元难易度相匹配;二是增加内容的学习目标应指向单元教学目标,要在单元教学目标和内容的观照下增加内容,避免教学内容的随意性。替换主要针对教材中距离学生生活遥远、干扰学生学习学科知识的内容,换上学生容易理解的内容。如数学学科的情境图使用,就可以结合当地孩子的实际,将原本远离学生实际的情境图,替换为孩子生活实际中的情境图,让学生在熟悉的生活情境中学习数学知识,理清数量关系,进而提升用数学知识解决生活问题的能力。重组主要是指根据知识训练点、能力训练点,去重组教材,打通学习的内在秩序,重构知识经验之间的逻辑关系,摒弃知识的碎片化,帮助学生去除遮蔽,实现理解的通透和运用的通达。以语文学科为例,教学时可以围绕一个主题,将单元内的课文整合为一个有机的整体,进行单元整体教学,或围绕人文主题,或针对语文要素,聚焦重点,扶放结合,改变逐篇教学的顺序,让教学更省时高效。

（三）教学方式的调适

日常教学中,教师可以根据学生实际,灵活采用多种形式的教学方式,包括组织形式、教学手段、教学时空、活动安排等,都给予教师更大的调适空间。一方面让教学更有针对性,另一方面则可充分发挥教师在课程开发中的主观性、能动性和创造性。

四、课程选择模式

课程选择模式是指从众多可能的课程项目中挑选、确定相关的课程。它主要是指课程实施过程中对教材进行"本土化""校本化"改造。我校主要在综合实践活动以及乡土课程中采用选择模式。在综合实践活动中,结合我校实际,我们将象棋、围棋等棋类教材融入综合实践活动中,在乡土课程中我们选择了《海西家园》和《武平客家风情》两种教材。此外,我校还结合学校实际,在低、中、高三个学段增设了"心理健康"课程,让健身与健心相互融合。当然，课程选择并不意味着完全照搬，而是在针对学生实际进行校本化改造和创新，形成学校特色。

第三节 "丰·彩教育"课程开发的组织实施

课程实施是校本课程开发的重要组成部分。针对我校"三位一体"的课程开发思路，我们将课程开发分为两个层面：一个是显性的课程开发策略，一个是隐性的课程开发策略。具体实施过程中，我们采用双线并行的课程开发思路，显性的课程是指社团选修课，根据"丰·彩教育"的目标体系，我校确立了道德与修养、道德与智慧、健身与健心、阅读与表达、探索与发现、欣赏与展示的社团选修课程，这些选修课程有独立的教材，有相应的课程纲要、课程计划和课程实施方案，以及相应的评价方式。而隐性的课程主要是指两个方面：一是对国家课程进行校本化、本土化改造；二是将学校、家庭、社会的各项活动进行课程化处理。对国家课程校本化、本土化改造是将地域文化资源、动态文化资源与国家课程相融通的隐性开发思路；对各项活动进行课程化处理是指学校的百项活动课程，将百项活动课程与学校活动、家庭活动和社会活动相融通的隐性策略。这样，"丰·彩教育"就形成了隐性和显性课程双线并行的开发策略，构建了一个立体的课程开发网。

一、课程开发的组织实施概述

已有研究表明，校长所提供的支援与协助是促进课程真正发生变革的重要因素。霍德和霍尔发现，校长的领导风格倘若由反应者发展至发起者，便会促进课程变革的效能。他们认为，校长的远见、推动力、一致的决策、优先性的安排都是使教师成功地实施创新的重要因素。为此，我校的校本课程开发由校长亲自挂帅，结合学校的办学思想、办学理念以及学校发展实际，带领学校团队研究制定了"丰·彩教育"校本课程开发的愿景目标、实施方案、课程纲要、课程计划等，自觉担负起课程领导的权责。

当然，我们也知道，课程开发不是领导的个人行为，而是学校的组织行为,只有建立起健全的课程开发组织机构,唤醒、激发、带领学校教师群体参与课程开发,让全校教师自觉、自愿地投入课程开发的行列中,学校的课程开发才能充满生命与活力。学校教师要成为课程开发的研究者,能够在课程调整、改编和开发中使课程更适应个别学生和特定环境的需求,并在此过程中得到发展。

为此,学校成立了校本课程发展委员会,由校长直接领导,成员由学校校级班子和行政人员组成,负责研究、讨论和审议学校课程的整体规划,聘请福建教育学院的教授为专家指导团队,同时组成了校本课程开发的职能部门,在校本课程开发过程中具体履行如下职责:第一,研究和制定校本课程开发的整体实施方案、课程纲要等;第二,培训学校教师,提高教师课程开发的能力和素养;第三,定期组织与开展校本课程开发的研讨活动;第四,承担信息收集和整理工作;第五,制定校本课程开发的管理细则与评价机制。在方案制定的过程中,学校着力从如下几个层面进行需求评估:(1)评估学校的发展需要;(2)评估学生的发展需要;(3)评估教师的发展需要;(4)评估社区的发展需要。并将各个层面进行整合,找到校本课程开发的切入点、方法与路径。

二、具体实施策略

(一)行动优先策略

校本课程开发一方面是为了促进学生的成长,同时也是为了提升教师的专业素养,改善教师的教育行为。要真正推动校本课程开发的进程,最有效的策略就是行动优先,即"在教育中、通过教育、为了教育"的行动研究开发策略,在"做"中发现问题、分析问题、解决问题,寻找适合学校实际的开发路径。我们深知,课程开发不是一蹴而就的,而是一个漫长的、动态发展的、不断循环的过程,行动研究的目的在于:(1)帮助教师反省自己的教育理论与日复一日的教育实践之间的联系;(2)将行为整合进教育背景,以使研究能在实践的改善中起到直接而迅捷的作用;(3)通过帮助实践工作者成为研究者,克服研究者与实践工作者之间的距离,促进教师的专业发展。学校的校本课程开发是为改善教师的教育行为而研究,是为解决学校实际问题服务的,而非为了建构教育理论。可见,行动研究策略在具体实施中更具针对性和操作性,是校本课程开发的重要策略。因此,开发过程中我们重在对真实教育情景中的教育行为进行研究,尤其强调对教育情景中产生的真实问题进行研究,我们确立的原则就是"做中学习""做中思考""做中成长"。实施过程中,我们重视课例分析、案例诊断,重视教育叙事,重视一手资料的收集和整理,通过聚焦真实问题,在真实情境中分析问题,寻找解决问题的对策。目前,我们已收集校本课程开发案例集、论文集、学生作品集、校本课程开发精品录像课资料、校本课程开发教学日志等相关资料,为我校课程开发提供了第一手资料。

(二)双线并行的实施策略

双线是指显性课程与隐性课程开发,具体开发过程中,我们采用两条线索并行的开发策略。

1.显性课程的实施策略

显性课程以社团活动为依托,每周两节课时间,有统一的教材,有规定的课时,有固定的老师,教学的计划、进度、方案等都由学校统筹安排。由于教材编写教师就是上课教师,从某种程度上,能够有效地规避教学意图不明的现象,但实施的前提是要充分保证教材编写的科学性与合理性。因此,在具体实施过程中,我们采用了如下策略:

(1)统一性与创造性相结合的策略

为确保教材编写的科学性与合理性,学校在教材编写过程中,统一安排学校的精干力量组成教材编写小组,聘请专家为教材编写顾问。整个教材编写过程分为三编、三审,确保教材质量。同时,为避免教材编写的随意性、零散性的现象,我们采用与国家课程相呼应的编写原则。教材编写的体系参照现行教材的编写体系,成为国家课程的有效延伸和有机补充。如语文学科的"阅读与表达"课程的教材编写,就采用了统编教材文选型编写体例以及"双线组元"的编写方式,即宽泛的人文主题与语文要素相结合的编写形式。其中,对人文主题的确定,主要是从三个维度考量:一是适当参考统编教材的人文主题,二是适当考虑当地的地域文化和动态文化资源,三是适当增大儿童文学的比例。语文要素则主要针对学生学习时存在的薄弱点设计,并从思维拓展的角度设计阅读与表达的语文要素。如在文章后面适当安排引导学生画出思维导图的训练,加大赏析类的比重,重视通过写作(表达)促进学生的学习,重视学科间的联系等等。

为避免课程实施过程中教学随意性大的现象,学校对整个课程开发进行了较为完整的规划,要求每门显性课程都要制定课程纲要、课程计划、课程实施方案,让课程教学能够做到有计划、有目标、有落实、有实效。同时,学校又鼓励教师在课程实施过程中发挥主观能动性,能够创造性地使用教材,让教材的价值得到最大限度的彰显,并根据教学实际,不断地调适教学策略,不断丰富教学内涵。

（2）实践性与研究性相结合的策略

社团选修课程的开设虽然是学科课程的有机延伸,但不能简单地等同于学科教学,不是重复着学科教学的分析、讲解、作业、考试等程式,而是以培养学生的实践能力和研究能力为目标。因此,社团选修课要以激发兴趣为旨归,从更加广阔的视野培养学生的实践能力、研究能力、创造能力。具体实施中,教学以板块的形式呈现,精心设计实践、探究的主题,围绕主题设计核心问题,引导学生将核心问题转化成子问题群,再将子问题群转化成系列活动,让学生在多样化的实践活动中培养研究能力。以语文学科为主的"阅读与表达"课程为例,课程定位在"阅读与表达",目的就是让学生将课堂上所学的策略、方法迁移到课外阅读中,实现以一带多、由篇达类,进行多文本的参互阅读,在主题的引领下,进行群文、组文的专题阅读,并将阅读所得转化成自己的观点、思想、见解,表达出来,进行认知写作,学会学科表达。同样的道理,数学与科学学科的"探索与发现",目的就是在学科知识的引领下,围绕专题,关注自然,观察生活,探索自然和科学的奥秘,解决生活问题。社团选修课程多以项目式学习以及学习任务群的方式呈现,精心设计学习项目,着力培养学生的实践探索与研究能力。

（3）兴趣导向与特长发展相结合的策略

社团选修课主要以学生自主报名为主,以学生兴趣为主,同时兼顾学生的特长发展,以走班形式甚至跨段形式开展教学。选修课程旨在尊重学生的独特差异,以学生的兴趣、需要为基本出发点。因此,如何准确地把握学生的兴趣和需要,是社团选修课程在操作层面的一个难题。在实施过程中,首先要尊重学生的选择,给学生充分、自由的选择空间,这就可能出现有些班级人数较多,有些社团人数较少的现象。此时,教师根据学生的实际,一方面对学生的特长与兴趣进行疏导,学校根据学生自主报名的情况统一调配上课教师。同时为避免将社团选修课作为学科教学的辅导课的现象,学校要求教师上课以活动形式为主,将教材作为学材,以培养学生兴趣和特长为教学目标,激发学生的学习和探究意识,不以知识学习的多寡作为评价标准,而是以学生的参与度、兴趣以及拓展面为目标,充分尊重学生的个性差异,给学生兴趣激发和特长发展提供广阔的空间和舞台。

（4）静态教材与动态开发相结合的策略

校本教材作为课程开发的一种形式，既拥有有利的一面，也有不足的一面，有利的一面是能够有效地进行顶层设计，学校进行统一规划，确保课程实施的有效性、统一性；但同时，校本课程开发是一个动态演进、不断调整、不断完善的过程，一旦校本教材编写完成，教材就成了静止的、物化的材料，动态的文化、新鲜的理念则难以进入教学的视野。如何让社团选修课程在动态推进的过程中不断得到完善和发展呢？我们的做法是，让教师在课程实施过程中对校本教材进行"二度开发"，以教学案例、教学资源、学习链接、活动、活动板块等形式对静止的教材进行有机补充、延伸、拓展和丰富，让静态教材与动态开发互为促进、互为补充。这样，教师一边教学一边对静态的教材进行二度、三度甚至更多层面的开发，对原先的静态教材不断充实、完善，实现创造性地使用，就有效地规避了静态教材带来的局限性，让我校的校本课程开发永远在路上，只有更好，没有最好。

2.隐性课程实施策略

隐性课程是一种社会期望学生所具备的素质而"未言明"的"音信"，蛰伏在学校生活的组织、时间和空间结构化、活动的编码和仪式化中。隐性课程不仅会长期影响学生的情感、行为、创造力等，还有着显性课程不可替代的教育功能。

隐性课程开发是指国家课程实施中，有机地融入地域文化资源、动态的文化资源、生活资源等方式，通过资源的引入，帮助学生更好地理解学科知识的一种开发方式。这实际上是对国家课程进行校本化改造的一种方式，这种开发方式完全与国家课程的教学有机交融，给了教师更大的开发空间，让教师能够更加灵活地使用教材，对教材进行二度开发，能够创造性地使用教材。这就改变了为开发而开发的现象，让校本课程开发真正为学科教学服务，是和学科教学融为一体的，不是油水分离的。隐性课程不仅承载着学校场域中复杂的社会关系，也蕴含着学校生活的组织机制。隐性课程需要着眼于学校教育的日常时空。其强调社会文化资源、地域文化资源以及学校办学思想与学科学习的统合作用，强调办学思想在学科教学中的渗透意义，是对固化"结构"下课程内容的二度开发。"丰·彩教育"的办学思想要落实到学校教育的每一个层面，很大程度上要依托隐性课程的开发与实施。在课程开发过程中，我们对隐性课程进行了再概念化，拓宽了隐性课程的内涵，一方面保留了学校文化建设等隐性课程的内涵，如学校的绿化环境、文化环境等隐性课程；另一方面，我们也将对国家课程的校本化开发、二度开发纳入隐性课程开发的内涵之中,目的是给教师更加自由的开发空间,充分发挥教师在课程开发中的创造性,也让国家课程以更加灵活的形式存在。因此,我校将这一形式的课程开发作为隐性课程开发的重要补充,以更好地将"丰·彩教育"的办学思想渗透到学科教学之中。

(1)整合策略

要让地域文化资源、动态文化资源以及生活资源有机地融入学科教学中,首先必须思考,这些资源以怎样的方式进入学科学习中,切入点是什么,融入的目的是什么,能给学生的学习带去什么帮助,指向的是哪项目标。所有这些,都让我们聚焦一个问题:那就是整合时,怎样选择整合点、统整点?教学时,我们要用整体、联系的眼光审视学生的学习,将学科内部的知识与能力打通,精心选点,从找准问题切入点、知识融通点、能力迁移点、方法渗透点,去确立课程开发的整合点、融通点。

整合点可以从三个层面寻找:以知识为纲的统整、以主题为纲的统整和以核心素养为纲的统整。

余文森教授指出:"以知识联系为纲的统整,强调课堂教学不能固守学科壁垒,而是要打开学科的边界,走向学科的综合,让学生在综合地带、边缘地带进行知识探险。"我们要打通学科壁垒,加大教学的广度、深度、关联度,使课堂显得丰满厚重。他还认为:学科内部的知识更应该打通。教师以整体联系的眼光组织、设计和处理各章节、各单元和各知识点的关系,让学生在整体中、在联系中、在比较中学习,从而帮助学生在头脑中将知识"竖成线,横成片",或"由点构成线,由线构成面",形成立体、开放、整体的知识结构。

以知识为纲去寻找联结点,就语文学科内部而言,教师以整体联系的眼光观照教材,组织、设计和处理各学段、各单元以及单元内的知识点、能力点、方法点的关系,围绕语文要素,将原本分散在各册、各单元教材中的基本知识、基本能力、基本训练方法等连成一个相互勾连的有机整体,让学生在整体中、在联系中、在比较中学习,从而帮助学生在头脑中将知识"竖成线,横成片",或"由点构成线,由线构成面",形成立体、开放、整体的知识结构。教师在具体教学中可以各单元语文要素为抓手,寻找知识、能力的联结点,将各册、各单元的教学内容打通,教学时瞻前顾后,形成螺旋式推进的学习整体。

以主题为纲的统整,"不是对原有课程内容的简单删减,也不是一个拼盘……强调以学习者的经验、个体和社会需要为基础,以问题为核心进行的课程整合。"以语文学科为例,就语文学科内部而言,此处的主题内涵广泛:①针对学习文本的统整,既可以是以人文主题为纲的统整,如将相同主题的作品、相同作家的作品、相同体裁的作品等组合在一起的群文阅读,也可以是聚焦某项语言或某种表达手法,让学生积累结构化的语汇语料,聚焦语言现象,发现言语规律,建构言语图式;②针对学生学习过程而言的统整,如学习策略为主的统整、针对思维方法渗透为主的统整,也可以针对学习中存在的提出问题的统整。

以核心素养为纲的统整,意味着学科教学首先考虑的不再是学科知识本身,而是学生作为人的发展的核心素养。也就是说,以核心素养为纲,让课程真正回归儿童本位,回归发展本位。这种统整不是单纯的课程加减,也不是单一的教与学的方式的改变,而是致力于打破学科界限和三级课程界限,实现国家课程的校本化和三级课程的一体化,实现学科内整合、学科间整合以及课内外、校内外的整合,从而形成学习多方面育人的合力,构建学校育人的新生态,促进学生学习方式的根本性改变。具体实施过程中,我们从学生的关键能力和必备品格入手,基于学科的阅读力、思考力、表达力进行整合,帮助学生的学习实现学科内知识间的相互融会与贯通、学科间知识的相互渗透与勾连、学科知识与学生生活经验的融合、学科知识学习与学科核心素养的有机统一。

(2)关联策略

上海市教育科学研究院普通教育研究所的夏雪梅副研究员提出了衡量课程建设品质的三个核心标准:第一,是否将课程围绕学生的核心素养展开;第二,是否能够在学生的核心素养和学校课程框架之间建立实质性的联结;第三,是否能够保证每一门课程的质量为学生的核心素养服务。她以学生的核心素养与课程的关联一致性作为划分标准,将当前的学校课程分成如下六种水平:①无关联的单一课程;②无关联的碎片课程;③表面关联的课程;④实质关联的课程;⑤部分实质关联的课程;⑥有质量的素养课程。

这就启发我们,无论何种形式的课程开发,最终都指向学生核心素养的形成。因此,我们应始终将是否有效促进学生核心素养的提升作为课程开发终极目标,增删也好,替换也罢,抑或是重组、改编,均要以提升学生的关键能力和必备品格为旨归,通过多种形式的课程开发,促进学生核心素养的发展。评判课程开发的品质应该以是否以学生为本、是否为学生提供必要的素养为标准。为了实现这一目标,在隐性课程的开发过程中,我们以项目式学习、学习任务群的方式为主,以专题的形式,着力开展研究性学习,让课内学习与课外学习相互交融,让学科教学与社会生活相互关联,让学科与学科间相互关联,打通课内外、学科间以及学习与生活的通道。

(3)目标导向策略

目标导向策略就是在隐性课程开发过程中,能够让地域文化资源、动态文化资源在国家课程的框架内,在课程标准、学段目标、单元目标的观照下进行,依据学段目标和单元教学目标,去选择和重组内容,寻找"最适合的"方法和路径,这才能避免课程开发中随意、零散、杂乱和偏颇的现象,走向目标明确、前后勾连的整体、系统的开发局面。

为了让日常的课程开发既能够与国家课程相交融,又能充分发挥教师在课程开发中的主体地位,学校提出了"目标导向"的开发策略,即课程开发均能在学段目标和单元目标的观照下进行。具体到每次的课程开发中,要求教师围绕如下问题进行互动对话,进行思维碰撞:①为什么要将这一资源融入这一内容的教学中?意义何在?②这些教学资源以何种形式融入学科教学中?怎样对所选择的素材进行改编?依据是什么?③所选的教学内容怎样和国家课程实现融通?④如何将这一教学内容整合进单元教学中?怎样在单元目标的观照下确定教学目标?……这一次次有深度的对话,促使教师从整体的角度,站在课程的高度审视教材,思考教学,有效地促进了教师课程素养的提升。

在具体实践中,怎样让"丰·彩教育"思想以更加灵活的形式渗透到学科教学中,选择什么内容以更好地体现"丰·彩教育"思想,选择的资源、素材以怎样的方式进入教学中,都要以目标为导向,从学段目标出发,根据单元教学目标,将相关资源有机地融入单元教学中。这样才能避免为开发而开发的现象,才能将办学思想在课堂教学中落地,与学科教学水乳交融,而不是油水分离。以统编教材五年级上册的语文教材为例,第一单元的人文主题是"万物有灵",单元语文要素是:"(1)初步了解课文借助具体事物抒发感情的方法;(2)写一种事物,表达自己的感情。"本单元安排了《白鹭》《落花生》《桂花雨》《珍珠鸟》这四篇课文。围绕单元语文要素,教师可以为学生增加相关的阅读文本,如赵丽宏的《蝈蝈》、叶圣陶的《藕和莼菜》、吴伯箫的《灯笼》《荠菜花》等文章,让学生从另一个角度感受"万物有灵"的主题,而学习的主题则围绕单元语文要素展开,紧扣单元课程的教学目标,从而使新开发的内容统整进国家课程之中。

这样的开发思路指向单元教学目标,成了单元教学的有机组成部分,实现了校本课程与国家课程的融通,推进了学科课程的校本化改造,促进了学科课程与客家文化资源的有机整合。根据这样的开发思路,每学期初,各备课组在学段目标的观照下,根据单元教学目标和学生实际,选择两至三个单元进行校本课程开发,将动态文化资源以精读课文、自读课文、习作素材或口语交际活动、综合性学习活动等形式融入教学中,创造性地实施国家课程。这样,以国家义务教育课程标准为依托,以现行义务教育教科书为基础,有目的、有计划、分步骤地融入"丰·彩教育"思想。长期坚持,就能让"丰·彩教育"思想在学校落地生根、开花长叶,结出累累硕果。

第四节 "丰·彩教育"课程开发的效果评价

校本课程开发的评价体系主要应从两个层面展开:一是对开发的课程本身的评价,二是在校本课程开发过程中对教师专业与学生学业方面的评价。

一、对开发课程本身的评价

对于课程开发本身的评价,吴刚平教授认为:校本课程开发评价与一般的课程评价并无二致,所以课程评价的所有较为成熟的模型、方案、设计、材料和途径也都适用于校本课程开发。然而,在具体实践中,由于校本课程开发的评价受到时间、训练和资源的限制,又有它的特殊性,所以必须作出一些重要的调整。根据吴刚平教授的观点,校本课程开发的评价可以分为准备阶段的背景性评价、编制阶段的实质性评价以及使用阶段的诊断性评价三种基本方式。

首先,准备阶段的背景性评价。"校本课程开发的背景性评价是指针对与校本课程开发有关的学校师生发展水平、需求状况、资源基础和政策限度等方面的信息而作出的综合判断。"在"丰·彩教育"校本课程开发之初,我校即从以上几方面进行了全方位的诊断。我校的校本课程开发已有近二十年的历史,从课改之初,我们就进行了校本课程开发的尝试,学校主要基于客家文化资源进行校本教材的编写,先后编写出《梁野风情》、《语言与文化》(低中高三册)、《武平客家风物》、《武平历史人物》等。编写教材的过程中,我们对校本课程开发的认识都局限于"校本教材的编写"。虽然在这个过程中,学校骨干教师都不同程度地参与到课程开发的行列中,地域文化资源得以进入校园,但是学校的课程设置、特色发展、教师的角色等都没有得到多少改观。后来我校参与了教育部重点课题《校本课程的文化学研究》的实验后,采取了对校本课程开发再概念化的策略,极大地拓展了校本课程开发的内涵,也让全校教师都参与到校本课程开发的行列中,取得了一定的成效。作为一所百年老校,如何在学校原有积淀的基础上,走出一条适合学校特色发展的校本课程开发之路,是历史赋予我们的责任。在原有经验的基础上,我们也进行着新的思考,校本课程开发除了将地域文化资源融入学科教学中、融入国家课程的框架中,动态的文化资源怎样以更加灵活的形式进入国家课程的框架中?怎样将学校的办学思想渗透到学科教学的各个层面?这些问题重新摆在了我们面前。我们在全校师生中进行了广泛的调查,调查中发现,学校教师在此前的校本课程开发中积累了较为丰富的经验,已经由课程被动的执行者、消费者逐渐变成了主动的开发者、建设者和创造者,学校一大部分老师均成长为省、市、县的骨干教师,成为学校的中坚力量,从专业成长的层面,均有开发课程的动机与需求,加上学校办学特色的日益明显,学生需求、地方政策、专家支持等大的教育环境均为学校的"丰·彩教育"课程开发提供了坚实的基础。因此,学校通过对现有环境资源、人力资源、课程设置以及学生需求、学业质量、学生群体兴趣状态等进行明确的考察,实施全面评价,在此基础上确定校本课程开发的具体路径。

其次,编制阶段的实质性评价。在课程编制阶段,我们要进行课程的实质性评价。"校本课程开发的实质性评价是指为考察校本课程开发产品的构成部分或构成要素以及一连串的学习活动安排是否合理而进行的判断过程。"一旦有了草案,整个校本课程计划就成为评价的对象了。为了让学校开发的校本课程能够真正为学科教学服务,能够为满足学生不断增长的需求服务,真正为提升学生的核心素养服务,我们参照课程描述性评价的标准,从课程与学校培养目标的一致性、课程开设对原有课程所培养的技能与理解力的增加等方面进行评价,去考察课程目标的合理性、课程计划的适用性、课程内容的适切性等,并根据考察情况进行修改,让校本课程开发更具操作性。如,我们参照语文课程描述性评价标准,将其迁移到语文学科校本课程开发的实质性评价中:(1)课程与学校教育哲学和培养目标的一致性;(2)课程开发对原有课程所培养的技能与理解力的增加;(3)

各级课程在热爱祖国语言文字等情感培育方面重点突出;(4)各级课程在语言文字的理解与正确使用方面重点突出;(5)各级课程在思维发展与提升方面重点突出;(6)各级课程在审美鉴赏与创造方面重点突出;(7)各级课程在文化传承与理解方面重点突出。

再者,使用阶段的诊断性评价。"诊断性评价是指对课程实施过程中的优缺点所进行的判断。"校本课程开发的诊断性评价应该集中于下列几类问题:(1)课程的实际使用方式与课程开发者说明的哲学以及学校教育的哲学思想是否一致;(2)课程是否具有足够的吸引力,是否能够有效激发学生的学习兴趣,是否能有效促进学生素养的提升,课程的实施中时间上是否合理,等等;(3)课程发展的潜力如何,比如是否存在进一步更新、拓展、实施和完善的资源,课程的实施是否促进了教师对课程的理解与创新;(4)课程使用的绩效如何,比如学生是否达到课程目标,是否有证据表明学生在认知、情感和心理动力方面的成绩提高了。在具体评价过程中,我们将以上诊断性评价融入课程的使用、课程与学生的学习兴趣、素养提升以及课程发展的潜力等层面的判断中,以评价促开发,以评价促发展,以评价促创新。

二、课程开发中对教师专业以及学生学业的评价

在课程开发中,我们着力探索多样化的师生评价体系,形成"阶梯评价,多维绽放"的评价机制,研究如何将宏观评价与微观评价相结合,如何将过程性评价与结果性评价相结合,如何让量化评价与质性评价相结合,通过创新评价机制,促进师生的和谐发展。

首先,重视教师教学过程与学生学习过程的评价。将精细化管理以及"积小行,以大成"的校训融入师生的过程性评价之中,对日常的教学要求、学习要求进行细化,以量表的形式下发给师生,让师生的教与学能够有的放矢。如表 3-1 和表 3-2,就是对师生课堂上"教"与"学"的过程性量化表。不但在课堂教学中有过程性量化表,我们在学生作业、学校表现等方面均设计了量化表,通过多角度地评价,促进学生和谐健康地成长。在这个过程中,教师秉持发展性评价的理念,将评价作为手段,而不是目的。评价不是将学生分成三六九等,而是进一步助推学生的发展,评价不是教师权威的显现,而是教师深入理解学生的通道。这样才能彰显评价在课程开发中的意义。

表 3-1 教师校本课程开发与实施工作评价表

项目	评价指标								
授课教师	校本课程理念	《课程纲要》撰写	课程资源整合	有效教学策略	教学反思	学生人数与历时	学生学习效果	课程目标落实	合计
分值	1	1	1	2	1	1	2	1	
自评									
互评									
校评									

表 3-2 学生成绩评价

评价对象	评价指标											
	学习兴趣与参与态度(出勤、兴趣、课题、学习任务的完成)			认知与技能(特长)			学习方法与思维品质的养成(自主、探究、合作学习)			成功体验(学习成果)			总评
等级	优	良	加油	优	良	加油	优	良	加油	优	良	加油	
自评													
互评													
校评													

其次,基于学科核心素养的学科评价。教师不仅需要正确认知学科评价是学生学习活动中不可或缺的重要环节,更要从实践层面提升自己的专业判断力与执行力,即基于课程视野下的"学段目标——课时目标——评价描述"的推论,明晰预设目标的达成度。教师通过评价诊断、反馈与引导,使学生的学习更具情境化、结构化,更趋近核心素养目标。以语文学科为例,语文教师可以从语文学科的核心素养的四个维度出发(见表 3-3),即语言建构与运用、思维发展与提升、审美鉴赏与创造、文化传承与理解这四

个维度,并结合学段目标细化评价目标,让教学目标更加精准,让核心素养在课堂中有效落地。

表 3-3　基于语文学科核心素养的学习评价标准

语文核心素养	具体内涵		
语言建构与运用	积累与语感	整合与语理	交流与语境
思维发展与提升	直觉与灵感	联想与想象 实证与推理	批判与发现
审美鉴赏与创造	体验与感悟	欣赏与评价	表现与创新
文化传承与理解	意识与态度	选择与继承 包容与借鉴	关注与参与

最后,我们还针对不同学生的学习层次,制定层次学习目标,让统一目标与分层达标相结合,重视校本课程开发中学生学习过程的评价,让学生在分层次评价中体会到学习的乐趣。

同时,我们还将星级评价、阶梯式评价、争章式评价等融入百项活动的课程评价中,实现量化评价与质性评价相结合、过程性评价与结论性评价相结合、他评与自评相结合,将儿童自评、互评与教师导评相结合,形成一个多元绽放的评价体系,让多维的评价成为课程开发的助推器,让"丰·彩教育"的思想在课程中落地生根、开花结果。

第五节　各学科课程教学设计呈现

一、语文学科教学设计

❋《江南》教学设计

武平县实验小学　石晓英

【教材分析】

《江南》是一首选自《汉乐府》的古诗,描绘的是江南水乡人们采莲的情景。诗句生动活泼,通俗易懂,文中配图色彩鲜明、形象逼真,将荡舟采莲、莲叶田田、鱼戏莲叶的美丽情景展现得淋漓尽致。因此,这是一首有景、有情、有韵的诗歌,读着朗朗上口、心情愉快,教学时应将朗读放在重要位置。

【学情分析】

本课是一首古代诗歌,对一年级学生来说,会读并不难,但是让他们理解起来有些困难,可结合图画来理解字词的意思。

【教学目标】

(1)正确认读九个生字,会写田字格里的四个生字,做到笔顺正确、姿势规范。

(2)借助汉语拼音正确、流利、有感情地朗读课文,背诵课文。

(3)理解诗歌内容,想象诗歌描绘的情景,感受诗歌的情趣。

(4)通过诗歌的学习,了解江南风景的特点,激发学生热爱江南、热爱大自然、热爱生活、热爱劳动的积极情感。

【教学重难点】

(1)准确认读九个生字,正确、美观地书写"东、西、南、北"四个汉字。

(2)朗读课文,背诵课文,从诵读中感受江南美丽的景色。

【课前准备】

多媒体课件。

【教学过程】

一、江南如画,寻找美

(一)导入新课

师:小朋友们,今天老师带大家去一个很美很好玩的地方走一走、看一看(多媒体课件播放江南水乡的美景,学生观看)。

引导学生谈谈观后感:谁来说说,你看到了什么?

预设:

生1:那儿的水很清很清,清得可以看见水底的鱼儿。

生2:那儿的荷花粉红粉红的,特别漂亮。

生3:碧绿碧绿的荷叶像大圆盘一样,美丽极了。

导入:是啊,江南水乡就像一幅美丽的图画。曾经有一位诗人看到江南水乡的美景情不自禁地写下了一首诗——《江南》。师板书课题。

(二)多种方法,识记生字:江

学习"江"。①导学:它是一个生词,(出示字卡)谁能读读?生1读:江南。师:真棒,它是个生词,你读得很准,谁再来试一试?请你读。②认识三点水:江南的江字有一个新偏旁,谁知道? 三点水的字和水有关。导学:你有什么好办法来记住这个字? ③学生自由交流识记的好办法。预设:加一加:氵+工=江。字谜:工人在水边——江。换一换:"红"的部首换成"氵"就是江。④你还知道哪些三点水的字?

(三)认识长江,了解江南的地理位置

师导:中国最长的江叫长江。(出示:长江图)看,这就是长江。这是中国地图,地图上这条弯弯曲曲的红线就是长江,那你们知道江南在哪儿吗? 长江以南变蓝的区域就是江南。

二、诵读诗文,感悟美

师:《江南》是一首采莲歌,汉乐府是一首汉代的乐府诗。读古诗很讲究韵味,老师很想读读这首诗,你们边听边想,诗中描绘了什么景象?

(1)教师范读,我读你听,仔细听清我读的每个字,认真听啊! 教师配乐朗读。

(2)学生借助拼音自读课文,要求:读准字音,读通句子,遇到难读的用笔圈起来,多读几遍。

(3)指名朗读课文,读准节奏,读出美感,相机正音。

(4)齐读课文。

(5)诗歌《江南》写了哪些好看有趣的景物?

预设:①我看到了鱼在荷叶间游玩。师板书:鱼。②我看到了莲。师板书:莲。

(6)小结:江南有鱼,还有莲,大家见过莲吗?

三、随文识字,欣赏美

(一)了解"莲"

(1)说说你见过的莲是怎样的?

预设:①绿绿的莲叶;②圆圆的莲叶。

出示:

图①莲藕:看,同学们,春天来了,莲开始生根、发芽了,藏到泥土里的是( ),请你读:莲藕;

图②莲叶:莲藕慢慢地浮出水面,变成一片片绿绿的圆圆的( ),请你读——一起读;

图③莲花:到了夏天,开出了一朵朵美丽的( ),女生读;

图④莲蓬:过了一段时间,莲花里结出了( ),男生读;

图⑤莲子:是的,莲蓬里还藏着一颗颗( ),一起读,这白白的莲子可香了。

出示图①、②、③、④、⑤,一起再来读读这些词。

小朋友们,现在你记住这个字了吗?请你:

(2)说说你是怎样记住"莲"字的(加一加)。

(3)你还知道它的偏旁,请你带大家读读,一起读读"艹",说说你还知道哪些字也有"艹"(花、草、苗)。

(4)"艹"的字有很多,"艹"的字跟植物有关。

(5)再读这个字"莲"。莲花这么美,莲子那么香,所以一到夏天的时候,江南的人们都会划着小船去采莲。

(二)品读第一句

(1)出示"江南可采莲",指名读。

(2)指导朗读:想想你撑着小船去采莲,看到美丽的莲花,看到美味的"莲子",你的心情是怎样的?

预设:①开心的:请你带上开心的心情朗读(评:迫不及待了),还有吗?②是欢喜的。

(3)出示图文:江南可采莲。

同学们,你能带上动作读读吗?

学习:采。

①出示:采,这个读 cǎi。

②采莲要用到手,这个采字里面也藏着一只手,谁发现了? 看,这是古人写的采(采)。

③对,上面的部分就表示"手",下面的部分表示植物的花或果实,"采"的意思就是用手采植物的花或果实。除了能采莲,还能采"什么"?(采花、采药……)

④好,配上手的动作,再来读读这句诗。

(4)学习:莲叶何田田。

①出示图:多美的景象啊! 来,我们再走近看,出示莲叶图,你看到了什么?

预设:

A.我看到了莲叶。(是啊! 谁能说得更具体些?)

B.我看到了密密麻麻的"莲叶"(很多)。

C.我看到了绿油油的莲叶(你看到了莲叶的颜色)。

②是啊,圆圆的、绿油油的莲叶挨挨挤挤的,诗歌里就说:

出示:莲叶何田田,指名读。

③看,这莲叶长得多茂盛啊,谁能把莲叶的茂盛读出来? 请你(多有生命力啊)。

④男女生赛读,看看谁的莲叶长得更茂盛? 女生读,男生读。

老师看到这一片连着一片的莲叶,也想来夸一夸。请听老师读这句。(教师范读)导读:你觉得老师读得怎么样? 你能像老师这样来夸一夸这些莲叶吗? (指名读)

引读:采莲人划着小船来了,她们看到这么多、这么美的莲叶,她们也夸起了莲叶。(学生模仿采莲姑娘读)

小结:好一个"何田田",它让我们看到了一片连着一片茂盛的——莲叶,真——美。

⑤过渡:江南有美丽的莲花,有美味的莲子,还有这绿绿的莲叶,它吸引了小朋友们,吸引了采莲的人,还吸引了什么? (鱼),出示课件。

(三)品读第二句

(1)好,小朋友们,开动小脑筋,想一想,假如你是这条小鱼,你会在莲叶下做什么呢?

预设:

①我会在莲叶下游来游去。(游来游去干什么呢?)

②我会在莲叶下游泳。(还有更有趣的事发生吗?)

③我会在莲叶下乘凉、玩耍、嬉戏。(哇,多么有画面感。)

④我会在莲叶下转圈。(多快乐呀!)。

(2)那小鱼到底在莲叶下做了什么呢? 出示视频。

(3)请同学们再来读读这四行诗(出示后四行诗),然后想一想,小鱼儿做了什么?

(4)学生自由读后四行诗。

(5)谁来说说,小鱼儿在干什么? 那能不能说完整些,它们是怎么游戏的,游戏到了哪儿呢? 小鱼儿游的第一个方向是哪儿?

(6)出示字卡:东,请你读→一起读→指名上台,请你高高举起说:东东东,鱼戏莲叶东。

(7)出示字卡:西,还游向哪儿? →指名上台,当小老师说西西西,鱼戏莲叶西。请你到西边。

(8)出示字卡:南,还游向哪儿? →当小老师带大家读,好,去南边。

(9)出示字卡:北,最后一个方向,请声音最响亮的同学当小老师带大家读,北北北,鱼戏莲叶北。好,跑到你的北边。

(10)组织学生表演:你们想当快乐的小鱼,在莲叶间游来游去吗?我们就当快乐的小鱼,当东边的同学大声说:东东东,鱼戏莲叶东时,我们就学习鱼儿游的动作,跟着说:东东东,鱼戏莲叶东,听明白了吗?好,开始。

(11)好,再来一次,这次我们可以游得再欢快些。

(12)再次引发学生想象,体会情感:小鱼们!你们游得开心吗?下面,我来采访几条小鱼。这条小鱼,你游到哪儿去了?看到了什么?心情怎样?

(13)导读:那就让我们做快乐的小鱼,连起来读出小鱼的快乐吧。课件出示。

(14)是呀,鱼儿们可快乐了,它们一会儿游向东,一会儿游到西,一会游到南,一会儿游到北。它们想游到哪儿,就游到哪儿,所以诗歌中还有这句,出示:鱼戏莲叶间,指名读→齐读。

(15)师生合作读,石老师想和你们合作读,我读"鱼戏莲叶间",你们读后四行。

师导:多有趣啊!读着读着,鱼儿快乐嬉戏的样子就展现在了我们的眼前,下面我们也来争当小诗人:蜂戏花草间。看!(出示课件)

四、积累运用,吟唱美

(1)江南风景如画,想不想唱唱《江南》?(播放多媒体课件)

(2)此时,你想说什么?指名说。

五、书写汉字,展示美

过渡:江南这么美,我们也要把字写美!

(1)指导书写"可""东",认识这两个字的主笔竖钩,指导书写竖钩。

①观察"可"字。教师强调"竖钩"的写法,教师范写,提醒学生注意写字姿势。(一小口写在左上格靠近中心点的角落里,下边贴着横中线,右边贴着竖中线。竖钩写在竖中线右边一点。)学生试写,指名读,并组词,说句子。

②观察"东"字。学生强调书写时注意的笔画。指名学生写,("东"字五笔写成,笔顺为"横、撇折、竖钩、点、点",提醒学生注意不要把左边的点写成撇,中锋起笔渐行渐收,不要把右边的点写成捺,轻笔重落,左右对称。)学生试写,评价学生书写情况,指名读,并组词。

(2)学生书写展示,表扬书写美观的学生。

六、知识延伸,视野美

(1)了解祖国地大物博,说说大江南北的美景。

(2)课外作业:画一画《江南》,读一读《小池》。

【教学点评】

情在诗中溢　力在课中长

《江南》是一首选自《汉乐府》的古诗,描绘的是江南水乡人们采莲的情景。诗句生动活泼,通俗易懂;插图色彩鲜明,形象逼真,展现了一幅荡舟采莲、莲叶田田、鱼戏莲叶的美丽画卷。石晓英老师紧扣诗歌特点,引导学生自主识字,快乐诵读,体验情境,整堂课洋溢着浓浓的乐学氛围,学生的素养在课堂中得到了提升。

一、巧借媒体激发兴趣,感受美

新课伊始,石老师从课题引入江南是鱼米之乡,并巧借多媒体课件播放江南水乡的美景给学生看,配以教师充满激情的解说:"江南是个好地方,这里的孩子可以划着小船,来到湖面上采莲,看活泼可爱的小鱼在莲叶间游玩嬉戏,大家想去吗?"实实在在的情境和教师绘声绘色的描述,激发了学生的兴趣,把学生们带入了课文,让学生对江南有了初步印象,激发起他们学习古诗文的兴趣,让古诗教学轻松起来。

二、借助想象推敲词句,体会美

要让学生细细体会诗句的美,还得通过细读课文,引导学生品词析句来完成。教学中石老师抓住文中的关键词句,通过自主体验、想象感悟等方式引导学生走进江南美的情境中。全诗共两句话,教学时,石老师抓住"何田田"一词理解莲叶茂盛鲜亮的特点。石老师引导学生看图:"现在,展现在我们眼前的是一湖的莲叶,你想说些什么?"学生畅所欲言:"莲叶真多呀!""莲叶真美呀!""莲叶又大又绿!""满湖的莲叶又大又绿,绿油油的,像一把把大伞,你挨着我,我挨着你。"在学生交流后,教师引导朗读:"小朋友们说得真美。老师好像也划着小船,到了湖面上。我们一起来把第一句读一读,看看能不能把莲叶的大、莲叶的绿、莲叶的美读出来。"教师鼓励学生朗读体会,学生入情入境地表演读,让"何田田"一词在学生的脑海中已形象可感,悟出了文字间蕴含的美。

教学第二句时,抓住一个"戏"字细细推敲。石老师引导学生:"莲叶长得这么绿,这么好,莲花开了,结了莲子儿。采莲的人们划着小船,高高兴兴地采收莲蓬。河里的小鱼呀,也乐开了。如果你是荷叶下的小鱼,此时的你想做些什么?"学生纷纷表达出鱼儿嬉戏的情景。最后石老师让学生表演一条条快活的小鱼,尽情"游来游去",同时采用师生、生生问答表演读等方式引导学生入情入境地诵读,把课堂推向了高潮,也把江南的美留驻在学生的心头。

三、多管齐下巧妙识字,化难点

识字写字是一年级教学的重难点。教学中,石老师运用随文识字的教学路径,引导学生借助学理识字、想象法、动作演示法、加一加、换一换等生动活泼的方法化解识字难点,如在教学"采"字时引导学生通过字理识字体会采的动作,并通过组词的方法加深学生的理解;在教学"莲"字时通过丰富学生的感官,引导学生看莲叶、品莲香、采莲乐等方式引导学生认识"莲"字。多样的识字方法,激发了学生的识字兴趣,提高了识字效率,让识字变得轻松起来。

四、多元朗读体验感悟,悟意境

这首诗歌语言活泼生动,朗朗上口,非常符合孩子的天性。教学中石老师采用表演读、看画面读、师生问答读等方式引导学生走进江南美景,感悟江南鱼儿在荷叶中游戏的乐趣。朗读中石老师借助插图、音乐等媒介引导学生赏美景、想画面朗读,让课堂书声琅琅,学生的朗读能力、感悟能力等综合素养得到了较大的提高。

❊《心田上的百合花开》教学设计

武平县实验小学 石爱华

【教材分析】

本文是台湾作家林清玄的一篇寓言体散文,文章通篇运用拟人的手法,写了一株百合抵御各种困难,坚信自己能开花,最终开出了美丽的花。文章层层衬托,塑造了一个充满灵性、大智大慧的野百合的形象,告诉我们在任何艰难困苦的情况下都要坚持自己的信念,不懈努力,就会获得成功。文章语言清新动人,是一篇能够引发学生阅读兴趣,并能使学生从中获得感悟的美文。

【学情分析】

这篇文章语言生动、清新而且浅显,比较适合小学中段学生阅读。这个阶段的孩子已具备一定的阅读感悟能力,学习这篇文章,可引领他们品味林清玄式的清新语言,探究百合花的形象,感悟文章所蕴含的哲理。

【教学目标】

(1)在读中理清作者的思路,领会文章语言的精美,理解坚定执着的信念、坚持不懈的奋斗、不骄不躁的心态对实现生命价值的重要性,感受作者的情怀。

(2)领悟文章运用拟人及层层衬托塑造百合花形象的写作方法。

(3)品味并积累作品中清新质朴、意味深长的语言。

【教学重难点】

(1)品味并积累文章清新质朴、意味深长的语言,领会文章所蕴含的思想感情。

(2)领悟文章运用拟人及层层衬托塑造百合花形象的写作方法。

【课前准备】

多媒体课件。

【课时安排】

一课时。

【教学过程】

一、故事导入,走进百合意境

(1)师:同学们,今天老师想给大家讲一个故事。有一位少年,他的心中有着超越凡人的梦想——当作家,但他父亲觉得不可能,告诉他不要做梦了。可这位少年从未放弃,他每天坚持训练,经过自己的努力,长大后终于成了台湾有名的作家。他是谁呢?对,他叫林清玄。今天,我们就一起来学习他的一篇优美的散文——《心田上的百合花开》。

(2)出示、齐读课题。

(3)看到这个题目,你有什么疑问呢?(学生据题发问)

(4)师:那么,就让我们带着问题走进文中,寻找答案。

二、朗读交流,感知百合的形象

(1)默读课文,思考:课文写了一个怎样的故事?这是一株怎样的百合?你从哪些语句感受到的?

(2)交流,出示下面三句话,指导学生读。

我是一株百合,不是一株野草。我一定要开出美丽的花朵,让人们知道我是百合。

我要开花,是因为知道自己有美丽的花;我要开花,是为了完成一株花的庄严使命。不管有没有人欣赏,不管你们怎么看我,我都要开花!

要全心全意默默地开花,以花来证明自己的存在。

(3)谈谈自己的体会:百合花顽强、自信、坚韧、执着。

三、精读品味,体悟百合精神

(1)读了这几句话,我们似乎明白了百合为什么如此努力。课文中一共三次写到百合为开花而努力,请你快速浏览课文,找到描写百合为开花而努力的三个句子,然后用方框把"努力"一词框起来,并且思考:百合努力的原因是什么,她的努力又有怎样的结果?

(2)学生浏览课文,教师巡回了解学情。

(3)汇报交流:出示相关句子,教师相机指导、点拨。

有了这个念头,百合努力地吸收水分和阳光,深深地扎根,直直地挺着胸膛。

(1)师:这是文中第一次写百合为开花而努力的句子,大家一起读一读。

(2)通过读这句话,你发现这株百合努力后有了怎样的结果?

(3)请注意"扎根"的前面还有一个词语,是什么?——深深地扎根。

在这样的岩石上要深深地扎下根来需要付出多大的努力呀,百合这样努力是为了什么呢?她是怎样想的呢?

(4)指名读:"我是一株百合,不是一株野草。我一定要开出美丽的花朵,让人们知道我是百合。"

(5)师:哦,明白了,百合这样努力、如此努力,是想向人们证明——我是百合。

师:百合就是百合,怎么还要证明呢?这难道不是明摆着的事情吗?

生:要证明,因为它长得跟杂草一模一样。

师:哦,原来,她有的只是跟杂草一模一样的外表,不同的只是她的内心。生齐读——"我是一株百合……"

师:如果百合内心没有这样的信念,你认为结果会一样吗?(指名回答)

师:是啊,只有有了这样坚定的信念,百合才能在生存环境如此恶劣的情况下深深地扎下根来。只有根扎得深,才能长出茂盛的叶,开出美丽的花啊!(板书:信念坚定)

(6)师:然而,扎下根来,这还只是迈出了实现她开花愿望的第一步,为了开花,她还得付出更大的努力。文中第二次写到百合努力的句子是哪一句?请你读——

在野草的鄙夷下,野百合努力地释放着自身的能量。

(1)怎样努力?——不懈地努力,你认为怎样叫作不懈地努力呢?(长期的努力、任何情况下都不松劲、都不停止努力)

(2)百合这样不懈地努力是在一种怎样的情况下进行的?是不是一直有人给她鼓劲?——不是,是在野草与蜂蝶的鄙夷下进行的。

师:这样的嘲弄和鄙夷在她开花之前一直没有停止过,百合的努力当然也一直不曾停止。现在,老师就是那嘲弄百合的野草、蜂蝶,同学们就是这株不懈努力的百合,让我们一起来演一演当时的情景。

师:现在,我是百合周围的野草,听听,我在说什么——哎哎哎(左手碰碰左边的课桌)! 哎哎哎(右手碰碰右边的课桌)! 你看看,你看看,这家伙明明是棵草,偏偏说自己是株花。

生:"不,我要开花,是因为知道自己有美丽的花;……"

师:"喂! 百合,你别做梦了,你就是真的会开花,在这荒郊野外,你还不是跟我们一样!"

生读——"我要开花,是因为知道自己有美丽的花;……"

师:现在,我是偶尔飞过的蜂蝶(做扇翅膀的动作),"哎呀,百合,你别犯傻了! 在这断崖边上,纵然开出世界上最美的花,也不会有人来欣赏啊!"

生读——"我要开花,是因为知道自己有美丽的花;……"

师:现在我就是那偶尔飞过的鸟雀(双手手掌、手腕做鸟飞的动作),"百合,你真是死脑筋! 在这断崖边上,纵然开出世界上最美的花,也不会有人来欣赏啊!"

生读——"我要开花,是因为知道自己有美丽的花;……"

(3)师:听着这一声声铿锵有力的话语,真让人怦然心动。这株断崖之上的百合,之所以能在一次次的嘲弄、打击面前,一直不曾有过丝毫动摇,那都是因为,她的愿望是如此迫切、如此强烈,这个愿望就是——我要开花! 就是这个执着的追求支撑着百合不懈地努力,最终实现了自己的梦想。(板书:追求执着)

(4)这株小小的百合终于开花了,"她那灵性的白和秀挺的风姿,成了断崖上最美丽的一景",此时此刻,这株百合应该满足了。然而,她停止努力了吗? 作者第三次写到她努力的句子是——

年年春天,野百合努力地开花、结籽。它的种子随着风,落在山谷和悬崖上,到处都开满洁白的野百合。

(1)这株百合如此努力地(板书:努力)开花、结籽儿,为的是——
生读:"要全心全意默默地开花,以花来证明自己的存在。"

(2)不光这一株百合,满山的百合花都谨记着。
生读:"要全心全意默默地开花,以花来证明自己的存在。"

(3)师:是啊,只有以花做证,才真正完成了自己作为一朵花的庄严使命。

(4)目睹这株小小的百合最终创造了这样的奇迹,你觉得,最为根本的原因是什么? 指名说。

（5）师指板书小结：这信念、这愿望、这追求，就是盛开在这株百合心中的最美丽的百合花呀！所以，断崖上的百合之所以创造出了奇迹，说到底是她内心先盛开了一朵百合花。因为，你向往什么，就追求什么；你追求什么，就会成为什么。

所以，我们从她"我是百合"这一信念的坚定中，看到了她——读课题：心田上的百合花开。

我们从她"我要开花"这一愿望的迫切中，感受到了她——读课题：心田上的百合花开。

我们从她"以花做证"这一追求的执着中，体会到了她——读课题：心田上的百合花开。

四、梳理写法，深化百合意蕴

（1）师：同学们，让我们回到文中，看看作者是怎样凸显坚定执着的百合花形象的？

（2）交流。

①通篇采用了拟人的手法，生动形象地写出了百合坚定的信念，执着的追求。

②通过其他小动物的言行，层层衬托百合执着追求而又淡泊处世的形象。（板书：处世淡泊）

③作者以"心田上的百合花开"为题，有何深意呢？

④交流：就是想通过断崖上这株百合的成功经历告诉我们，只有——我们自己的心田上盛开着这样一株坚韧、执着的百合，才能——实现自身价值，创造一个又一个奇迹，完成一个人的庄严使命。

⑤小结：今天，我们一起欣赏了一株开在断崖边上的百合花，相信经过大家的解读，这株百合花也一定开在了我们每个人的心田上。最后，送给大家一株百合花，祝愿你早日开出属于自己的成功的花朵。

五、作业

（1）积累文中清新优美的语言。

（2）阅读《林清玄散文》，感受作家的人生境界。

【教学点评】

品文之美　悟理之深

《心田上的百合花开》是台湾作家林清玄写的一篇富含哲理的散文，文质兼美，寓意无穷，蕴含深刻的哲理，引发读者奋进。作者笔下一株小小的百合,凭着对自己的信心和开花的信念,用执着和坚韧成就了自己的美丽和尊严。教者匠心独运,巧妙设计,将之演绎成一股涓涓细流,流进每个孩子的心田。整节课如行云流水,既引导学生品味文之美,又引领学生悟理之深。

一、深刻解读教材,精准把握目标

教师对教材解读深刻、全面,教学目标制定简练、精准,既有明确的过程与方法的提示,又有具体的情感态度价值观的要求,便于学生有"法"可依、有章可循。

二、精心设计过程,活跃学生思维

教者精心建构课堂,以作者林清玄的成长故事引入,让一波三折的故事情节引发学生迫切探究的欲望,然后紧抓关键词句,引导学生感知百合形象,体悟百合精神。在感悟百合形象部分,在学生充分阅读并交流后,教师抓住三句话,引导学生反复朗读、质疑、交流、体会,品味字里行间传达出的情意,把"顽强、自信、坚韧、执着"的百合形象深植于读者心间,引起读者共鸣。体会百合精神这一环节,老师引导学生用快速浏览的方式,找出描写百合为开花而努力的三个句子,然后围绕"努力"引发学生思考、品读,在层层深入的一遍遍追问中,从抽丝剥茧般的一次次的交流中,学生的思维不断碰撞,向更深处漫溯,不由地深深体会到百合花能开花,源于她执着的信念,源于她的坚持不懈。

三、匠心营造意境,品悟文美理深

文章语言清新,一唱三叹,适合引导学生朗读。于是,教者创设了浓厚的朗读氛围,在学生存疑时引读,在学生情动时引读,在学生悟理时引读……在一遍一遍的引读中,学生的情感不断被激发,阅读由"欣赏"自然地过渡到"心赏",这是读的超越和升华。"竹径通幽处,禅房花木深。"这样的阅读,这样的思考,读到了文章的深处,又从文章里读出了哲理,读出了自我,为学生营造了温暖的精神家园,确确实实在每个孩子心中种下了一株纯洁的百合,在他们心中播下了自信、坚韧的种子。

有人说,读一篇美文,能给人以心灵的震撼;赏一堂好课,亦能给人以灵魂的洗礼。石老师的这节《心灵上的百合花开》则让我们二者兼得。整节课,我们与孩子们一起,涵泳文章清新扑面的语言,品味文字背后蕴含的深刻哲理,真正体会到了文美而理深。

❋《蓝蓝的威尼斯》教学设计
——选自校本教材《地域与文化》

武平县实验小学　潘娟梅

【教学目标】

了解威尼斯奇特、瑰丽的风光和文化艺术,感受威尼斯的美。

把握课文内容,体会文章移步换景的写景方法。

品味威尼斯蓝蓝的韵味,学会感受景物的内在特征。

【教学重难点】

感受景物的外在美和内在美。

进一步体会移步换景的写景方法。

【教学过程】

一、复习导入

(1)孩子们,通过第七单元的第一篇课文的学习,我们感悟到了马克·吐温笔下威尼斯的动、静之美。谁来说说你眼中的威尼斯是怎样的?

(2)播放威尼斯风光图片,师补充介绍威尼斯。

(3)威尼斯还美在何处呢?今天就让我们跟着作家马信德,再次走进威尼斯。

二、漫游威尼斯

(1)下面请同学们快速浏览课文,画出表现作者行踪的词或句子,完成下面的行程安排:

各位游客,大家好!我们已经完成了第一天的旅程,下面我想把明天的行程向大家作个介绍:

从罗马乘道格拉斯 G 型客机一小时后将抵达令人向往的威尼斯,然后我们将登上汽船,泛舟在大运河上,就像参观欧洲建筑艺术博览会。汽船穿过一座座桥梁,1592 年建成的李亚度桥特别引人注目。继续前行,到达了目的地体育馆,它在圣马可广场附近。排球比赛结束后,我们将去参观威尼斯最著名的古迹圣马可广场和圣马可教堂。

(2)小结:作者的立足点和观察点在不断变化,他所写的景物也在不断变化。走到哪儿,写到哪儿,这种写法叫"移步换景"。

(3)从作者的行踪中,你知道文章向我们展示了威尼斯的哪几个方面的美丽风光吗?请用简洁的语言概括。(水都美　建筑美　秋色美)

（4）现在，请同学们展开想象的翅膀，跟随作者的脚步，去领略威尼斯的美。

①此时此刻，我们坐着飞机，来到了威尼斯的上空，从舷窗往外看，你看到了什么？

②夜幕降临，威尼斯仿佛向我们打开了它的百宝箱。你在夜色中，又看到了怎样的景象？

③此时此刻，我们坐在汽船上，你看到了怎样的两岸风光？

④我们来到了圣马可广场，你知道它为什么被拿破仑称为世界上最美的广场吗？

⑤最后，让我们看一看深秋时节的威尼斯吧。

三、品味威尼斯

（1）同学们，威尼斯是一个充满魅力，有着独特的瑰丽形象的城市，它是世界闻名的水上城市。那这篇文章的题目为什么不是《水城威尼斯》《瑰丽的威尼斯》而是《蓝蓝的威尼斯》呢？

（2）没错，威尼斯的魅力集中体现在"蓝蓝"上面。现在，请同学们默读课文，思考：文中是怎样表现"蓝蓝"的？找出相关句子或段落。

①天，是蓝的；地，也是蓝的。水天连接的远处，耸立着几处高楼和尖顶教堂，仿佛在蓝色的盆景里点缀着一簇簇的村落……

蓝色是威尼斯的主色调，作者把威尼斯比作"蓝色的盆景"，而威尼斯的建筑则是"蓝色的盆景里点缀着"的一簇簇村落，生动形象地描绘出威尼斯给人的整体印象——一个蓝色的世界。

②蓝色是美丽、和谐、幸福的象征，蓝色还象征着威尼斯人宁静、悠闲、美满、和谐的生活。

③小结："蓝蓝"一词不仅突出了威尼斯的色彩，而且写出了作者俯视威尼斯的总体印象，是一种自然色彩（表层含义）；同时也是一种人生色彩，它是和平、宁静和友谊的象征（深层含义）。

（3）美的威尼斯需要美的语言来描绘，请你展开想象的翅膀，根据以下句子，描绘出三幅美的画面来。

①仿佛在蓝色的盆景里点缀着一簇簇的村落——

②就像一串颗颗珍珠连缀起来的瑰宝。

③像进了水晶宫一样——

四、走出威尼斯

(1)练笔。

威尼斯因蓝而独特,其实每个地方也都有自己的独特之处,也正因为这种独特才能吸引游人的目光,让游人驻足鉴赏。请根据你对某一地方的了解,用颜色来概括其独特之处,然后用100字作简单介绍。

例如:蓝蓝的威尼斯、红红的北京、洁白的哈尔滨、绿绿的梁野山……

(2)延伸拓展。

(3)认真观察我们的校园,想想什么颜色是我们学校的主色调,然后以:"(颜色)的学校"为题,写一篇充满颜色美的文章。

五、板书设计

	秋色美	天　蓝
蓝蓝的威尼斯	水都美	地　蓝
	建筑美	城市蓝

【教学点评】

教师学识的广度、厚度、深度决定着把学生托起的高度,有了对文本的深入解读,有了厚实的底蕴,语文课可以很轻松,可以很享受。潘老师执教的《蓝蓝的威尼斯》一课,给了我这样的感受。

一、一课一得,让课堂满溢着语文的芬芳

潘老师牢牢扣住一个要点、一个主问题来设计教学。整堂课的教学,围绕着"威尼斯美在何处?"这一主问题,通过配乐播放图片、想象画面、创设情境等形式,让学生与文本充分对话。这既让学生在朗读、品味中感受语言、体会情感,获得了美的感受,又让语文味在教室里尽情四溢,尽情芬芳。

二、前勾后连,让课堂涌动着生命的活力

在学习了第七单元第一篇课文——《威尼斯的小艇》后引入这样一篇美文,既是对前面学习的小结,又是对教材的拓展延伸。值得一提的是,潘老师找到了激活语文课堂的源头。她在课程与生活之间架设起一座桥梁:在引导学生对威尼斯之美有了充分的情感体验的基础上,潘老师安排了写的训练——认真观察我们的校园,想想什么颜色是我们学校的主色调,然后以"(颜色)的学校"为题,写一篇充满颜色美的文章。这样的训练,把学生迁移到自己的生活,把课堂变成学生探索现实生活的窗口。这是植根于生活并为生活服务的教学,具有深厚的生命力。

二、数学学科教学设计

❋ "简单的排列与组合"教学设计

武平县实验小学　练慧梅

【学情分析】

二年级学生具有简单的分析、判断、推理能力,但合作意识不强,胆子也较小,思考问题不够全面,有序性不强。排列与组合问题在学习、生活中经常遇到,对学生来说并不陌生,本节内容教学时启发学生通过操作、观察、归纳以及合作交流,从而掌握搭配的方法

【教学目标】

(1)猜测操作等活动,找最简单事物的排列数。

(2)在探索简单事物排列规律的过程中,初步培养学生有顺序地、全面地思考问题的意识。

(3)学习过程中,感受数学与生活的紧密联系,在数学活动中养成与人合作的良好习惯。

【教学重点】

自主探究掌握排列巧妙搭配的方法并用所学知识解决实际生活的问题。

【教学难点】

怎样排列不重复、不遗漏;理解简单事物搭配中的有序、无序的不同。

【教具准备】

数字卡片,1角、5角、1元的硬币,水果图片等。

【教学过程】

一、情景创设

师:老师听说咱班的同学特别喜欢学数学,今天老师就带大家到数学广角去逛一逛。(课件出示)

师:可是,大门被一把密码锁锁住了。小朋友们,你们有信心解开吗?

师:哎呀,大门上的星星钥匙怎么落到地上了?咱们帮忙安装上吧!注意,这门上的两颗星星颜色可不一样哟!

师:怎样装呢?

师:我们装上试试(红、黄,门没有反应)

师：是黄、红吗？（引导学生说出"一定是"）还有别的摆法吗？

师：我们来交换位置！

师：你们真聪明，大门打开了！

二、探究新知

（一）启发提问

师：可是刚才的密码锁太简单啦，还有一个超级密码锁呢！狮子大王提醒我们：密码是由1、2、3其中的两个数组成的两位数，每个两位数的十位和个位上的数字不一样。你认为密码会是多少呢？

生随机说。

师：这可有点难度了，你先猜猜可能是几？（12、23、33等）

师：大家这样回答问题，你有什么感觉？

这样回答很乱，容易遗漏和重复。怎么把组成的两位数的情况不重不漏地全部找出来呢？请你们小组合作，用数字卡片摆一摆。

（课件出示）要求：利用手中的三张数字卡片，同桌两人合作，一人摆数，一人把数写在练习纸上，最后数出一共摆了几个两位数。比一比哪个组写得最全。

师：谁愿意起来说说你们摆出了几个两位数？摆了哪几个两位数？

（二）汇报总结

同桌两人汇报记录的结果，师找具有代表性的写法，在展示台上出示，如有学生遗漏的，帮助补上。

（1）有顺序地从这3个数字中选择2个数字，组成两位数，再把位置交换，又组成另外一个两位数：12、21、23、32、13、31。

（2）先确定十位，再将个位变动：12、13、21、23、31、32。

（3）先确定个位，再将十位变动：21、31、12、32、13、23。

有顺序的写法可以请学生多说几遍："谁听懂了他们的想法？请其他同学再来说一说？"（表扬回答精彩的学生。）

师：看了这么多方法，你觉得哪种写法好一些，为什么？（有规律）

师小结：这种办法有规律，不会重复，不会遗漏。

（全班同学交流，注意突破：在组成两位数时有数字重复或者遗漏这一难点。）

师：超级密码现在有六种可能，到底是那个呢？狮子大王又给了我们新的提示：十位和个位相加是5（将答案缩小范围到32和23）。师提醒排列的顺序也很重要（板书：有序），并且个位比十位小。揭晓答案：32。

如果老师换几个数字 0、2、3，你能组成几个不同的两位数呢？

师：你们真是细心的孩子，恭喜大家成为密码破解达人！

三、灵活运用，解决问题

师：恭喜你们，闯关成功，门打开了，里面有什么呢？（课件出示任务）

（1）从下面 3 枚硬币中取硬币，一共可以取出多少种不同的币值？（一角、五角、一元）

思考：

①有几种币值？每个硬币的币值是多少？

②可以怎样搭配？怎样搭配才能做到不重复不遗漏？

③你打算用什么方法记录更简单明了？（引导学生用列表法）

表 3-4　列表法计算

种数	取几个硬币	币值
1	1	1 角
2	1	5 角
3	1	1 元
4	2	6 角
5	2	1 元 1 角
6	2	1 元 5 角
7	3	1 元 6 角

（2）做一个运动达人，开动脑筋想一想：

在四项运动中，任意选取两项，一共有多少种不同的选法？

（3）水果拼盘，在四种任选三种水果拼盘，有几种拼法？（学生用摆一摆的方法）

（4）客家小吃有很多，在五种中任选两种小吃，你有几种搭配方法？

四、归纳总结，拓展延伸

师小结：同学们真聪明，这么快就掌握了有序搭配与组合的方法了，能做到不遗漏、不重复！我们今天学习的搭配知识不仅仅是数字，我们在日常生活中也要学会有顺序地、全面地思考问题，你们能到做吗？只要你们细心观察，就能发现更多有趣的数学问题。掌握了这些知识，我们就可以把生活装点得更加美丽！

【教学点评】

本节课教师能落实"学生为主体，教师为主导"的新课程理念，基于孩子的年龄特点和认知规律,进行了学习内容的整合,创新教材,回归生活。教师把武平本土文化融入教学,精心设计各个环节,出示了一个又一个既有情趣又包含数学素材的情境,如:解密码锁—解超级密码锁—取硬币—选运动项目—水果拼盘—武平小吃的搭配。由于排列与组合问题是一个比较容易混乱的问题,在整个知识的获取中,老师不仅做到了让学生自己动手、动口去获取,还能时刻注意教给学生解决问题的方法。整节课条理清楚,由易到难,层次分明,重视操作,渗透了整合思想,让学生能够在轻松、愉快的氛围中感受排列与组合,学生学得主动有趣,充分诠释了"丰·彩教育"课程"三位一体、多维互动"的课程开发体系的理念,回归了教育的本真。

❋创造性选择素材 放飞学生的思维
——《用连乘方法解决生活中的问题》教学案例

武平县实验小学 王田英

【教学内容】

解决一共丢弃多少个塑料袋的问题。

【教学目标】

(1)学生经历从实际生活中发现问题、提出问题、解决问题的过程,学习用两步计算的方法解决问题。

(2)通过学生合作、交流,寻找解决问题的不同方法。

(3)学生感受数学在日常生活中的作用,初步形成综合运用数学知识解决问题的能力。

(4)培养学生从多角度观察问题的能力。

【教学重点】

初步形成综合运用数学知识解决问题的能力。

【教学难点】

从不同角度分析信息、寻找方法、解决问题,逐步提高解决问题的能力。

【教学过程】

师:课前同学们对每班丢弃塑料袋的个数做了调查,谁来汇报一下守正楼每个班每天大约丢弃多少个塑料袋?

生:10个、11个、9个、10个、10个……

师:我们可以说10个左右,如果一个班级每天丢弃10个塑料袋,那么我们整座守正楼每天一共丢弃多少个塑料袋呢？瞧,这就是我们的守正楼(出示教学楼的模型),请同学们仔细观察,你得到了哪些信息？

生1:我知道了我们的教学楼有5层。

生2:我看到二楼有4个班级。

师:那你说一楼、三楼、四楼和五楼会有几个班级呢？

生2:也是4个。

师:我们可以怎么说？

生3:每层都有4个班级。

师:现在你有办法解决刚才的问题了吗？请大家先独立观察思考,如果遇到困难可以和小组内的伙伴或者老师交流,开始吧！

师:哪个小组愿意展示你们的方法,并给大家分析分析？

生1:我发现这道题中间藏了一个问题。

师:哦,藏了什么问题,你说。

生1:中间藏了一共有几个班级,所以要先算一共有几个班级,我们组的列式是 $5×4×10＝200$(个),$5×4$ 就是一共有几个班级,再乘 10 就是每天一共丢弃多少个塑料袋？

师:哪个小组的方法与他们相同？你们又是怎样想的？

生2:我们的算式是 $4×5×10＝200$(个),意思和他们一样,也是先求一共有几个班级,再求每天一共丢弃几个塑料袋？

师:你们明白他们的意思了吗？看来他们表达得非常清楚,接下来汇报的同学也该像他们那样组织好自己的语言,让大家一听就明白,好吗？

生3:我们小组认为也可以这样列式:$10×4×5＝200$(个),先算出一层每天丢弃几个塑料袋,再算5层每天一共丢弃几个塑料袋。

师:你能用图表示吗？

生4:我们还有一种方法,算式是 $10×5×4＝200$(个)。

师:能说说你们是怎样理解的吗？

生4:我们小组有人觉得对,有人觉得不对。计算出的结果也是 200 个。

师:看来这个小组给我们全班抛出了一个问题,你们认为这种方法可不可以呢？大家一起来看看,讨论讨论。

生1:我认为这种方法计算出的结果虽然一样,但算式是没道理的。

生2:我也觉得是错的。10 指的是每个班级每天丢弃的塑料袋个数,而 5 是教学楼有 5 层,10 乘 5 是什么意思呢？

生3:我认为是对的。10 乘 5 可以说如果每层楼只有 1 个班级,5 层一共丢弃多少个塑料袋,再乘 4 就是说现在有 4 个班级,一共丢弃多少个塑料袋。

师:谁听懂了他的话?(许多学生摇头)

生 3:就是先把每层楼看作只有 1 个班级,再算出每层 4 个班级,每天一共丢弃几个塑料袋啊。

生 4:我听懂了,他的意思是说把我们的教学楼竖下来看,这样每一竖有 5 个班级,10×5 就是这一竖每天丢弃几个塑料袋,然后有这样的 4 竖,乘 4 就是整座教学楼每天一共丢弃多少个塑料袋了。

师:这下你们听明白了吗?

生:听明白了!

师:我们班爱思考的同学可真多,而且一个个都像个小小辩论家似的,说得人心服口服。从刚才解决问题的过程来看,同一个问题可以从不同的角度去观察、思考、分析,从而解决问题。我们刚才解决这个问题的方法,都有什么共同点?

生 1:我们都是用乘法来解决问题的。

生 2:刚才的算式都是连乘两次。

师:这就是我们今天学习的知识——用连乘方法解决生活中的问题。看到我们刚才调查和计算出的数据,你有什么想法?

生 1:我们教学楼每天都丢弃 200 个塑料袋,太多了!

生 2:我们丢弃的塑料袋这么多,会给环境造成严重的污染,我们小学生应该保护环境,而不是污染环境。

师:你们知道丢弃塑料袋会污染环境,那么你们认为我们可以改变这种状况吗?

生 3:是可以改变的。因为我发觉很多塑料袋都是同学们吃早餐时扔掉的,只要我们以后不要在外面吃早餐就不会有这么多塑料袋了。

生 4:我们最好是在家吃早餐,又卫生,又可以保护环境。

生 5:少用塑料袋,减少污染。

师:同学们说得真好!保护环境是每个人的责任。现在我们的校园更漂亮了,地板更干净了。我们应该从身边的一点一滴做起,少用塑料袋,不乱扔纸屑,让我们一起行动起来,保护我们的家园!

【教学点评】

本课的教学,王老师遵循"丰·彩教育"特色课程中个性化和多样化相结合的原则,把握好学校课程理念与国家课程标准的关系,本着数学知识

源于生活的思想,以数学与生活的密切联系为出发点,以关注学生的发展为主导思想进行设计。本课有以下两点成功之处:

一、创造性地选择素材,让学生感受身边的数学

现代课程论认为,在教学过程中,教师不应只是被动地按照教材的内容进行教学。教师的工作是一个创造性的工作,教材只是教师进行教学的重要依据。在教学过程中,教师把握好课程内容资源开发与育人为本的关系,坚持育人为本,坚持"物服务人"的原则,有效把握课程内容与资源,贴近学生、贴近生活,灵活地、创造性地运用教材。这节课针对每班丢弃塑料袋个数问题,老师让学生课前作了充分的调查,直接用他们的调查结果,再配以他们再熟悉不过的教学楼作为教学素材,将课堂内外紧密结合,使教学内容更具有真实性,更让学生充分感受到数学从生活中来,生活中处处有数学,更能激发学生学习数学的兴趣。

二、加强小组合作学习,让每个孩子拥有自己的精彩

合作是人类相互作用的基本形式之一。小组合作学习是对班级教学形式的补充和改进。它的实质不仅是要解决班级教学条件下学生两级分化的问题,或教师与学生、学生与学生之间互动机会少的问题,更是立足于现代教学的高度,为学生的全面发展创造适宜的环境和条件。本课在新课中,引导学生进行充分的合作与交流,采用小组活动的形式,以充分发挥小组合作学习的作用,强化学生群体之间的互动,让小组成员通过讨论来提出、发现并解决问题,然后再汇总各组的信息,沟通他们所学的知识,让大家共同分享他们的学习成果,让每个孩子拥有不一样的精彩。例如,在课堂上,当有个小组提出 $10 \times 5 \times 4 = 200$ 这种解决方法在自己小组内产生争议时,老师没有马上表明态度,而是把问题抛给了全班学生,让学生们充分发表自己的见解,最后,那个孩子精彩的分析讲解终于使大家明白了,达成了一致意见。在这个过程中,学生的主体地位得到体现,他们的合作、交流、倾听及自主学习的能力都得到了培养。每个孩子也拥有了属于自己的精彩。

三、综合学科教学设计

※《奇妙的指纹》

武平县实验小学　邱冬英

【活动目的】

(1)通过观察自己和他人的指纹图像,让学生认识指纹的独特性。

(2)培养学生的观察能力和动手实践能力,通过对自己指纹的观察,学会发现和提出问题。

(3)通过观察、研究和实验,培养学生乐于合作、实事求是的态度。

【活动重点】

认识每个人的指纹具有独特性。

【活动难点】

培养学生的综合实践能力。

【活动背景】

二年级的学生在平时的日常生活中,对指纹缺乏仔细的观察,对指纹的类型也知道得很模糊。为了使学生在课堂上通过亲身体验和研究来增强学生的观察能力、分析能力、与人交往的能力,通过亲自观察、比较分析来增强学生的学习兴趣,帮助学生进一步了解指纹的特点和用途。

【活动过程】

一、激趣导入

(1)(掏出手机)孩子们,老师手上的是什么呀?是的,这是我的手机,我把手机设置了指纹锁,谁能帮我解锁呢?请你来试试,解不开吧!你也来试试,你也想试试,谢谢你们,你们能把我的手机解开吗?这就是指纹的奇妙,想知道吗?

(2)这节综合实践课,我们就一起来探究奇妙的指纹,相信上完这节课,你就知道为什么你打不开邱老师的手机了。

二、初步观察指纹

你知道指纹长在哪里吗?伸出手指来找一找。(是呀,我们的指纹在手指的第一节上)——它是由什么组成的呢?请大家伸出手指一起来观察指纹(一条条的细纹组成)。

三、拓印指纹

（1）同学们刚才观察得很仔细。由于直接看指纹比较模糊,怎样才能清晰地看到指纹? 谁来帮大家解决这个问题? 请你!

（2）同学们说的方法都很好,太棒了! 我们怎样才能把指纹取下来呢? 今天老师教你一招,叫拓印指纹(太好了,这种方法叫拓印指纹)。

（3）看,这个盒子里装的是印泥,每张桌子都有印泥。(注意手不动,眼睛看老师)我们可以借助印泥,把手指按在印泥上,然后摁在 A4 纸上,这样指纹就能清晰地展现在我们的眼前了,想试试吗?

（4）请你伸出右手的食指,用右手的食指按在印泥上,然后拓印在 A4 纸上,只拓印一次,明白了吗? 拓印好的马上举手,比比哪组拓印得最快。

（5）孩子们的速度真快,都拓印好了。那我们小组内观察一下,你拓印的指纹跟其他同学们的一样吗? 哪儿不一样呢? (大小、深浅、清晰、模糊等)

（6）小组内继续讨论一下:为什么会拓印得不一样? 怎样才能拓印出清晰的指纹呢? (力度、深浅、沾的印泥多少、手指是否移动等)

（7）孩子说得真好。老师根据你们刚才的交流,总结一些温馨提示。看,想要拓印出清晰的指纹必须做到:①手指轻轻沾印泥;②手指轻轻按在纸上;③手指不能移动,按下去马上抬起来;④拓印完之后用纸巾擦干手指。明白了吗?

（8）那我们根据温馨提示再来拓印一次指纹好吗? 我们还是拓印右手食指的指纹,开始吧!

（9）请你说说,你这次拓印的指纹比第一次拓印的指纹有更好吗? 好在哪儿? 说明方法很重要哟!

四、指纹图案的分类

（1）孩子们,我们一起来看看大屏幕。——你觉得这种指纹长得像什么? 有补充的吗? 像这种纹线是一边开口的,向左偏或向右偏,看起来像晒东西的簸箕,这种图案的纹形,我们就叫它簸形纹。孩子们,仔细观察一下你拓印出来的指纹,跟这个图案一样的请举手,很好,你们的指纹就叫簸形纹。——这种中间是圆的,一圈圈的螺旋纹线,看上去像水中的漩涡,这种图案的纹形,我们就叫他斗形纹。孩子们,再仔细观察一下你拓印出来的指纹,跟这个图案一样的请举手,很好,你们的指纹就叫斗形纹——这种拱起来像弓一样,我们把这种纹形叫弓形纹。孩子们,再仔细观察一下你拓印出来的指纹,跟这个图案一样的请举手,很好,你们的指纹就叫弓形

纹。(板书)(箕形纹　斗形纹　弓形纹)

(2)我们的指纹根据图案大致可以分成这三类。

五、探索每个人的指纹是不一样的

(1)那能不能找到两个一模一样的指纹呢?同学们猜一猜——看来同学们都能大胆地猜,科学家的很多科学成果都是建立在猜的基础上的,如牛顿的万有引力定律就是他发现苹果从树上掉下来,猜测地球有吸引力,然后通过不断的实验、论证,最终证明地球的万有引力。

(2)既然我们猜了,就要去证明我们的猜想,利用我们刚刚采集的指纹,把所有的指纹都放到桌上,小组里观察和对比,找找有没有一模一样的指纹,开始。

(3)同学们,你们通过观察、对比后,找到一模一样的指纹了吗?是的,确实找不到一模一样的指纹。由于人的遗传特性,虽然指纹人人皆有,但各不相同。所以,你能解开邱老师手机的指纹锁吗?

六、指纹在生活中的作用

因为指纹是独一无二的,所以,在生活中人们把指纹当作图章,印在公文上,警察借助指纹破案,还有指纹考勤机、打卡机、指纹锁等,由此可见指纹的作用还是很大的。

七、发现自己的指纹不一样

(1)通过刚才的探究,我们知道了每个人的指纹是不一样的。那我们都有十个指纹,我们自己的这十个指纹是不是都一样呢?想不想知道?

(2)我们刚才拓印了一个右手食指,接下来我们把剩余的指纹利用前面的方法也拓印在A4纸上。开始吧!

(3)请同学们仔细观察,你的十个手指的指纹是一样的吗?小组讨论。

(4)小组汇报观察结果——哪个小组来说一说你们观察的结果?请你们汇报——有一样的(请你告诉大家哪些指纹是一样的,展示,其他同学有补充的吗?);——不一样的(请你告诉大家为什么不一样,观察得很认真)。

(5)是呀,我们通过观察自己的指纹,发现即使是自己的指纹也是不一样的。

八、用指纹作画

(1)瞧,我们的指纹有多奇妙呀,还有更奇妙的呢!请欣赏指纹画。这些画主要是借助什么画出来的?(指纹)你想不想也用指纹来作一幅画?

(2)小组讨论:你们想画什么?怎么画?

(3)交流。

(4)作画。

九、小结

这节课我们探究了指纹,收获很大,但时间有限,对于指纹还有很多问题值得我们去探究,希望同学们利用课余时间继续探究指纹。

十、板书

奇妙的指纹

簸形纹　斗形纹　弓形纹

图案一样　纹路不一样

【教学点评】

《奇妙的指纹》是邱冬英老师在省教改示范校的研究项目"校本课程开发与创新育人模式的研究"阶段成果展示中综合实践活动公开课的教学设计。学校的"丰・彩教育"以学生为本,以追求"让每个孩子拥有自己的精彩"为最终目的。在整个教学设计过程中,邱老师能根据二年级孩子的年龄特点来挖掘课程资源,贴近孩子的生活。

在生活中探索。陶行知说:生活即教育。《奇妙的指纹》的课程开发来源于生活,指纹人人都有,但容易被我们忽视,什么是指纹?用什么方法才能清楚地观察到指纹呢?指纹可以分成几类?所有的指纹都一样吗?指纹在生活中有什么作用?这些都可让孩子们在生活中探索。

在合作中探索。根据不同学生的特点、特长、爱好来开发课程,使孩子的个性在课程开发中得到张扬。《奇妙的指纹》一课中,孩子们在合作中不断地发现,不断地掌握学习的方法,让不同的孩子有不同的精彩。

❀《学会与父母沟通》教学设计

武平县实验小学　李立香

【设计理念】

《中小学心理健康教育指导纲要(2012年修订)》强调:心理健康教育的具体目标是:使学生学会学习和生活,正确认识自我,提高自主自助和自我教育的能力。而小学高年级心理健康教育的内容包括:通过人际交往和社会适应能力训练,学会和父母、老师沟通,学会尊重父母、尊重老师。因此,我们要引导学生和自己最亲近的父母开始沟通,从而培养学生的人际交往能力。

小学六年级,学生正处在青春期发育初期,内心逐渐产生了一种要自己支配生活和学习的欲望,而父母则希望在各方面指导自己的孩子,所以学生逐渐产生了较明显的逆反心理,易与父母发生误解、矛盾甚至冲突,导致双方关系疏远或紧张;若不加以及时、妥善的引导解决,将不利于他们的成长。因此,设计此课,希望通过学生相互间的讨论和学习,找到影响和父母沟通的因素,探寻和父母沟通的技巧,学会理解、尊重父母,让学生学会换位思考,体会父母的爱子心情,用温和、委婉的语气表明自己的想法,恰当地处理与父母的关系。

【教学目标】

(1)了解影响与父母沟通的原因,掌握与父母沟通的方法、技巧。

(2)学会克服自己的"逆反心理",提高自己与父母平等沟通的能力。

(3)在活动体验中明白有效沟通的重要性。

(4)掌握一些有效沟通的技巧,提高学生的人际交往能力。

(5)正确认识父母对自己的关爱和教育,理解父母,尊重父母,积极主动地与父母沟通。

【教学方法】

讨论法　绘画疏导　小组分享法　游戏体验法　问卷调查法　案例分析法

【教学重难点】

重点:搭建心灵沟通的桥梁;

难点:影响与父母沟通的原因。

【教学对象】

小学六年级学生。

【教学准备】

一、学生准备

(1)收集整理自己与父母交往中成功的做法或遇到的问题,准备在课堂上与同学们交流。

(2)做好课前预习单。

二、教师准备

课件、A4 纸每生 3 张、歌曲《让爱天天住我家》、打印好课前预习单和作业单、录制好视频。

【教学过程】

一、暖身活动,明沟通之要

(一)暖身活动——撕纸游戏

游戏步骤:

(1)全体学生分别坐在自己的位置上。

(2)教师给每位学生发一张 A4 纸。

(3)教师发出游戏指令:

①请大家闭上眼睛。

②游戏的全过程不许提问题。

③按照教师口中叙述的动作进行操作。

首先,把纸对折——第二次对折——第三次对折——然后把右上角撕下来——把纸转 180°,再把左上角也撕下来——请大家睁开眼睛,把纸打开。

(4)请每一位同学在全班展示自己撕的纸。(会出现不同的图案)

(5)教师给每位学生再发一张 A4 纸。

(6)教师重复相同的指令,再做一遍上次的游戏。唯一不同的是,这次学生睁开眼睛并且可以提出问题。

(7)请每一位同学在全班展示自己撕的纸,相互交流游戏经验。

相关讨论:

(1)第一次游戏,大家接受的指令是一样的,为什么会有这么多不同的结果?

(2)完成第二次游戏之后的结果又是怎样的? 交流在游戏中起到了什么作用?

(3)相同的游戏,为什么两次的结果会有如此大的差别呢?

(4)通过这个游戏,你有什么样的感悟?

(二)游戏小结,揭示课题

在第一次游戏中,只有老师在说你们在做,结果出现了各种各样的图案;在第二次游戏中,同学们有疑问就问,结果撕出了差不多的图案。在我们与父母的交往中,也会有这样的现象发生。如果我们想要和父母之间达成一致的想法与看法,这就需要学会和父母沟通。(板书:学会与父母沟通)

(设计意图:通过暖身活动,一是调动学生的学习积极性,激发学生的学习兴趣;二是通过撕纸游戏,让学生明白许多问题都是由于沟通不当或缺少沟通而导致误传或误解,从而影响人际关系的,通过游戏让学生体会沟通的重要性。)

二、探根寻源,架沟通桥梁

活动一:亲情体验,忆幸福时光

教师用多媒体播放歌曲《让爱天天住我家》,让学生观看小红之前的四幅照片:

第一幅:小红周岁时生日派对上的喜庆场面;
第二幅:小红依偎在妈妈怀抱里撒娇;
第三幅:小红愉快地同父母一起郊游;
第四幅:小红认真倾听父母的教诲。

师:欣赏了歌曲,观看了照片,同学们心里有什么感受?

(设计意图:从亲情体验中,让学生感受到父母的爱,明白小红与父母的沟通曾经也是和谐的、美好的。)

活动二:绘画疏导,现沟通场景

师:小红拥有一个幸福和睦而又令人羡慕的家庭。正是这个家,让她感受到了无比的温暖。家是我们成长的摇篮,家是我们栖息的港湾,父母是我们最亲最爱的人,我们要孝敬父母,爱父母。听着音乐,闭起眼睛想想,此时此刻,你和你家人们相处的图片是怎样的,请你画下来。

用最简单的方式快速画一画你和你的家人。

(1)请画出你家庭的每一个人,正在做某件事或从事某个活动;
(2)人要画得完整。

小组分享:你和你的家人们都在做什么? 你的心情怎样?

要求彼此尊重,不能讥讽、嘲笑别人,真诚分享。组内自由分享,也可以不分享。

全班分享:自愿将自己的绘画与全班分享。

(设计意图:作为游戏的一种,学生通过绘画表达自己的意思,可以帮助其更形象直观地找到与父母沟通的问题所在。)

活动三:心语对比,寻问题根源

和你们一样,升入六年级以后的小红感到自己不再像以前那样能与父母融洽相处了,父母对她的言行看不惯,她对父母的管教听不进。为此,她感到十分苦恼。她在日记里写道:不知道从什么时候起,我感觉父母越来越不喜欢我了。现在的他们,总是吹毛求疵地要求我应该这样做、不应该那样做,批评指责围绕着我,和他们分享我的开心事的时候总是被他们打断,总是说学习才是最重要的。现在的我越来越不想和他们说话了,我甚至有了离家出走的想法,想远远地离开他们。

小红是如此心烦,她爸妈也是挺伤心的,他们和老师说:(播放视频)"小红是我们的独生女,我们夫妻俩对她的关爱是无微不至的,真的是那种'捧在手上怕摔了,含在嘴里怕化了'的那种爱。可是随着女儿年龄的增长,她越来越不听话了,越来越不爱和我们说话了。有的时候听她讲她和她同学的事,我们都很担心她学坏,引导她该怎么做,她总是一副不屑一顾的样子。以前听话乖巧的女儿不见了!看着她这样子,我们感觉我们所有的努力都白费了!老师,您说我们该怎么办?"

师:小红为什么感到苦恼呢?你怎样看待这一现象?

师:小红的爸爸妈妈又为什么感到伤心呢?你怎么看待这一现象呢?

师:小红之所以感到苦恼,爸妈会感到伤心,是因为他们之间缺乏有效的交流与沟通。那么到底是哪些因素影响了小红与父母之间的交流与沟通呢?

(设计意图:让学生在小红与父母各自的表白中把沟通中经常遇到的问题提取出来,教师适时引导学生,使隐藏在问题背后的原因浮出水面。)

教师小结:是啊,同学们总结得非常好!社会在不断进步,小红和父母年少时相比,生活的时代不同,所以他们在学习方式、生活习惯、看待问题等方面都存在着大大小小的差异。另外,小红正处在青春期初期,逆反心强,什么事情都喜欢有自己的见解与做法,这也直接影响了她和父母的沟通。

师:谁都希望有一个和谐幸福的家,我们也都希望能和父母很好地沟通和交流。那么,到底怎样才能和父母很好地交流呢?

(设计意图:通过父母与子女相互的内心表白,可以达到角色互换、身临其境的效果,一方面让学生了解女儿所处的境况和内心真实的想法;另一方面也了解了父母内心的苦衷,从而引导学生认识到不同的身份和角色就会有不同的感受,对认识问题和分析问题的层次也会有新的提高。)

活动四:续编故事,呈多样沟通

一天下午,小红放学回家,发现自己抽屉里的日记本有动过的痕迹,可家里又没有外人来过……

师:小红可能会怎么做?请展开想象,续写故事。

师:在所续写的故事当中,哪一个最能代表自己的想法? 你认为这种做法正确吗? 请说说你的理由。

(设计意图:通过续编故事,让学生体会到不同的沟通方式会产生不一样的结果,进而深度思考:怎样的沟通才是最有效的,才是自己最想要的。)

活动五:实话实说,探沟通秘诀

师:在与父母的沟通中,最令你感到得意的是什么? 最令你后悔的一件事是什么? 你能从这件事当中吸取哪些教训?

(设计意图:组织学生讲述,让学生在讲述中体会要理解父母、尊敬父母、热爱父母,学会与父母进行有效的沟通。)

教师小结:刚才同学们也总结出了与父母沟通的好办法,最关键的一条就是理解体谅父母,遇到事情和父母主动交流,当和父母意见不一致时,学会控制自己的情绪,学会向父母表达你们的爱……瞧,专家也给了我们一些友情提示。

友情提示:专家支招——资料介绍

招式一:主动交流。每天找一点时间,比如饭前或饭后,和爸爸妈妈主动谈谈自己的学校、老师和朋友,高兴的事或不高兴的事,与家人一起分享你的喜怒哀乐。

招式二:创造机会。每周至少跟爸妈一起做一件事,如做饭、打球、逛街、看电视,边做事情、边交流。

招式三:认真倾听,善于体谅。当被父母批评或责骂时,不要着急反驳,试着平心静气地先听完父母的想法,说不定你会了解父母大发雷霆背后的理由。换个时间和地点,再与父母沟通,会有意想不到的效果。

招式四:控制情绪。与父母沟通不良时,不随意发脾气、顶嘴,避免不小心说出或做出伤害别人的事。想要动怒时,可以深呼吸、离开一会,或用凉水先洗把脸。

招式五:讨论问题,达成一致。学会遇事多与父母讨论,并就如何行动达成一致。

招式六:表达爱。很多时候一个拥抱,真诚地说一句我爱你,可以收到意想不到的效果。

(设计意图:通过学生的讨论分享,再到专家支招,让学生对如何更有效地和父母沟通又有了更深层次的理解。)

活动六:一展身手,施沟通本领

师:面对前面苦恼的小红,你能对她说些什么呢?

在同学们的帮助下,小红又像以前那样与父母融洽相处了。她能理解父母的"唠叨",能主动向父母汇报学习情况,倾诉心中的苦恼,父母也很尊重她的意见。小红说:"爸爸妈妈不仅是我的生身父母,更是我的知心朋友,我永远热爱他们,尊敬他们。"

师:小红重新与父母融洽相处的故事,对你有何启示?

(设计意图:组织学生交流,让学生在矛盾冲突当中做出正确的判断,目的在于帮助学生学会正确认识与父母之间的矛盾和冲突。这是一个认识问题。希望学生能从小红的故事中正确认识到自己的心理特点,学会理解父母的严格要求,并能积极主动地与父母进行有效的沟通。)

三、量身定制,行沟通之路

(1)在今后的生活中,我们难免还会与父母发生误会和矛盾。但有了今天的学习,我想大家都能更好地与父母沟通了。"谁言寸草心,报得三春晖"。有了对父母养育之恩的理解,有了对父母的尊重,同学们肯定能与父母一起共建一个和谐美满的家庭。接下来的时间,我们一起来制定自己的感恩计划,想想我们可以为父母做哪些事?给大家五分钟时间,大家在卡片上写下自己的感恩计划。

(2)感恩计划卡片内容:

①父母最希望我做出的改变是_____,通过努力,我能做到的是_____;我暂时不能做到的是_____。

②以后与父母发生冲突,你的反应是_____。

③我最想对父母说的话是_____。

④未来一周要为父母做的一件事是_____。

(3)通过本节课学习,我知道了_____,生活中我会这样做_____。

(设计意图:引导学生把宝贵的经验总结成沟通的技巧,使学生从理论上得到指导,提高沟通水平。在这一环节中,学生有种自豪感,因为他们的高招成了学习的经验。依据皮亚杰的认识发展教学原理,学生是主动的认同化成顺应的方式,由此,引导学生主动学习与探索,对与父母沟通的技巧及学习方式有了更深层次的理解。)

【教学点评】

本节课以"让每个孩子拥有自己的精彩"为理念,以坚持"立德树人"和践行"社会主义核心价值观"为目的,结合六年级学生的身心特点,选择当前形势下热点最高的亲子关系中亲子沟通问题作为教学内容,切合课程开发中的"培养怎样的人"的价值导向。在具体教学环节设计上,其突出时代性、生活化,实用性强。整节课中的活动、事例、材料的选择做到了求"实"、求"新",做到了教学内容"生活化",引导学生建立正确的思想观和道德观,真正学会和父母有效沟通。整个教学过程中的实例从学生中来,到学生中去,活动贴近生活、贴近学生、贴近实际,有说服力,充分诠释了"丰·彩教育"课程"三位一体、多维互动"的课程开发体系的理念,真正地引导学生学会学习、学会健康生活,培养他们的责任担当意识和与人交往交际的能力,让每个孩子都拥有属于自己的精彩。

❋孝亲敬老　从我做起
——《道德与修养》教案设计

武平县实验小学　童玉梅

【活动目标】

(1)了解中国传统的孝文化,继承和发扬中华民族孝亲敬老的优良传统。讨论"孝"的内涵,认识到孝敬父母、学会感恩是一个人最基本的素养。

(2)培养正确的道德意识和继承中华传统美德的意识,增强家庭和社会责任心。

(3)学会尊敬、关心、爱护、感恩,将尊亲敬老内化为自己真正发自内心的感悟,形成真切体会;在生活中养成尊亲敬老的行为习惯,时时表现"孝亲",处处实践"敬老"。

(4)通过各种活动形式培养资料收集能力、实践操作能力、沟通交流能力以及自我表达能力。

【活动方法】

自由组合成小组,通过各种途径搜集孝亲故事、相关名言警句或影视作品等,经过整理、筛选、探究,做好设计成果,为课堂展示做准备。

【活动内容】

(1)制订"孝亲敬老"活动方案。

(2)开展"孝亲敬老"活动,如制作宣传海报、制作手抄报、进行主题演讲、办黑板报等。

(3)写一篇文章,谈谈对"孝亲敬老"活动的感受与思考。

【活动重点】

成果汇报与展示。

【活动准备】

PPT课件、学生搜集汇总的资料。

【活动步骤】

一、开悟知恩，了解中华"孝"文化

(一)经典古籍说"孝"

(1)《诗经·小雅·蓼莪》："父兮生我，母兮鞠我。拊我畜我，长我育我。顾我复我，出入腹我。欲报之德，昊天罔极。"

意思是父母生我养我，拉扯我长大，呵护备至，我想好好报答，但上天无情，想要报答父母也没有机会了！

(2)《尔雅》下的定义是："善事父母为孝"。汉代贾谊的《新书》界定为"子爱利亲谓之孝"。东汉许慎在《说文解字》中的解释为："善事父母者，从老省、从子，子承老也"。

(3)孔子在《孝经》中说："夫孝，天之经也，地之义也，民之行也"；"人之行，莫大于孝"；"教民亲爱，莫善于孝"；"夫孝，德之本也"。

(二)古人尽"孝"故事

1.子路借米孝敬父母

子路，春秋末鲁国人。在孔子的弟子中以政事著称，尤其以勇敢闻名。但子路小的时候家里很穷，长年靠吃粗粮、野菜等度日。

有一次，年老的父母想吃米饭，可是家里一点米也没有，怎么办？子路想到要是翻过几道山到亲戚家借点米，不就可以满足父母的这点要求了吗？于是，小小的子路翻山越岭走了十几里路，从亲戚家背回了一小袋米，看到父母吃上了香喷喷的米饭，子路忘记了疲劳。邻居们都夸子路是一个勇敢孝顺的好孩子。

2.白居易尊老敬老

白居易一生都非常关心老百姓，尤其对老人特别关爱，就连写诗也不例外。据说，白居易每写完一首诗，总要先念给不识字的老婆婆听，如果老婆婆有听不懂的地方，他就修改，一直到老婆婆能够听懂为止。

白居易在各地担任刺史的时候，每到一个地方，总要找来当地德高望重的老人们，倾听他们的意见。如果听到有老人被子女虐待的事，他就特别生气，立即派人将老人的子女带到衙门里，合情合理地责备他们，让他们改正错误，直到子女们承认了错误并答应孝敬老人，才把他们放走。如果有贫困老人向他求助,白居易总是热心地接待他们,并尽心尽力地帮助他们。

为官一任,造福一方。白居易尊老敬老,关心老年人的疾苦,帮助老年人排忧解难,自然受到百姓的拥戴……

3.爱比血缘更美丽

王芹秀,女,13岁,福建省龙岩市武平县湘店乡七里村人。她个头不高,却用稚嫩的肩膀撑起一个家。她逼着自己坚强起来,养活有间歇性精神病的养父和80多岁的奶奶。上山打柴、照顾养父……她自己节俭,却厚待家人。她用爱阐释着超越血缘的亲情。

王芹秀与命运抗争的精神感动了无数颗善良的心,因尊老爱亲入选了"中国好人榜"(孝老爱亲类)。她的事迹在中央电视台新闻频道"寻找最美孝心少年"栏目播出,最终她被中央电视台评为十位"全国最美孝心少年"之一,成为我省唯一入选的少年,她还被评为"福建省第二届美德少年(尊老爱亲类)"。在中央电视台颁奖晚会现场,航天英雄杨利伟叔叔把"最美孝心少年"的奖杯颁发给了她。

王芹秀,一个13岁的小女孩,用稚嫩肩膀撑起一个家,用爱诠释超越血缘的亲情。

(三)"孝"的名言、古诗

哀哀父母,生我劬劳。——《诗经》

无父何怙,无母何恃?——《诗经》

慈母爱子,非为报也。——刘安

母称儿干卧,儿屎母湿眠。——《劝孝歌》

母苦儿未见,儿劳母不安。——《劝孝歌》

慈母手中线,游子身上衣。临行密密缝,意恐迟迟归。谁言寸草心,报得三春晖。——孟郊

昔孟母,择邻处。子不学,断机杼。——《三字经》

母亲,人间第一亲;母爱,人间第一情。——字严

(四)阅读链接

(1)《古代九个经典孝老爱亲小故事》。

(2)《中国敬老爱老助老故事精华》。

(3)《二十四孝》。

二、觉悟感恩,感知父母长辈之爱

(1)成长路上点滴爱。

(2)温馨家庭至爱情。

(3)孝亲敬老美德扬。

三、感悟报恩,孝亲敬老见行动

亲情作业:我为父母长辈尽孝心。

(1)为父母泡一杯茶,送一句温馨的祝福;向长辈深鞠一躬,说一句感恩的话;

(2)给父母长辈捶捶背、打一盆水、洗一次脚、修剪指甲;

(3)记住父母的生日,了解他们的成长经历;

(4)亲手制作一张感恩卡,送给长辈;

(5)每天承担力所能及的家务:打扫卫生、叠被、洗碗、洗衣服等。

四、活动结语

"孝"是中华民族的传统美德。父母生我养我,拉扯我长大,呵护备至,我想好好报答,但父母的恩情如天一般,大而无私,怎么报答得完呢!父母养育子女,并不求回报;作为子女的我们,则要充满感恩之心,孝敬父母。让我们从现在做起,体谅父母,关心父母,孝敬父母。

老年人的昨天就是我们的今天,老年人的今天就是我们的明天。我们应该从今天做起,尊敬、关心、帮助身边的每一位老人,说一句敬老话,读一本敬老书,做一件敬老事,让我们从生活的点点滴滴做起,做一名尊老敬老助老的文明礼貌公民!

五、活动作业

(1)在家做一个孝敬父母、长辈的好孩子。

(2)自己能做的事自己做,家务劳动学着做。

(3)每个学期都要给父母亲或爷爷奶奶洗一次脚,体验长辈养育我们的艰辛。

【教学点评】

本活动始终在"丰·彩教育"思想的引领下,充分发挥了中国传统文化、客家文化、学生身边资源丰盈学生"孝"的品格,丰茂学生"孝"的才智,丰雅学生"孝"的气韵。活动成功的秘诀是"情",把情贯穿其中,把教育化于无痕。活动前的系列活动让学生感知父母恩情似海深。活动中从传统文化中汲取了孝道的理论滋养;讲身边尽"孝"故事,学生从榜样的身上学习到了尽孝的方法;觉悟感恩,学生反思自己成长过程中的点点滴滴,思考并计划自己当下最需要行孝的具体方面;感悟报恩,学生表达孝亲的决心和践行孝道。活动中不管是授课教师还是听课学生都被深深感动,整个过程流畅并逐步递增,把教育化作春风细雨,润物于无声。学生有发自内心的情感倾诉,应是真正地拨动了他们内心深处的那根弦。

❋《童谣说唱会》教学设计

武平县实验小学 陈兴春

【课题】
人教版二年级下册第六单元"童年的游戏"——活动《童谣说唱会》。
【年级】
小学二年级。
【课型】
综合课。
【教材分析】

人教版小学音乐二年级下册第六单元"童年的游戏",该单元通过音乐表现的游戏活动,使学生感受音乐活动与人的生活密不可分,引发学生感受游戏活动中的自然、朴实、纯真的情感,通过演唱、表演、欣赏等活动方式,使学生充分表达个人的情感并享受到美的愉悦。而本课以"童谣说唱会"的形式,编选了部分孩子们耳熟能详的童谣和一首武平客家童谣,使学生了解和热爱武平本土的传统客家童谣。客家童谣取材于客家地区的日常生活,形式多样、语言活泼、易于上口、贴近生活、变化多端。它和客家山歌不同,不能歌唱,只能吟诵。

【学情分析】

二年级的学生好奇心强,活泼好动,善于模仿,可塑性强。但他们有意注意的时间较短,所以在教学方法的选择上应主要采用游戏的形式,让学生在玩中体验,玩中创造,运用多种活动增强学生参与的广度和深度,在游戏中让学生理解教材中比较抽象的内容,建立学生的表象,使他们在亲身体验中进行有效学习,保持他们学习的欲望和兴趣,从而提高他们的学习效果。

【教学策略】

抓住二年级学生活泼好动的特征,以对新鲜事物充满兴趣为切入口,展现给学生一个较为宽松的、和谐的、动态的、充满了游戏感的音乐学习空间,让他们在有趣的游戏中以一种积极乐观的态度来看待美好的生活,在学生心中播下喜爱客家文化的种子,让客家文化更好地传承和发扬。

【教学目标】

(1)能用欢快活泼、富有弹性的声音说唱童谣,丰富学生的情感体验。

(2)能自主聆听和方言跟读,感受客家童谣的律动性和趣味性,并注意节奏和语调,激发学习童谣的兴趣。

(3)能积极与同学合作编创恰当的动作进行说唱表演,提高学生的创造能力及与同学合作的能力,并能遵守游戏规则。

【教学重点】

引导学生感受客家童谣的律动性和趣味性,并注意节奏和语调。

【教学难点】

试着用方言吟诵和背诵客家童谣,并加以表演。

【课前准备】

(1)童谣资料的媒体课件。

(2)了解现阶段孩子们会说方言的程度。

(3)打击乐器:堂鼓、铃鼓。

【教学过程】

一、师生课前游戏活动:《丢手绢》

师:刚才老师和同学们一起玩得太开心了,让我仿佛回到了快乐的童年生活,回忆起儿时和伙伴们一同玩丢手绢游戏时的美好时光。这节课我们来开个有趣的童谣说唱会,由老师主持。首先,我们进行第一环节:童谣歌名的竞猜,我们以抢答的方式来比赛竞猜,看哪个小组猜得又多又好,表现最出色。请听游戏规则:共分四组,每组选派四名同学上台参与竞猜老师播放的童谣片段,参与者围成一个圈,圈内放置一面堂鼓,谁先猜到就抢先上前拍响堂鼓,同时要大声说出老师所播放的童谣的歌名,还能领着大家一同说唱一段。

二、竞猜童谣

老师随机播放课前准备好的孩子们较熟悉的各类童谣。

(1)竞猜“说”的童谣。课件播放《拉大锯》《唐僧骑马咚的咚》《五指歌》(又名上山打老虎)。

(2)竞猜“唱”的童谣。课件播放《拔萝卜》《小兔子乖乖》《两只老虎》《小老鼠上灯台》《小毛驴》。

(3)童谣说唱表演:拍读、表演学生感兴趣的童谣。

①师:刚才我们竞猜并说唱了那么多的童谣,给你印象最深的是哪一首? 谁来说说?

②全体同学共同从竞猜的童谣中挑选一首来边唱边表演。

师:同学们,我们大家唱起来、跳起来,用自己喜欢的表现形式来演唱这首童谣吧!

【设计意图:以学生的兴趣爱好为动力,组织学生在活跃的课堂气氛中开展童谣说唱会的活动。在师生互动的课前游戏和生生互动的竞猜游戏的环节中都以孩子们较熟悉的童谣入手,让学生对以前分散认识的童谣做一次复习巩固。既激励学生主动参与教学活动,又激发学生的学习兴趣,同时还激发了学生喜爱童谣之情,为下面的教学做了很好的铺垫。】

三、新授童谣

(一)了解童谣

师:刚才我们听的、读的、唱的童谣都是孩子们比较熟悉、喜欢且在你身边广为流传的一些童谣。它的内容也通俗易懂有趣,说唱的都是孩子们自己身边的事。那什么是童谣呢? 请听老师为大家介绍一下。

1.课件播放

童谣是流传于儿童中的歌谣,与儿歌合称童谣。童谣大多与游戏及传播知识有关,有嬉戏童谣,也有增长生活知识的童谣。

2.揭示课题

师:今天老师也给孩子们带来了一首咱武平家乡的客家童谣《砻谷齐治》(老师用方言读),这首童谣可是你们爷爷奶奶在你们幼儿时期最喜欢给你们说的童谣之一。下面就随老师一同来学说这首有趣的客家童谣吧!

(二)学说童谣

(1)初听童谣《砻谷齐治》,课件展示。

①听老师用方言范读,让学生初步感知歌词。

师:请同学们认真看着歌片,安静聆听,找找哪些字是你们不认识或发音比较奇怪拗口的字?

②解决孩子们不认识或发音比较奇怪拗口的字,跟随老师学念。

(2)复听童谣《砻谷齐治》两遍,仔细聆听并准确模仿出节奏和语气。

①跟读:听范读,轻声跟读,注意朗读的节奏和语气。

②默读:听范读,心里默读,注意拗口字的方言发音。

(3)再次复听范读,体验歌词内容,让学生说说歌词讲了什么有趣的事情。

(4)逐句随师朗读歌词,学生模仿有节奏地朗读歌词和准确的方言发音。

①引导学生边跟读边拍手伴奏,注意十六分节奏的正确读法。

②重点解决学生易读错的歌词,引导学生边拍手边摇头律动伴奏,加

深对歌词的跟读和记忆。

③及时纠正学生个别方言的发音,注意理解个别方言的意思并加以体会。

(5)采用各种形式熟悉歌词,加强师生之间、同学之间默契合作的习惯培养。

①师生采用接龙的形式,巩固易读错的部分,熟悉、渗透方言的自然发音。

②师生交换接龙的内容,带领学生进一步巩固熟悉歌词。

③生生接龙,培养同学间默契合作的习惯。

④读给好朋友听,让学生敢于表现自我。

⑤教师用铃鼓伴奏,学生随伴奏用口语化的节奏来完整地念读并牢记浅显易懂的歌词。

【设计意图:以师生平等交流的互动形式来循序渐进地听、赏、学习童谣等步骤,既遵循了学生的学习习惯,又很好地保护了学生学习的自信心,同时还激发了学生的学习兴趣,帮助学生树立相互合作的意识,逐步加深学生对童谣的节奏、语调的熟悉程度。】

四、表演童谣

(1)欣赏由武平县第二实验幼儿园的孩子们表演的客家童谣的视频,激发同学们的表演欲望。

师:童谣美,童谣乐,童谣游戏真快乐。下面让我们一起来欣赏由武平县第二实验幼儿园一群可爱的宝贝们给大家带来的,一段精彩的、有趣的客家童谣表演,看看他们是怎样边说边玩的。

(2)试着小组合作创编动作,边读边进行互动游戏表演。

(3)小组合作讨论,试着加入简单的打击乐器为童谣伴奏。

【设计意图:通过小组讨论编创的活动,使学生的群体意识、合作精神和实践能力得到锻炼,再通过合作表演作品的展示,让学生感受成功的喜悦,从而培养学生团结协作的精神,使学生体验共同完成活动的过程和分享成功的喜悦。】

五、结束童谣说唱会

师:同学们,老师很开心和你们参加了一次开心有趣的童谣说唱会,是啊,嬉戏于坊间乡野稚儿口中的客家童谣,承载着老一辈的童年记忆。它看似简单平易,却是武平千百年来儿童启蒙教育的儿歌。口口相传、代代相承,这些保留下来的武平方言童谣,是老祖宗们智慧的结晶,更是武平千年文化的一个缩影。今天,就把你们的收获带回去,和你的好朋友和家人一同分享吧! 我们的童谣说唱会结束了,小朋友们,再见!

客家童谣《砻谷齐洽》歌片

《砻谷齐洽》(这个民间版本较多)

砻谷齐(qī)洽(qià),

碓(duèi)米煮粥,

煮个嘛尼粥? 煮个猪肉粥,

老弟(老妹)食咦(yí)饱禄禄,

有冇分伢食啊? 有有有,

冇分伢就来抢吆(yāo)。

砻谷齐(qī)洽(qià),

碓(duèi)米煮粥,

煮个嘛尼粥? 煮个牛肉粥,

老弟(老妹)食咦饱禄禄,

有冇分伢食啊?

有哇,叨叨(dāo)来吃食呀,

好啊! 就来呀!

【教学点评】

该课程是人教版二年级下册第六单元"童年的游戏"中的活动《童谣说唱会》,紧贴"丰·彩教育"课程体系在校本化开发过程中遵循课程标准的指导,紧扣学段目标,依托现行教材,以单元的形式编排教材,教学目标明确,内容具体丰富,设计清新流畅,导入精简,能较好地完成教学目标。伴着生动活泼、诙谐风趣的童谣与武平方言特有的音乐美韵,在课堂吟诵客家童谣,传承传统文化,增进了孩子们对家乡语言的了解和热爱,让孩子们学会欣赏童谣美,感受童谣乐!

本课的教材编写遵循了新"音乐课程标准"中提出的激发学生学习兴趣和培养学生创新意识的理念,在教学设计中该教师围绕以下几点进行了设计。

一、根据学生年龄特点,面向全体学生,通过各种形式激发学生的学习兴趣

兴趣是学生学习知识的前提条件,只有对某种活动产生了兴趣,才能积极主动地参与到活动中去。本课授课对象是小学二年级的学生,考虑到低年级学生好奇心强、注意力集中时间较短的年龄特点,该教师在设计本课教学时,从培养学生的学习兴趣入手,安排几个不同的游戏,并且将知识渗透到游戏活动中。义务教育阶段音乐课的任务,不是为了培养音乐的专门人才,而应面向全体学生,使每一个学生的音乐潜能得到开发并使他们从中受益。音乐课的全部教学活动应以学生为主体,师生互动,将学生对音乐的感受和音乐活动的参与放在重要的位置,所以该教师设计的游戏活动是面向全体学生展开的,在游戏中还通过变换游戏的方式加大游戏活动的难度,培养了学生的学习兴趣,使学生能积极主动地参与到教学活动中来。在游戏的过程中,潜移默化地进行童谣说唱知识的教授,使学生在有趣的游戏活动中,不知不觉地认识掌握更多的童谣,从而增长知识。

二、利用多种手段,发挥学生的主观能动性,使学生在轻松愉悦的环境中学习

设计课前"丢手绢"游戏,创设愉快的教学氛围,并通过"竞猜童谣"的游戏形式让学生非常乐意参与这一项活动。通过游戏,儿童可以获得生活体验,锻炼能力。该课程通过音乐表现的游戏活动,使学生感受音乐活动与人们的生活密不可分,引发学生感受游戏活动中的自然、朴实、纯真的情感,通过演唱、表演、欣赏等活动方式,使学生充分表达个人的情感并享受到美的愉悦。

三、鼓励创造性思维,培养学生的创新意识

小学音乐课程中的音乐创造,目的在于通过音乐丰富学生的形象思维,开发学生的创造性潜质。在教学过程中,教师应设定生动有趣的创造性活动的内容、形式和情景,发展学生的想象力,增强学生的创造意识。在音乐课中,生动活泼的音乐欣赏、表现和创造活动,能够激活学生的表现欲望和创造冲动,在主动参与中展现他们的个性和创造才能,使他们的想象力和创造性思维得到充分发挥。教师在教学设计中增加了发挥学生创造性思维的创编动作或游戏来表演童谣的教学环节,充分展现了学生创造性思维的全过程,从"欣赏演出视频"到"分组合作讨论"到"表演展示"体现了学生创造的过程,由教师教授到从旁指导再到学生自己表演,整堂课体现了教师"教""扶""放"的教学原则,给学生充分的想象空间,在创新的天空中自由地翱翔。

四、提倡团结协作,培养团队精神

本课的音乐游戏是以小组为单位进行的群体性的活动,这种相互配合的群体音乐活动,同时也是一种以音乐为纽带进行的人际交流,它有助于养成学生共同参与的群体意识和相互尊重的合作精神。对群体音乐活动的积极参与,将使学生的群体意识、合作精神和实践能力等得到锻炼和发展。音乐课的教学过程就是音乐艺术的实践过程,因此,本课的音乐活动重视了学生的艺术实践,积极引导学生参与到音乐活动中,将其作为学生走进音乐、获得音乐审美体验的基本途径。教师通过设计集体合作竞猜童谣、创编动作、表演童谣、为童谣伴奏这些音乐艺术实践活动,增强学生表现音乐的自信心,培养良好的合作意识和团队精神。

五、音乐与相关文化的结合

音乐教学的综合包括音乐教学不同领域之间的综合,音乐与戏剧表演艺术的综合,在本课教学中都得到了体现。本课以童谣为教学主线,运用"说""唱""演"等艺术形式表现童谣,在教学中结合了表演艺术,通过具体的音乐材料构建起与戏剧表演艺术的联系。这不仅增进了学生对自己家乡童谣的了解,也激发了学生对客家童谣的喜爱之情。

总之,该教师对本课程的教学设计很好地贴合了学校对"丰·彩教育"课程体系建构中"审美与艺术"这个维度,很好地融入构建"欣赏与展示"这一选修课程,从熏陶感染的角度,提升学生的艺术素养,同时注重为学生提供展示自我的机会,通过熏陶与展示,培养学生的艺术情操,提升他们的自信心,促进学生综合能力的培养,促进学生个性的和谐发展,契合"丰·彩教育"课程体系提出的"兴趣导向与特长发展相结合的策略"。

第四章

凝实——培育"三精"丰雅教师

第一节 "三精"丰雅教师的内涵

"百年大计,教育为本;教育大计,教师为本。"党的十八大以来,习近平总书记特别关注教育事业的改革发展,始终深情牵挂着耕耘于三尺讲台的全国广大教师队伍。2018年5月2日,在与北京大学师生座谈时,习近平指出,"评价教师队伍素质的第一标准应该是师德师风";2018年9月10日,在改革开放以来第五次全国教育大会上,习近平在强调"兴国必先强师"基础上,要求要把"政治素质过硬、业务能力精湛、育人水平高超"作为新时代加强教师队伍改革建设的根本要求与基本标准,充分体现出习近平对教师队伍的亲切关怀和高度重视。在建设社会主义现代化强国伟大历史进程与优先发展教育中,加强高素质教师队伍建设具有基础性、全局性重要战略意义。

教师肩负着开启民智、传承文明的神圣使命,承载着千家万户的美好梦想和希望,是社会主义事业建设者和接班人的培育者。一个学校能不能为社会主义建设培养合格的人才,关键在教师。教师作为知识分子的重要组成部分,既是社会主义事业的根本依靠力量,也是传授文化知识、传承文明成果的重要支撑,是振兴民族教育的希望。加强师资队伍建设,既有利于提高教师素质,稳定教师队伍,也是促进教育持续发展的必然要求。

新时代呼唤与时代匹配的伟大教育,教育改革呼唤新型的现代高素质教师。武平县实验小学在"丰·彩教育"思想的引领下,学校在传承中发展,在发展中创新,确立了"让每个孩子拥有自己的精彩"的核心价值目标;提出了"厚实根基,精耕品质,打造人人皆可成才,人人尽展其才的多彩学园"的办学目标;培育"品格丰盈、才智丰茂、气韵丰雅的时代出彩少年"的培养目标。基于以上"目标",我们充分认识到要实现"目标",办人民满意的教育,锻造"人师"在其中无与伦比的作用,即要实现新时代教育改革的使命,必须通过多维度的锻造提升,丰实教师文化的底蕴,提升核心素养,打造一支"三精"丰雅教师队伍,即师德高尚、忠诚担当的"精诚教师",管理细致、教学精巧的"精致教师",德艺双馨、向上向善的"精进教师"。我们要让全体教师立足新时代、新起点,持续厚实百年老校的根基,绽放百年老校的光华;潜心精耕"丰·彩教育"的品质,引领时代出彩教育。

一、师德高尚、忠诚担当的"精诚教师"

师德,是一种职业道德。教师的职业道德,简称"师德",它是教师和一切教育工作者在从事教育活动中必须遵守的道德规范和行为准则,以及与之相适应的道德观念、情操和品质。师德,是教师应有的道德和行为规范,是全社会道德体系的组成部分,是青少年学生道德修养的楷模之一。从实践的角度看,具有高尚情操、渊博学识和人格魅力的教师,会对其学生产生一辈子的影响。师德也是教师素质的核心,是提高教师各项素质的动力,是教师形象的突出体现,也是办好一所学校、取得社会良好评价的重要因素。精诚,指真心诚意,至诚。"真者,精诚之至也,不精不诚,不能动人。"新时代的教师培养应把师德放在首位,培养一批忠诚于祖国、忠诚于中国共产党、忠诚于党和人民的教育事业的人才,担当中华民族伟大复兴的使命,担当新时代优秀人才培养重任,促使教师精诚施教,用高尚的师德、高雅的言行、高度的责任感诠释师者"精诚"。

二、管理细致、教学精巧的"精致教师"

精致化是教育改革与发展的新理念、新策略。学校精致化管理,是科学精神相互交融的管理,是追求卓越、周到细致、精雕细刻的管理,这是"丰·彩教育"倡导的"着眼小事细节,精准施策,臻于至善"的实践策略的呼唤。若把"师德"比作教师的"灵魂","师能"则是教师的"身体",身体不好无益于成就大事,所以锻造"好身体"的精致教师是提升教学效益的关键所在。

精致,指精巧细致。"其好学老不倦,用思精致,驰骋班固、蔡邕间以自名家。""精致教师"就是把教师培养成好学善学、知识面广、教学能力强、教学技巧精、教学效益好、学生喜欢、同行认可的好教师。学校通过营造精致化"丰·彩教育"校园文化环境,开展精致化教研,实施精致化"三化"教学模式,实现和融多彩的管理目标,让课堂教学精巧灵动多彩,促使每个学生收获属于自己的精彩。促使教师立足三尺讲台,用精致教研、精巧教技、精湛教艺、精彩教绩诠释师者之"精致"。

三、德艺双馨、向上向善的"精进教师"

"一德立而百善从之",师德是教师的灵魂。强化师德建设,提高师德水平是新时代办人民满意教育的永恒主题;"理无专在,而学无止境也,然则问可少耶?"鞭策教师学研上进、学无止境、积极进取、精益求精是新时代办人民满意教育的源头活水。而"丰·彩教育"呼唤的就是通过久久为功,一手抓师德建设铸师魂,一手抓业务学习提师能,锻造出师德高尚、师魂纯洁、师能高超、底蕴丰厚的德艺双馨、向上向善的"精进教师"。"精进"是指精明上进、锐意求进。"精进教师"是指能潜心当下立德树人这一件事,精耕细作,培养更多更优的时代新人,切实一心一意、心无旁骛地将教书育人工作做到尽善尽美。这是"丰·彩教育"锻造丰雅教师队伍的一种追求境界,是教师立足教育沃土精耕细作、精明上进、精益求精地诠释师者之"精进"。

第二节 "三精"丰雅教师的培育途径

一、创新机制,改进作风,培养师德高尚、忠诚担当的"精诚教师"

《中共中央国务院关于全面深化新时代教师队伍建设改革的意见》指出:"健全师德建设长效机制,推动师德建设常态化长效化,创新师德教育,完善师德规范,引导广大教师以德立身、以德立学、以德施教、以德育德,坚持教书与育人相统一、言传与身教相统一、潜心问道与关注社会相统一、学术自由与学术规范相统一,争做'四有'好教师,全心全意做学生锤炼品格、学习知识、创新思维、奉献祖国的引路人。"

当前,教师的师德师风的主流是好的,但在一些社会消极因素的影响下,部分教师的思想观念、行为方式乃至心理状态等都发生了很大的变化,师德师风方面存在一些滑坡迹象,如爱岗敬业精神的弱化:在市场经济的负面效应影响下,部分教师过分看重个人利益,把教师工作仅仅当作一种获取利益的手段和工具,无心研究本专业理论,视教育为副业,严重影响了教学和教育效果;有些教师备课不认真,知识陈旧,教学方法单一,上课当是完成任务,直接影响到教学秩序和教学质量;有些教师除上课之外,很少与学生接触,很少关心学生的全面发展。价值取向功利化、世俗化:在当前市场经济条件下,教师的价值取向受到影响。在工作条件、生活待遇等方面还不尽如人意的情况下,有些教师往往把个人利益放在首位,缺乏应有的社会责任感和使命感,缺少把教育作为事业的责任心;有些教师热衷于第二职业,不安心本职工作;有的还出现享乐主义、拜金主义的错误人生观倾向,只盯着名利地位、个人得失等。

为全面贯彻落实习近平总书记提出的争做"四有老师"的重要讲话精神,武平县实验小学积极开展主题教育实践活动,在全体教职工中掀起争当"有理想信念""有道德情操""有扎实学识""有仁爱之心"的好老师的良好氛围,创新机制,强化师德师风建设,以改进工作作风为核心,以提高教育教学质量为目标,以规范执教行为和提高教师的职业道德水平为重点,进一步加强教师职业道德建设,大力倡导教师爱岗敬业的职业精神,树立"以人为本、和谐发展"的教育理念,打造师德高尚、忠诚担当的精诚教师,建设一支情操高尚、作风正派、纪律严明、业务过硬的教师队伍,努力办好人民满意的教育。

（一）记初心:爱岗敬业,淡泊名利

"遵纪守法,品德高尚,爱岗敬业,教书育人,热爱学生,严谨治学,团结协作,为人师表,淡泊名利,志存高远"是武平县实验小学师德师风的基本要求。全体教师始终牢记"一事一精,静育花开"的教风,秉承"工匠精神",立德树人,精益求精,追求极致,在教育教学过程中遵循教育规律,精心培育,静待花开,让所有的花朵都能绽放异彩。老师们除了向学生传授知识,还通过自己的言行潜移默化地影响学生如何做人、做事。每个教师都严格要求自己,处处以身作则,以正确的思想、高尚的道德、良好的品行感染学生,熏陶学生,影响学生。在平凡、普通、细微的教学工作中理解教书育人、立德树人的责任与担当,诠释教育的初心。学校以年段为单位,围绕"不忘初心强师德,牢记使命铸师魂"的主题,开展"每月一故事"的宣讲活动,老师们真诚投入地讲述身边先进典型教师的故事,阐述自己对师德师风的理解。一个个令人动容的故事,一句句发自肺腑的话语,表达了对教育事业的忠诚与热爱,让老师们更加深刻地理解自己是"传道、授业、解惑"的践行者,是"一切为了学生、为了学生的一切、为了一切学生"的践行者,是新时代"全员育人、全过程育人、全方位育人"的践行者。学校引导全体教职工提升师德素养,践行师德规范,培养教师忠诚于教育事业、履行神圣职责、敬业爱岗、以生为本的职业素养,造就学为人师、行为世范的师德风范,不断提高学校教育教学质量水平,展现全体教职工的崇高精神境界和高尚道德情操。

(二)强师德:主题教育,浸润成长

武平县实验小学深入贯彻落实习近平总书记关于教育工作的重要讲话和指示精神,紧扣立德树人的根本任务,加强典型选树,讲好师德故事,以榜样的精神感染人、鼓舞人、引导人、教育人。学校结合具体实际,聚焦主题教育,坚守为党育人的初心,担负起为国育才的使命,充分挖掘本土红色资源,将爱校与爱国紧密融合,充分运用身边的师德典型资源,将立德与育人紧密结合,不断把主题教育引向深入。

1.开展"道德讲堂"活动

以"做四有好老师"为主题,每月开展一次强师德、塑师风、促成长的活动。主题鲜明,形式多样:诵一段经典、讲一个故事、听一场专题报告、唱一首爱国歌曲、看一部先进事迹短片、谈一谈心灵感悟……活动的开展,进一步增强了广大教师"以德立身、以德立学、以德施教"的意识,对全面贯彻"立德树人"的根本任务,号召全体教师努力争做"四有好老师",当好"四个引路人",扎实做好育人工作、努力提升育人质量、展现新时代教师队伍的良好形象起到了积极的推进作用。

2.开展志愿者服务活动

我校志愿者服务队自成立以来,一直秉承"奉献、友爱、互助、进步"的志愿者精神,并贯彻到各项活动中,老师们利用课余及节假日期间,参加了

文明劝导、交通劝导、义务献血、爱心捐助、送教下乡、清洁环境、开设"四点半学校"等各项活动,培养了一批具有志愿者理论知识和实践经验的优秀志愿者,教师们通过参与各类志愿服务活动提升了教师的新形象。

3.开展教师德能测评活动

教师们每周认真学习有关教育的法律法规,《中华人民共和国教育法》《中华人民共和国未成年人保护法》……逐句研读《新时代中小学教师职业行为的十项准则》《中小学教师违反职业道德行为处理办法》等教师职业相关规定,在"立师德、铸师魂"从教宣誓、签名仪式、签订责任状、开展案例警示教育等活动中,教师们自查自纠,自评互评,不断地审视自己的从教行为。如开展师德师风建设"晒清单"活动,组织全体教师签署"责任清单",在教学办公场所、校园广播、班级家长群"晒清单",加强校内外监督,同时建立学校、班级师德师风 QQ 群、微信群,开展警示教育,充分利用支部主题日研讨清单内容,深入开展自查自纠和整改落实活动,逐步使"晒清单"的活动常态化、规范化,引导每一位教师增强社会责任感,自觉遵守职业道德规范。这有效推动了全体教师依法执教、优质施教、廉洁从教、文明执教、乐于从教的自觉意识,基本形成了比敬业、比奉献、比育人、比业绩、爱学生、爱教育的行风正气。

(三)树典型:先进教师,带头引领

新时代要全面加强师德师风建设,就要坚持弘扬高尚师德,以榜样的精神感染人、鼓舞人、引导人,加强典型宣传引领。要健全师德建设长效机制,引导广大教师以德立身、以德立学、以德施教、以德育德;实施师德师风建设工程,对涌现出的先进典型进行分层次、成系列的宣传,讲好师德故事、弘扬高尚精神,将榜样的力量转化为广大教师的生动实践。

树立榜样,制定标准,是师德建设的有效抓手。一所学校要谋求发展,要跻身先进行列,必须要有一支品德高尚、业务精湛的教师队伍,也就是说一所学校必须要有自己的"名师"。何为"名师"?名师就是敬业、勤业、精业、乐业的教师,名师就是思想境界高、业务水平高、工作干劲高、育人业绩高的教师,名师就是那些学生最欢迎、家长最放心、同行最佩服、社会最尊重的教师。

在一所学校里,"名师"的作用绝不可低估,名师造就了名校。名师不但教学质量高、业务精湛,而且具有高尚的师德和人品。他们是杰出人才的塑造者,他们是学校上名牌的顶梁柱,他们是教学改革的"领头雁"。

学校高度重视、认真对待在师德师风方面存在的问题,增强加强师德师风建设的责任感和紧迫感,大力宣传优秀教师的先进事迹,组织师生开展大学习、大讨论,联系实际,制定受学生爱戴的好老师的标准和优秀师德群体的标准;充分发挥教师党支部的教育、管理、监督党员和宣传、引导、凝聚师生的战斗堡垒作用,充分发挥党员教师的先锋模范作用;通过"党员先锋模范教师""感动校园年度十大"丰彩人物"事迹宣传,"最美教师"评选等活动,在全校范围内深入开展师德师风学习、宣传、教育、表彰活动,增强每一位教师立德树人、教书育人的责任感和使命感,做到"入心见行",落实全员、全过程、全方位育人。如:学校德育室主任、"福建省实事助学基金杰出教师"获得者刘伟峰老师,就是这样一位深受师生爱戴的党员先锋模范,他三十年如一日,把少先队工作看作一生的事业和追求,对学生倾注了无限的热情和关爱,尊重他们并以诚相待,他深入了解学生,关心孩子的思想和心理变化,处处为学生着想,爱学生,爱事业,以满腔的热情对待少先队工作,是孩子们心中的孩子王,是全校教师学习的榜样。

(四)立制度:细化管理,加强监督

良好的师德师风是在长期的教育实践中锤炼而成的,必须把制度建设贯穿始终,狠抓工作落实,通过细化标准、规范程序、层层落实、加强监督,确保师德师风建设的各项工作不走过场,不流于形式,做到一以贯之、落细落小、执行到位。

1.师德师风管理制度

学校把师德师风建设的责任落实到每一位教师身上,具体的各项事务均由专人负责,力求做到责任明确,无死角、无漏洞、无空白,由全体教职工相互监督、学生监督、社会舆论监督,并设有公开的监督电话,定期听取社会人士对学校师德建设的评议。学校成立"家长委员会",开展家长、学生评价老师、老师评价学校行政的活动,多方听取社会各界的意见和建议,根据收集的意见和建议,制订整改措施,并限期整改到位。

2.师德师风学习制度

学校利用教师例会,对教师进行师德教育,并组织学习有关的教育法律法规知识,让每一位教职工明白:作为一位人民教师应该努力做好什么,不能做什么。挑选师德好、业务强、思想道德修养高的教师帮助个别易犯错误、脾气暴躁、性格内向、易冲动、自控能力差和刚参加工作的年轻教师,主要从安全、师德等方面对其进行思想教育,了解他们的工作情况和思想动向,互帮互助,及时纠正出现的问题或不良思想趋向,并作及时处理。学校定期对全校教职工的师德师风进行评议,通过教师自我总结剖析和日常工作情况记录,查找学校师德师风管理和教师遵守师德师风规范等方面的不足,制订整改措施,督促落实,提高教师的师德师风水平。

3.师德师风考评制度

加强师德师风建设,必须建立一套科学规范的考核评价体系。首先要明确加强师德师风建设的基本要求和基本规范,划清红线、亮明底线,建立师德违规行为负面清单和师德档案,强化规范和约束;坚持做好每日巡查及每月和每学期的师德考核,坚持由学校考核及学生、教师评议相结合的方式;坚持把师德考核与教师岗位聘任、晋职晋级、提干评优等切身利益挂钩;在教师聘用、职称评审、评优评先、年度考核、干部选任等方面采用谈话、阅档、外调等多种评价方式,严把政治关和师德关,实施师德"一票否决";同时,要坚持教育培训与考核评价相结合,做好警示教育和防范工作,抓早抓小,防微杜渐。师德考核的评价工作要坚持与时俱进和问题导向,不断总结、探索、完善评价主体、评价内容、评价方法、评价程序、评价指标体系,实现考核评价的科学化、规范化。

4.师德师风奖惩制度

加强领导,落实责任,预防和杜绝教师犯罪。学校将杜绝教师犯罪纳入师德师风建设的重要内容,把杜绝教师犯罪的责任分解给每一个年段或每一位教职工,形成有效的防范机制:认真组织教职工学习法律法规、党纪政纪条款、职业道德规范和准则等相关内容;每年评选表扬一次师德先进个人或先进教师,报告师德师风建设中优秀教师的典型事迹,做好宣传,扩大影响。如:评选学校"文明班级集体""优秀班主任""优秀教师""优秀辅导员""校园最美教师"等。

附 4-1

武平县实验小学师德师风管理制度

(1)忠诚党的教育事业,爱岗敬业,乐于奉献;服从学校的管理和安排,按要求完成各项教育教学任务,不敷衍塞责;不参与有偿家教,不得擅自在校外开班授课。

(2)有正确的教育观、质量观、人才观;面向全体学生,关心热爱学生,尊重学生人格,公正对待学生,不增加学生的学习负担。

(3)教师在仪容仪表上应为人师表,衣着得体、整洁、大方,符合教师职业特点。

(4)教师要注意使用文明规范语言,不得讲粗话、脏话;不得歧视、侮辱学生;不得打骂、体罚和变相体罚学生;不得以任何理由向学生及家长收受财物;不得借职务之便谋取私利。

(5)教师必须遵守劳动纪律和规章制度,坚守岗位,忠于职守;不得停薪留职、请人代教、自动离岗,不得超假、旷工,不迟到、早退,不随意进出校园。

(6)教师在校园内禁止抽烟,上课时禁止接打电话;工作时间不得组织打扑克、搓麻将及赌博活动。

(7)文明执教,积极认真备课、上课;主动参加各项教研活动;自觉遵守上级规定的收费制度,不得随意组织学生订阅、购买教辅资料。

(8)教师应热爱学校,爱惜学校的一草一木,不得随意损坏学校财产,不得随意浪费学校财物。

(9)教师严禁参与封建迷信活动,不得进入不健康的娱乐场所,不得做有损教师形象和影响正常教学秩序的事,不得参与非法和不健康组织和活动。

附 4-2

武平县实验小学师德师风学习制度

(1)每周五教师例会为师德师风学习时间,其时间不少于一小时。

(2)实行领导挂钩年段,进行师德专题辅导,挂钩领导必须在学习中起模范带头作用。

(3)学习形式多样化,采取集中学和自学相结合,辅导和组员讨论相结合,采取个人撰写心得体会与集中交流相结合。

(4)每位教师认真做好笔记,按要求撰写师德论文和心得体会。

(5)对教师个人学习情况进行定期考核,并纳入教师综合评定。

二、立足实际,开展教研,打造管理细致、教学精巧的"精致教师"

精致化管理是学校教学"科学管理"发展到较高阶段的产物。它体现为一种新的管理理念,即坚持以人为本的理念,形成精致思考问题的思维态势;体现为一种发展策略,即从学校发展战略的高度来认识管理,注重发扬团队精神,翔实地设定管理精致化的推行方略;体现为一种校本文化,即用精致管理的思想和行为方式,对学校传统管理不断扬弃、完善;体现为一种工作习惯,注重细节操作,达到精细、专业、简捷;体现为一种绩效成果,追求少形式、高效率。我校通过开展精致化校本教研,实施精致化课堂教学,形成精致化教学风格三方面实现精致化管理,着力打造精致教师团队。

（一）开展精致化校本教研

为让老师达成管理细致、教学精巧的目标,武平县实验小学立足校本研究,精心营造教研文化,开展精致化校本教研,形成研究共同体,创造性地开展"六个一"校本教研模式:"打造一个特色,开发校本课程""贯穿一条主线,进行主题研究""坚守一个阵地,对话教研工作坊""营造一种氛围,引领师生共读""拓宽一条路径,开展社团活动""抓好一项活动,研读陶行知教育",打造能作为、有作为的精致教师。

1.精心打造一个特色,开发校本课程

针对大多数学校将校本课程开发窄化为"编写校本教材"和"开展兴趣小组活动"的做法,我校将澳大利亚学者马什的校本课程开发理念——三维模型的理论引入校本课程开发中,对校本课程开发进行再概念化。如下图所示:

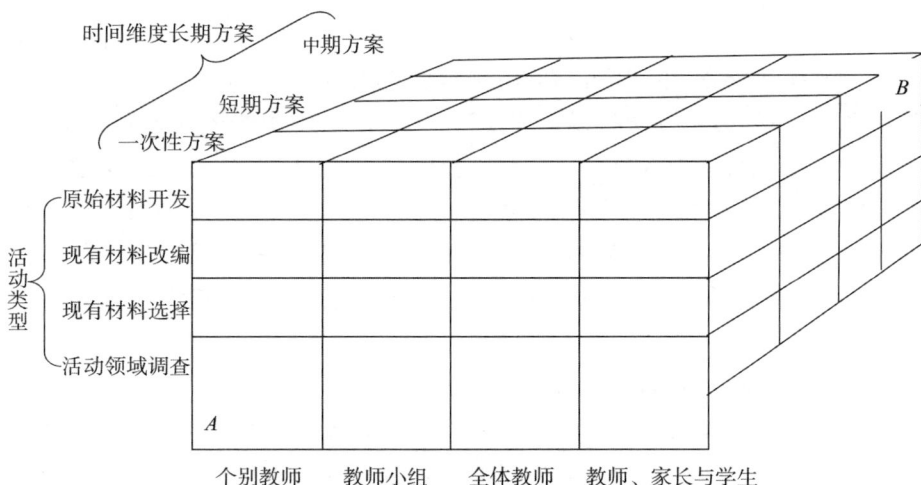

校本课程开发的三维模型(马什等,1990)

这一模型理论,最大限度地拓宽了校本课程开发的内涵。学校根据学生特点、发展需要,利用本地资源,由教师个人、备课组或全校教师引用、改编、重组或编制实施和评价的课程,均属于校本课程开发的内涵。当校本课程开发在概念内涵上得到新的拓展时,校本课程开发那种"窄化"的现状就会得到很大的改变,学校每位教师都可以根据学生的学习状态、学习需求以及周围环境做出敏锐的应对,以自己的方式开发出应对环境要求的、适合学生需求的课程。这改变了原先只圈在一个角落里开发校本课程的现象,有效丰富了校本课程开发的内涵,突破了与国家课程相疏离的现状,让校本课程与国家、地方课程有机融通,与学校文化建设有机交融。

2.始终贯穿一条主线,进行主题研究

在长期的摸索中,我们针对学校实际,确立了"问题即课题""备课组就是教研主阵地"的教研思路,形成了"以问题为基点,以备课组为阵地"的主题研究校本教研模式,将教育教学中所遇到的问题提炼为备课组的研究主题,并围绕研究主题开展一系列教研活动,形成了三个"一"的基本框架,即一个主题、一组课,以及相关的一系列研讨活动,将学校的教研活动,如教育理论阅读、集体磨课、研讨课开设、听课评课以及论文撰写等等,都纳入主题研究的体系之中,实现"多位一体",让"读、教、研"相互交融,促进备课组教师形成研究共同体,全身心融入教研中。

3.静心坚守一个阵地,对话教研工作坊

为充分发挥学校名师、骨干教师的引领辐射作用,也让学校教师形成一个研究共同体,学校分别成立了名师工作室和学科教研工作坊:一方面是充分发挥学校省、市、县名师的引领辐射作用,以师徒结对的方式开展教研活动,另一方面是各学科以备课组为单位,以工作坊的形式开展活动,提出了"享受阅读、享受教研、享受专业对话"的工作目标,采用一条龙的校本教研模式,逐步开展:教研沙龙,遴选主题——选点实验,自主探索——专题研讨,展示交流——主题辩课,对话碰撞——回归常态课,检验推广,把名师工作室和学科工作坊办成教师教学研究的精神家园,极大地提升了学校的教研品位。

4.坚持营造一种氛围,引领师生共读

为了让读书成为习惯,让书香溢满校园,学校以倡导师生阅读、提升文化素养、推进素质教育为目的,以"读书、启智、明理、做人"为主题,以"阅读积累"为突破口,以丰富多彩的读书活动为载体,激发师生的读书热情,创造阅读条件,在创建好省级图书示范馆的同时建立了开放式的"博雅轩"

"智雅轩"阅读吧,营造书香氛围,培养学生高尚的道德情操,提升教师高雅的审美情趣,促进优良学风和校风的发展,倾心打造书香校园、和谐校园,实现师生的共同成长。

(1)"师生共读经典"活动。结合书香校园的创建活动,学校精心组织开展中华经典文化教育。我们从经典诗文中遴选出适合小学生通读的内容,编写成校本教材《语言与文化》(低中高三册),引领全校师生共读经典;定期举行师生共同参与的经典共读比赛,营造了一种"晨诵、午读、暮省"的育人环境。

(2)"师生共读童书"活动。为营造良好的读书氛围,激发全校学生的读书热情,学校引领全校教师尤其是语文教师与学生共读童书,做儿童阅读的先行者,时刻关注儿童文学动态,并采用有趣的方式向学生推荐经典儿童读物,与儿童阅读相伴相随,做儿童阅读诗意的"点灯人"。每天下午上课前,学校安排一节15分钟的"红领巾午读"时间,此外,全校各班每周还安排了一节阅读课,开展形式多样的阅读活动。"两项保障"使"师生共读活动"落到了实处。

(3)"师徒共读教育理论"活动。通过校长赠书、推荐书目以及自由选择相结合的方式,学校引领备课组教师在规定的时间共读相同的理论书籍,阅读期间定期举行阅读交流会,相互交流阅读感受、收获或者困惑,定期撰写阅读心得,形成浓郁的阅读氛围,让教师在阅读教育理论书籍时用好"啃"和"嚼"的功夫,下足"研"的力气,真正提高教师的专业理论素养。

5.积极拓宽一条路径,开展社团活动

在与国家课程相融通的基础上,通过社团活动的形式,让客家文化资源以更加灵活的方式进入校园。目前,学校共有50多个社团班级,社团内容涉及客家的民间艺术、自然风光、民间文学、节日风俗、自然环境、红土历史等等,像客家山歌、客家船灯和龙灯、客家民间游戏、客家美食、客家植物资源等都进入了校园。社团活动采用学生自由选择课程、跨班上课的形式,充分照顾学生的兴趣和爱好,以学生更加喜闻乐见的形式进行授课,如活动课、参观调查、开心客家园等形式,让客家文化以更加生动的形象融入教学中。特色课程在社团活动中开展,让教学精彩纷呈,提高了教师的创新意识、创新能力。

6.扎实抓好一项活动,研读陶行知教育

我校启动了"学习陶行知"的系列教研活动,全校教师悉心研读了《陶行知教育名篇》等书籍,以教研组的形式定期开展读书心得交流会,举行了

"陶行知教育思想"的系列专题讲座,开展"学习陶行知,追寻陶行知"的演讲比赛,进行陶行知教育思想课堂教学评优活动,创办了校刊《陶子心语》,让陶行知教育思想深入广大教师心中,形成了鲜明的教研特色。

我校在开展精致化校本教研中,务实有效地提高了校本教研质量,真正发挥了校本教研在提高教学质量、促进教师发展和提升学校办学品味中的作用,让老师们在实实在在的教研活动中不断成长。

(二)实施精致化课堂教学

教研组结合本学科的教学,围绕教学主阵地课堂,探索精致课堂教学的模式,从精准的目标定向、精心的教学设计、精妙的情景导入、精美的教学演绎、精炼的课堂总结、精巧的练习运用等方面打造精致课堂,在"有效教学"的基础上,更注重围绕学生发展,落实学生主体,优化学习环节,丰富学习方式,追求课堂教学效果更好、效率更高、效益更强、效能更显,在教师的精心引导下,实现教学目标的高度达成,学生学习品质的高度优化,提高教学质量。

1.精致预构

备课的及时、充分是打造高效课堂的前提。课前要求教师充分研读教材,既要对每节课的教学内容烂熟于心,又要熟悉本课内容在学科中的定位以及与前后内容的关系;要努力做到教案的教学目标明确具体、教学流程科学有致、教学重点突破有方、教学方法恰当有效、课内练习精选精编、教学效果明显实在、教学个性充分张扬;要优化集体备课制度,克服集体备课就是简单地分任务、各备一块再简单合成的错误倾向;要发挥备课组的集体智慧,精心打磨教案,开展学科间、校际的合作;要强化对集体备课后的"任课教师二次备课"的落实与检查,防止任课教师用集体备课的教案照本宣科;要不断探索有效备课的新路子,坚决杜绝无效备课以及为应付检查而备课的现象发生。

2.精致课堂

"丰·彩教育"视域下的精致课堂本着让每个孩子"徜徉课堂,绽放自我精彩"的理念,要求老师们扎实落实学习内容整合化、学习过程深度化、学习成果多元化为一体的"三化"丰实教学模式,优化课堂,提高实效,引领孩子成为课堂的主人,尽情绽放属于他们自己的精彩。

(1)课前整合教学内容,实施整合教学。要求老师们在备课时,充分研读教材,把握教学内容,提高解读能力,针对学生学情,特别关注单元知识、课内外知识、学科间知识的整合,通过举一反三、拓展延伸、巧妙链接、实践应用等方式,充实学科内涵,拓展教学外延,全方位提高教学质量和实效,促使学生不断丰富积淀,厚积而薄发,提升素养。

(2)课中开展深度学习,培养学习品质。课堂教学,要求老师采用"问题引领""学法导航""反思放彩"三部教学流程开展深度学习,坚决避免不顾学生的一味讲、满堂灌、填鸭式教学,关注学生课堂学习的状态,想方设法让学生在课堂上调动学习感官、集中精力、积极思考、相互合作,确保学生在课堂上充分而有效地活动。努力做到课堂上老师讲准确,学生能听懂;老师讲清楚,学生能记住;老师讲开去,学生的知识面得到拓宽;老师讲全面,学生对知识的理解系统无误;老师讲为不需要讲,让学生学会运用,学会学习,学会知识建构,学会问题解决,学会高阶思维。

(3)课后倡导多元评价,促进全方位发展。老师的评价要求关注学生的可持续发展,关注学习的个性差异,立足以培养"品格丰盈""才智丰茂""气韵丰雅"的"三丰"卓越少年为目标,采用激励、期待、唤醒、展示、互评等多元评价方式,不断激发学生学习的潜能。

3.精致诊断

课堂诊断要形成制度。每节课后教师均要结合写教后记进行自我反思:这节课是不是上成功了,教学预设与结果是否趋于一致,教学资源是否有效利用,好在哪,失误在哪,怎样改进等等;每周各备课组要进行一次会诊,组内成员进行自我诊断和相互诊断,并从中总结经验,吸取教训;每月各年级组要进行一次阶段性诊断,用典型案例"解剖麻雀",及时推广好的教学实践,纠正偏误;每学期全校要举办一次大型课堂诊断与反思活动,有针对性地解决共性问题,切实提高教学效益,努力帮助教师提升教学业务素质。

4.精致考练

要采取有效手段,确保课堂教学效果的巩固和延伸:要确保作业的"三个一"落实到位,即课堂一刻钟、每天一组题、做好校本练习,通过有效练习巩固学习效果;作业布置要在集体备课时统一精选习题,作业量要精当,作业难度要适中,提倡分层作业;要创新作业检查的手段,调动各种积极因素,利用各种可能的条件,确保落实到位;鼓励教师预做"下水题""下水文",增加作业体验,提高作业布置、辅导、批改、讲评的针对性;要强化教师对学生的课业辅导,优化辅导形式,确保辅导效果;要做好单元检测和平时的教学质量抽测工作,及时发现问题,及时跟踪解决。

（三）形成精致化教学风格

教学风格，是指教师在长期的教学实践过程中逐步形成的，在一定的教学理念指导下，创造性地运用各种教学方法和技巧，所表现出来的一种稳定的、个性化的教学风貌和格调。教学风格影响学生的个性发展，同时也影响学生的学习风格。理智型、情感型、幽默型、技巧型、自然型……各种类型的教学风格体现了教师的教学智慧、个性人格。

正所谓，八仙过海，各显神通。要想形成自己独特的一套教学风格，必须要经过探索，这是一个艰苦而又长期的过程。针对课堂教学，每位教师要对自己细致把脉，精准定位，进行阶梯式提升训练，形成精致化教学风格。

1.模仿起步

刚步入教师队伍里的新教师，要虚心请教，经常听同年段老师的课，套用优秀教师的成功经验，消化吸收，不断琢磨，再进行一番模仿，通过独立思考，对他人的教学经验不断取舍、扬弃和改造、加工，在不断的模仿、实践、反思中，渐渐独立地、灵活自如地安排和处理教学工作的各个环节。模仿起步，不断独立，对教师就意味着教学风格个性化的开端，孕育着创造性教学的萌芽。

2.实践摸索

有一定驾驭教材、教法的教师，要不断更新教学观念，不断改革教学方法，不断优化教学设计，有效控制课堂教学，从而提高教学质量。在课堂实践中，教师们的创造性灵感不断喷涌出来，让自己的长处更长、优势更优、强项更强，在符合教学的一般规律和原则上，大胆借鉴，在摸索中不断地丰润自己。

3.形成风格

在不断地雕琢、完善、反思中，深化对教学思想、教学理论、教学方法的学习和领悟，不断自我反思，提升教学水平，总结经验和教训，再结合自己的特点，进行创造性教学，最后形成自己稳定的教学风格。

三、一日一进、久久为功，争当德艺双馨、向上向善的"精进教师"

"问渠那得清如许，为有源头活水来"，教师应该是清泉，是源源不断的源头活水。子曰："不正其身，如正人何！"作为一名教师，一边教书育人，一边更需要主动学习,内化于心,外化于行。只有不断汲取先进的教育理念和教学方法,好学精进,砥砺前行,不断提升专业知识,才能让自己的业务精湛,走得更远,才能带领学生走得更远!

学校制定"丰·雅"教师三年成长规划实施方案,要求每位老师结合自身实际,以三年为一个周期,制定教师个人专业发展规划表,明确达成目标,建立教师个人成长档案,内容包括:教师个人成长发展规划表、学期教学计划与总结、培养协议书、培养教师的听评课记录、教研活动记录、青年教师汇报课教案及反思、教学成绩、论文获奖或教学竞赛获奖、发表论文或出版专著、辅导学生获奖证书等。

（一）深入课题研究,提高教研水平

为了加强我校教育科学课题的研究工作,提高广大教师的教育科研水平,保证课题研究顺利有效地进行,促进教育科研活动健康发展,推进我校教育科研课题管理科学化、规范化、制度化的建设,促进我校课题研究工作的和谐发展、科学发展、跨越发展,近年来,我校的课题研究工作本着"工作课题化、课题工作化"的宗旨,努力打造以"问题—研讨—实践—反思—实践"为基本操作形式,立足于课堂教学,源于教学实践,成于反思过程,实实在在地解决了教学中的实际问题,具有很强的实用性和实效性,促进了教师的专业化发展和业务水平的提高。对各级课题,教研室深入各个课题研究环节进行指导与督查,采用专题讲座与现场指导相结合的方式,开展课堂教学、课题研究的讲座,举办了课堂教学观摩研讨会,根据课题研究主要成员和一线教师共同研究教学中的实际问题,想办法,进行分析,深入指导。这样,研究教师也能结合教学,选取现实问题进行研究,有效地提高了课堂教学的有效性和自身的研究水平。通过课题培训、学科培训、教研活动等形式,促进了教师的专业成长。对学校承担的省、市、县级课题,我们要求各课题研究小组自主开展,教研室专业引领,通过召开教研会、举行教学观摩会、课堂教学比赛等形式,引导广大实验教师进行深入细致的研究,促进了学科教学质量的提高。我们以主题研究和话题研讨为形式,精心营造教研氛围,加强教研力度,提升教师的教研能力。

（二）坚持岗位练兵,在磨炼中成长

我们以教研工作坊为平台,通过"读书沙龙""教学论坛"等方式促进教师的阅读,提高阅读实效,即做到六个一:研读一部教育名著,承担或参与一个课题研究,上一节研讨课,撰写一篇反思类文章,发表一篇专业论文,制作一个课件或编制一份试卷。学校开展教师综合技能竞赛,包括教师硬笔书法比赛、现场评课比赛、论文或教育叙事撰写等评选活动,努力抓好年轻教师的基本功训练,重点抓好教师文本解读、听课、评课、试题编制、论文写作、案例分析、课题研究以及三笔字、朗读、话题说话、片段教学等教学技能训练,提升教师的教学技能和学校的教研品位,通过竞赛、评选活动,加快年轻教师的成长速度,促进教师专业成长。

(三)搭建帮扶平台,在互助中进步

我校有一大批省、市、县名师、学科带头人、骨干教师。为充分发挥名师的示范引领作用,学校定期安排名师专题讲座、名师示范课、名师教学主张展示等各项活动,为成长中的青年教师搭建"专家引领、名师示范、同伴互助"的校本培训平台,扎实开展每周的主题教研活动,每周二上午二、三节为数学教研时间,每周二下午二、三节为语文教研时间,每周四上午一、二节为综合学科教研时间。学校组织青年教师与骨干教师、名师结成师徒关系,同时通过外派学习、教学观摩、教师论坛、竞赛展示等活动,使青年教师更快地成长为学校的中流砥柱,从而打造一支教艺精湛、教研基础坚实的老中青教师团队。近年来,我校新调入部分新教师,为学校注入了新鲜活力,为使新教师及自聘教师较快地适应学校的各项工作,学校为每位新教师配备一位指导教师,结为师徒,师徒共同备课,相互听课,相互学习,齐思共研,在互助中不断成长。

(四)加大研训力度,提升专业素养

学校结合"丰·雅"教师三年成长规划的实施方案,坚持分层培养,充分发挥学校骨干教师、名师的示范、引领和辐射作用,抓好学科工作坊的组建工作,通过师徒结对、同伴互助,打造教师研究共同体,树立教师的品牌意识;采取点面结合的模式培养学校教师,组织搭建各类平台,促进青年教师教学研究能力进一步提升,为青年教师提供更多的机会外出学习和交流;根据"起点高、要求严、选拔准"的名师培养、评选和管理办法,加强潜在名师的培养,为名师的成长架桥铺路,打造更强大的教师团队。

著名特级教师窦桂梅曾经说过:"一个人的高度不重要,重要的是向上的姿态。"在这充满爱和责任的阳光事业中,唯有用心,才能演绎生命的感动;唯有进取,才能开拓全新的境界。作为一名教师,只有不断地成长,才看得清来路与去处,探索出一条精进之路,丰富自己的教学生涯,适应未来的各种需要,相信在"丰·彩教育"理念的引领下,武平实验小学的教师一定能不忘初心,砥砺前行,朝着"精诚、精致、精进"的目标,不断丰实自我,成为一名品德高雅、学识博雅、教风典雅的丰雅教师。

第五章

启智——打造"三化"丰实教学模式

有专家指出:再先进的教育理念、教育思想,如果最终落实不到教学一线,指导不了实践,结果很有可能会失败。"丰·彩教育"是提升学生核心素养的积淀式教育,"丰"是积累,"彩"是薄发。只有在"丰"字上下功夫,促使学生提升素养,拥有丰厚的知识储备,才能绽放属于他们自己的精彩。"丰·彩教育"的办学主张能否变为教育实践,很大程度上取决于课堂教学的落实,得益于课堂中启迪学生的智慧。"丰·彩"教育视域下的课堂教学追求的是融学习内容整合化、学习过程深度化、学习成果多元化为一体的"三化"丰实教学模式。教师们本着让每个孩子"徜徉课堂,绽放精彩"的课堂理念,引领我校学子成为学习的主人,在学习中灵动起来,唱响生命的华彩乐章。

第一节　学习内容的整合化

一、整合化教学理论溯源

北京师范大学肖川教授认为,"从学科角度讲,要为素养而教。学科及其教学是为学生素养服务的,而不是为学科而教,把教学局限于狭隘的学科本位中,过分地注重本学科的知识与内容、任务和要求,这样将十分不利于培养视野开阔、才思敏捷并具有丰富文化素养和哲学气质的人才。"在课程改革的大背景下,我国现阶段各学科的教材内容编排更为显著的一个特点是每一部分内容都围绕同一个主题展开。这样的教材编排方式更适合使用以能力为导向的整合教学法。"三化"丰实课堂首先强调的是对学习内容的整合,主要是基于以下几点考虑:

(一)整合化教学模式关注核心素养的提升

"整合"就是学生在一个典型情境中如何调动不同的、相关的学业获得。学业获得即一些具体的知识、概念、技能、规则、步骤、做法等。在一个整合活动中,不同的学业获得相互依存,并且为了解决不同的问题情境,我们可以积极地调动这些学业获得。因此,学业整合是基于已经通过学习获得的知识和资源,它是已有学习成果的丰富化。同时,整合教学模式认为能力＝(素能×内容)×情境,即能力是为了解决某一情境,以内化的方式调动已被整合的一整套资源的可能性。

当前,整个教学环境偏向注重学业成绩,导致学校教育出现"唯分数论"的现象,忽视了对学生素养的培养。尤其近几年省、市、县教育主管部门加大了对教师教学质量的监测和评比。为提高质量监测中的名次,老师们在课堂教学中更关注的是考什么的问题。考什么,老师就教什么,他们在教学活动中对学生的素养需求关注较少。可随着社会经济的发展,人类可利用的信息越来越多,但是在当前教学体制下,当学生面对具体情境时,其学业获得与他们应当掌握的知识技能之间往往存在极大的差距。在我校推行的整合教学中,学生是整合活动的行动者。教学中,教师将更多的学习主动权交给学生,引导学生通过对学习内容的整合使学生在整合情境中得到能力的提升。同时,整合情境对成绩稍差的学生而言是一种真正的学习:他们在整合的情境中,调用自己已有的学业获得,通过自身努力以及同伴互助等方式,构建自己的知识体系,使素养在情境中得到进一步锻炼和发展,从而缩小与其他学生的差距。这就是"丰·彩教育"办学思想提倡让每个孩子拥有属于自己的精彩的价值取向。

(二)整合化教学关注知识的积累

正所谓"丰实必会出彩"。"丰·彩教育"办学思想尤其关注学生知识的积累。其实,注重知识的日常积累是实行整合化教学的基础,学生只有掌握了较为丰厚的学科知识并加以内化才能更好地进行整合。知识的积累是一个长期的过程,"厚积"才能"薄发",在整合教学中我校教师更多地关注知识积累,从而更好地实施整合教学。同时借助整合教学,学生的知识储备也在不知不觉中得到了丰富和积淀。

二、整合化教学的具体操作

(一)重视主题单元知识的整合

所谓单元主题式教学是指教师创设一个良好的学习情境,学生在这样具有高度动机的环境中,可以接触和这主题相关的各种领域的学习内容,教师的教材有时可以采用联络教学的方式,横向编选和该主题相关的教学材料。"丰·彩教育"视域下的主题单元内容整合教学模式首先拓宽了教师的课程视野。教师们站在一个课程单元的高度审视课堂,让课堂置于一个主题流的情境中。教师们改变了原有的备课方式:运用不同的思维方式,采用从单一性到多元化、从线性化到网状化的备课模式,不断提高教研能力和课堂质量。在具体操作中其主要通过以下几个方面来推进:

第一,梳理教材,从理解内容走向校本探究。

课堂教学中老师们根据自己所任教年级的教材特点,认真研读教材,以"专题突破"为基本策略,整合教学内容,梳理出可以整合的教学内容,再结合平时的教学实际,用"单元主题"进行教学,最后将成熟的单元教学活动单元化、年级化、年段化,逐渐实现"形成体系"。为做好单元主题内容的整合教学,老师们要做好前期的研讨工作。他们主要围绕以下问题进行研讨:"如何设计'单元主题'问题和'课时小问题'才能更好地促进学生的思考和理解? 单元教学中的教学内容如何取舍? 教学中运用哪些教学策略才更有效? 完成这一单元教学需要多少课时量? 评价指标和评价方法如何设计? 等等。在集体研讨的智慧中,备课组教师们从不同的角度审视,寻找到既符合学生身心发展规律又符合知识发展的主题脉络,再根据单元整合的思路对比同一单元内容并从中寻找到文本的共性,最后再落实到整合教学中。

在具体活动实施过程中,老师们实现了三个转变,即由单一备课到备课组整体单元设计;由教学活动设计到课程设计;由教教材到用好教材的转变。在这样的转变中,教师解读教材的能力和运用系统性思维进行教学设计的能力均得到了提高。

第二,开发拓展,从教师主导走向学生主体。

为更好地推进单元主题的整合教学,教师设计了富有挑战性的问题,引导学生们通过课前预习、课中合作探究、分享交流的方式进行解决。这样的教学开发拓展了相关的学习资源,最大限度地激发了学生的学习潜能,使整合教学产生了最大化的效益。

第三,实践操作,教学从低效到高质。

教学中教师根据单元主题,引导学生对比文本内容,通过一篇带多篇甚至到一本的方式,精心筛选学习内容,提高学生的整体感悟能力。以三年级下册部编版教材中的第四单元为例,该单元主题是"观察与发现",共选取了三篇课文,都和观察与发现有关,分别是:《花钟》《蜜蜂》《小虾》。编排意图是引导学生细心观察,掌握观察的方法,并在观察中有所发现、有所创造。在教学本单元时,老师们通过认真解读教材,梳理出了本单元的语言训练点:引导学生抓住关键词句,体会文章的主要内容和抓住关键词总结描写动物的特点。教学中老师们紧扣此训练点引导学生围绕"课文通过哪些关键词句写出了动(植)物的哪些特点"等问题引导学生进行自主学习,课后再引导学生阅读《漂亮的孔雀"姐姐"》《蜘蛛——人类的良师益友》等书籍。此教学既精简了教学内容,又拎起了单元训练主线,这样在一个相对集中的时间段里进行单元语文要素的训练,改变逐篇教学的做法,删繁就简,直击训练重点,提高了课堂效益。

(二)关注课内外知识的整合

过去,我们抓住了课内资源这条主线,而对课外资源不够重视,身边丰富的自然和社会资源的教育功能和意义没有被充分认识和利用。其实,恰切的课外资源对学生的发展具有独特的价值。与传统教科书相比,课程资源是丰富的、大量的、具有开放性的,它以其具体形象、生动活泼和学生能够亲自参与等特点,给学生多方面的信息刺激,调动学生的多种感官参与活动,激发学生兴趣,使学生身临其境,在愉悦中增长知识、培养能力、陶冶情操,这是传统教科书所无法代替的。在整合教学中,我们教师关注到了课内知识和课外知识的联系,架起了课内知识与课外知识联通的桥梁。课中,教师们充分发挥课程资源的作用,使课外资源和课内资源融为一体,改变了过于注重教科书、机械训练的倾向。加强课内知识和课外知识的联系,倡导学生主动参与、探究发现、交流合作,主动地应用有利于创造性的一切可用资源,为自身的学习、实践、探索性活动服务;同时,教师们引导和帮助学生走出教科书,走出课堂和学校,充分利用校外的各种资源,在社会的大环境里学习和探索。我校主要利用以下资源为教学所用:一是校内的资源,如"博雅轩"书吧、"追梦厅"手球馆、"客家风"乡情展示馆、"丰彩石"等资源。二是校外的课程资源,包括"刘亚楼"将军纪念馆、中山百家姓纪念园等红土文化资源等为我们教学所用;"梁野山""千鹭湖"等旅游资源;"客家童谣""客家游戏"等客家文化。老师们结合我县丰富的地域文化资源,整合优质教育资源,在"我爱大自然"等单元主题中融入壮观的梁野瀑布、旖旎的仙女湖、白鹭翻飞的千鹭湖景观赏析。数学课堂则引导学生探究瀑布群的落差、仙女湖的面积、千鹭湖中的白鹭数量;美术课堂上教师根据教材特点引导学生将造型独特的客家廊桥、"上刀山""下火海"热闹场景等地域特色鲜明的本土文化作为美术素材。地域特色鲜明的课外资源引入课堂丰富了教学内容,开阔了课程视野,丰富了学生的知识积淀。

(三)加强学科间知识的整合

教育家纽曼说:"知识是相互联系的,每一种知识都有其独特的视角,而又都是整体的一部分,忽视任何一门学科都是对知识的一种蒙蔽和分裂,它将导致对其他学科的不可靠的理解。排除任何科学都将导致人类的理解力逐渐贫乏。"由此可见学科间知识整合的重要性。奥苏贝尔提出学习者要进行有意义的学习,让已有的认知结构和新的认知材料之间发生关联。整合教学法认为,科学知识不应该局限于固定学科的框架中。因此,学习者不能局限于某一学科之内。由于我国课程体系的学科划分过细,长期以来在我国基础教育中,各学科教师往往单纯注重本学科知识内容的教学,既没有把不同学科相关知识整合进行教学的意识,又没有引导学生进行学科知识整合的活动,这样的教学不利于学生综合思维和整合能力的发展,使得学生无法调动已有的经验解决面临的具体复杂的情境。教学中很多教师在实施课堂教学时往往只关注自己所任教的学科,实施课程的整合也只在学科内部进行。基于此,我们的"丰实"课堂教学注重引导教师加强学科间内容知识的整合,培养学生的综合思维和解决复杂情境的能力。教学中教师们在课程实施过程中找到学科间的融合点,比如,音乐与语文课程之间的相通点,语文课上开展"歌词欣赏"等活动,通过引导学生品读歌词的语言美、表达美,进而感受歌词在表达情感中独到的表达方式。语文学科和信息学科同样可以进行融合,如在教学《恐龙的灭绝》一课时播放形象生动的恐龙演化视频就拉近了学生与恐龙生活年代的距离感,激发了学生的求知欲望,获得了语文学科知识,又培养了语文能力。数学是抽象性、逻辑性很强的一门学科,小学生的思维正处在由具体形象思维向抽象逻辑思维的过渡阶段。在解决数学知识的抽象性与学生思维发展水平之间的矛盾时,我们可以借助科学学科知识架起数学学科教学的学习桥梁。他们与科学教师共同开设了"现象与计算"等教学活动。如在大豆的发芽实验中,除了引导学生观察发芽所需要的条件,还引导学生计算大豆的发芽率,感受百分率在生活中的引用。又如在美术教学中引导学生将语文课文中表达的内容用图的方式画下来。再如,在道德与法治(品德与社会)"爱家乡"的主题教学中,教师们将语文教材资源与道德与法治(品德与社会)内容进行融合,引导学生品读"思乡"美文、诵读"思乡"古诗,让思乡、爱乡的情感得到进一步深化,促进了教育情感目标的达成。同时,语文中感性的故事与品德课本中真实客观的社会事实及图片符号相结合,丰富了课堂。

综上,巧妙地有效链接与整合学科资源,有利于打破学科界限,满足综合学习的需要,同时充实了学科的内涵,拓展了教学的外延;开阔了学生的视野,丰富其知识积淀,促进了学生全方位的发展,提高了教学的质量和实效性。

第二节　学习过程深度化

2016 年,学生的核心素养提升问题被提高到了一个全新的高度。核心素养的提出是基础教育课程改革的创新点和突破点;"丰·彩教育"办学思想主张培养学生的个性,引导学生展示自我,充分表达自己的观点,绽放独特的精彩。从某种程度上说,"丰·彩教育"是培养学生核心素养的教育,是引导学生扩大知识积淀,面向未来的教育。要使核心素养落到实处,从教学角度看,必须引导学生进行深度学习。

深度学习是一种把知识学习与经验的拓展、思维的发展、情感价值的建构、运用知识解决问题的能力等方面整合起来的学习方式;是指学习者能够批判性地学习新思想,并在原有认知结构的基础上建构新知识,在众多思想中做出分析和判断,迁移和运用新知识并解决问题的学习,这是一种积极主动的学习方式。倡导深度学习,防止学科知识的浅层化和学生思维的表层化,是学科教学走向核心素养的一个突出表现。在应试教育背景下,许多老师存在:怎么考就怎么教的思想。在这样的惯性思想左右下,现如今的课堂往往处在浅层教学阶段;教师游离于学科的本质和知识的内核之外,对学科教材和实际教学内容的理解缺乏应有的深度。对此,李松林教授从专业的角度对此做了归纳和分析:"一是教师常常将知识的教学简单化地理解为符号形式的教学,而很少深入知识的逻辑根据、思维方法和深层意义的教学中去;二是教师常常将被狭隘理解的'双基'作为教学内容的核心,而将蕴含于"双基'背后的基本经验、基本方法、基本思想和基本价值等更富有教育内涵的学科内容要么排除在外,要么一带而过;三是教师常常将教材中的概念性知识(主要是概念、原理等)作为学科教材知识的全部,而很少认识到知识不但包括事实性知识、概念性知识、方法性知识和价值性知识四种类型,还涉及经验、概念、方法和价值四个水平;四是教师常常对教材中所谓的重点、难点和要点加以特别关注,而对学科基本结构的把握不够明确。正是教师在学科理解上的这些不足和教学内容的粗浅、零散状况,直接降低了课堂教学的品质与深度,导致了浅显、零散、繁杂和空洞四大突出的课堂学习问题。

同时,深度教学有利于促进教学目标的达成。教学中,教师们往往专注于知识的符号系统的表层与表面教学,而在学习知识过程中的品质和学习素养往往会被忽略。知识的文化属性被忽略,使课堂教学目标的达成总是处在浅表层,学生核心素养的提升效果也较弱。"深度学习"立足于新的理论基础与观念,从知识的内在构成来理解知识的丰富价值,有利于学生在获取知识的同时形成相应的情感态度与良好的学习品质,从而真正地促成教学目标的达成。

再者,深度教学有利于提高课堂教学的有效性。深度教学强调以学生的学习为中心,在时间、深度和广度上强调学生的参与度,强调学生高品质的学习,这样的教学必能取得良好的教学效果,提高学生的自我学习能力,切实促进学生的发展,提高学生的学习效率。

总之,基于现实的重要性和必要性的"深度学习"与我校"丰·彩教育"思想提倡培养学生的个性,引导学生在学习中绽放自己的精彩,强调"自我表达"的思想是不谋而合的。

一、深度学习的方法策略

"深度学习"强调从课堂整体出发,通过丰富教学层次引导学生做到"三个学会",即学会知识建构、学会问题解决、学会高阶思维。课堂上教师采用"问题引领""学法导航""反思放彩"三步教学流程开展深度学习,即学生在教师深度问题的引领下运用探究、合作等学习方法,在学习情境中投入学习,理解所学的知识,主动构建新知识体系,在新情境中迁移运用;在学习活动中运用批判、理解、整合、创造等方法开展合作学习,发展高阶思维,培养学习能力;同时引导学生总结与反思自身在课堂学习中的表现,通过自我和他人评价,及时调整自身的学习方法或策略,以更大的热情投入到学习中去并在班级展示交流环节能自信、从容地展示自我风采。

二、深度学习的操作策略

在实际教学中,我校教师采用以下的策略引导学生进行深度学习。

(一)注重构建课堂氛围,奠定和谐情感基调

和谐的课堂氛围注重课堂上师生之间知识与经验的交融、理智与情感的互动,是心与心碰撞的过程。我校"三精"教师团队是一支循循善诱、和雅风趣的教师队伍。这支队伍中老师们乐学善教,激情饱满。课堂上,教师们善于运用亲切的话语、关切的目光鼓励带动学生参与课堂学习,营造教学浓厚的课堂氛围,让学生产生情感共鸣,带动学生走进知识的情感世界;教师善于引导学生与文本产生深刻的共鸣,注重引导学生走进文本,走进作者,理解文本与作者所要表达的情感;教师在教学课堂氛围的渲染上颇具匠心,为深度学习营造了良好的情感氛围。如,在教学《飞向蓝天的恐龙》一课前,我校的温老师先播放了当今科技发展的小视频,屏幕里快速发展的科技炫风、探味十足的未解之谜一下子拉近了学生与文本的距离,营造了"未成曲调先有情"的妙境,为深度学习奠定了情感基调。

(二)注重挖掘课堂文化,引导学生学会知识建构

传统的课堂只注重对知识的传授,停留在机械的理解知识的符号阶段,无法真正地"转识成智""以文育人"。而实现"深度学习",必须深入挖掘知识的文化内涵与文化底蕴,给传授的知识以温暖的色彩。所以在课堂中,教师们着重挖掘教材或知识的文化属性与文化价值;同时发展学生的观察能力与想象能力,充分给他们留有自我观察和充分想象的时间,孩子从自身建构对知识的理解,充分参与课堂,和教师互动,在时间上都给予了学生足够的保障;其次,重视学生的已有经验并引导学生学会深刻反思,将

书本知识与学生的经验相结合,培养学生善于反思的能力,引导学生在反思中学习,在反思中成长。

(三)发挥主观能动性,引导高阶思维发展

从学生在教学过程中的认知状态来看,深度教学强调要促进学生积极主动地学习,而让学生从不同角度、不同立场、不同情境中去理解知识,则要引导学生以多样化的方式学习。多样化的学习方式营造了乐学氛围,发挥了学生自身的主观能动性,促进了学生的参与热情。在深度学习中教师们根据学生的性格、学习基础、学习习惯、学习品质和能力等因素将班级学习进行了分组。这些小组中的每个孩子都是主角,他们充分发挥自己的个性,展示自己的风采,在小组学习中承担着或记录或组织或质疑、补充等任务。他们各展其才,各司其职,在学习活动中充分发挥学习小主人的精神,在老师的引领下紧扣学科特点开展深度学习,提高了自身的高阶思维能力。如我校一教师在《解决问题》的新授课中,引导学生充分理解条件后,让学生尝试用喜欢的方法解决问题,在自主交流过程中学生深刻感受到不同的方法都有相同的思考过程——从条件想起。这节课中,执教者设计的几个教学问题给学生创设了思维的大空间,教师退到台后巧妙地指引孩子在台前有序地探索,学生学会从条件想起的策略,同时更体会到策略的价值。学生成为课堂的主人,学得兴趣盎然,数学的核心素养得到了可持续的发展。再如,一教师在执教《棉花姑娘》一课时引导学生读一读燕子、啄木鸟、青蛙的三次对话,再引导他们发现文本的构段方式都是通过先写三种动物的歉意,接着介绍这几种动物只会捉哪里的害虫,最后写棉花姑娘请别人帮忙的表达方式来叙述的。该教师在本环节的教学中引导学生深入童话文本,在引导学生感受童话一般性特点的基础上主动探究出童话写作中"反复"的表达特色,进而培养了学生的思维。同时,教师还引导学生感受与体会棉花姑娘在请别人帮忙的过程中情绪的变化,引导学生运用想象、联想等方法想一想:假如自己是棉花姑娘会怎样说、怎样想,并试着编写故事。教学中学生通过观察段落的表达特点,提高了自身的分析、归纳和概括能力,促进了直觉形象思维能力和抽象逻辑表达能力的提高,进而促进了学生高阶思维的发展。

(四)驱动学习任务,推进学习深度化

为更好地促进"深度学习"的实施,我校教师秉承"质疑、合作、探究"的

教学理念,构建"任务型"课堂。教师引导学生采用"明确任务、合作交流、解疑释惑"的学习方式,通过学生自身的深刻体验、思考感悟,同伴的合作交流等渠道提高学生的核心素养。我校教师采用"预习找问题""课中悟盲区""课后会拓展"的教学方式引导学生明确学习任务,以任务驱动的方式展开教学。在预习环节,学生根据学习内容完成预习单,并写下自己不理解的地方或在不理解的地方做上记号。教学中老师根据学生填好的任务单设计班级学习任务单。此任务单是基于学生的学习起点和学习需求来设计的,并依据不同学生的学习能力设计有一定梯度的学习任务。在这个学习任务单中,基础性知识,学生通过自主学习自行解决,拓展性知识则通过小组合作的形式来解决,提高性知识却通过小组间交流探讨、展示补充、教师引导点拨等方式解决,这样的教学策略使每个学生在原有的基础上都有所发展。

在实施任务环节,我们引导学生采用"三部曲"学习法引导学生深度学习。第一步:问题引领,自学质疑。课前老师先用一定的时间引导学生自主完成预习单中的学习任务,并提出学习中的困惑点,小组内进行质疑问难。第二步:学法导航,互学释疑。在小组合作学习环节学生互相启发,互相帮助,进行思维的碰撞、观点的交锋,举小组之力解决问题,解决不了的问题寻求老师的帮助。第三步:交流总结,悟学提升。在交流展示环节,我们采用多样的展示方式呈现学习成果;或口头表达或上台展示或创意表演。其他同学认真倾听,适时提出看法,表达自己的理解和想法;教师在一旁进行引导、点拨、总结。在"深度学习"中我们教师始终以倾听者、促进者、引导者的角色,把学习时间的主动权交给学生,引导学生开展思维的碰撞,真正让学生沉下心来开展深度学习。

(五)鼓励多种实践,强调深度体验和表达

教学中我校教师注重引导学生在实践中延伸,在实践中拓展学习,通过"灵活多彩"的实践活动将深度学习推向纵深。以语文教学为例,教学中通过师生共同研读文本、挖掘语言实践点提高学习效果。学习古诗后,教师组织学生开展一些语文实践活动,如将古诗内容改成小故事、小游记或将寓言故事改编成课本剧等。因为活动过程本身也是一份丰厚的课程资源。这些活动促使学生应用语言、内化语言,使学生真正将学习的感受、感知与感悟有机地融入自己原有的认知结构中,进而提升学习层次,强化学习能力,适应新情境、探究新问题、生成新能力。同时在教学实践中,我校

教师善于对教材进行深度的二次开发,引导学生发现文本内容之间的内在联系,拓展所学的知识。在拓展活动中老师不拘泥于固有的答案,而是引导学生在学习过程中勇敢地陈述自己的观点,展示汇报自己的学习成果,让学生通过比较、批判形成自己对知识的建构与理解,从而促进学生优良学习品质的培养。

成尚荣先生提出:教学改革绝不能止于有效教学,教学的根本性变革在于以学生的学习为核心,是"让学"。我校教师以"渲氛围""重思考""深交流""善拓展"为策略引领学子们脚步铿锵地行走在深度学习的路上。在这条充满阳光的路上,学生们不断沉淀自我,不断超越自我,实现着自我的精彩。

第三节　学习成果多元化

目前对学生成果的评价关注学业成绩多,忽视过程性评价少。绝大多数学校对学生学习的评价注重的是学业成绩,对学生平时的学习过程、学习方式方法、学习效果缺乏了解和考核,教学的主体和客体之间缺少交流和反馈,不能充分全面地了解学生、评价学生,不能很好地反映学生发展中的需求。"丰·彩教育"视域下的学生学习成果的评价是基于学生终生发展,以每个孩子拥有自己的精彩为核心价值目标的,立足点是培养"品格丰盈""才智丰茂""气韵丰雅"的时代出彩少年。在学生学习成果的评价中,相对于传统、单一的评价,我们倡导多元评价,提倡用多把尺子衡量学生,重视学生的个性差异和学习潜能。

一、成果评价方式多元化

让每个孩子绽放属于自己的精彩是我们"丰·彩教育"的出发点和归宿,在评价学习成果中我们采用"1＋X"方式来进行。这里的"1"指的是每学期末的质量检测,教师通过这个质检成绩大体了解学生知识的掌握程度。"X"代表的是我校组织的各项学业活动及学生学习过程中的表现情况。"X"的成果体现在平时的主题演讲、故事会、征文比赛、作业表现、课堂参与度等方面。

（一）重视动态性评价

我校对学生成果的评价是动态性的，我们不拘泥于以一次活动评价学生。开学初，老师们将建立每一个学生的基础评价（原评价）档案，教学中老师将根据学生的变化，以动态评价的方式呈现学生的发展。

（二）注重过程性评价

我们在课堂学习中将学生的出勤、作业、应答、合作学习、比赛获奖等学习表现作为学习成果，并将此成果作为学生发展的重要指标，及时掌握学生的发展，不断促进学生的成长。

二、成果评价主体多元化

（一）教师评价为主

课堂教学中教师对学生成果的评价是最重要的评价，并且贯穿学习过程的始终。我校教师用一双"慧眼"及时发现学生的闪光点；用一双"千里眼"发现学生潜在的能力。

（二）自我评价为基

我们还注重学生的自我评价，如引导学生对课堂上的自我表现进行评价："你觉得自己积极参与课堂了吗？哪个环节你觉得自己的表现最令自己满意？""你觉得自己的哪一份作业质量最高？""你觉得自己的朗读怎样？哪些地方还需要努力？"……通过引导学生自我诊断提高学习效果，不断提高学习效率。

（三）互动评价为辅

课堂上我们组织同桌之间、学习小组之间对评价者学习过程的表现进行评价，同时引导家长参与学生的学习评价。

评价中我们通过个体与群体评价的融合，对学生的成果给予较全面的评价，较好地促进了学生全方位的发展。

三、成果评价策略多样化

(一)激励性实物评价

在课堂教学中老师们根据学生的上课情况,建立班级"积分兑奖""争章行动"等生动有趣的奖励性评价策略。课堂教学中,当学生提出一些富有价值的问题或有独特见解时,老师们就会在学生的课本扉页印上智慧星或笑脸等图案,并作为期末的兑奖依据。如果学生的智慧星(笑脸)积累到了一定数量,可到班级"积分小超市"换取一些小礼物或获得老师赠送的作业免做券等奖励。这种带着温情的评价方式使得师生关系更为融洽,唤起了学生的主体意识和目标意识,让教学成果更加丰富。

(二)温情性语言评价

在历年"你最喜欢怎样的老师"问卷调查中,许多学生表示喜欢语言亲切、态度和蔼、幽默风趣的老师。的确,良言一句三冬暖,教师在评价中如能运用亲切幽默的、富有激励性的语言评价学生,学生则能调动起最大的学习热情,从而投入到更加高效的学习中去。同时,我们在口语评价中要注意采用富有新鲜感的、富有感染力的语言,这样才会真正产生激励性的效果。教师采用"你真会观察生活!""你很有思想!""相信自己,你能行!""你锲而不舍的精神感染了我。你是老师学习的好榜样。"等激励性的评价营造了宽松、和谐、民主的教学氛围。学生在轻松、愉悦的氛围里与老师、同伴进行心灵的碰撞、生命的融合,不断获得成功的体验,让课堂焕发出生命的活力!

(三)期待性延迟评价

学生的成长有一个花期,只有耐心等待,花儿才能绽放美丽。对于有些性格内向、学习基础较差的学生,我们会采用延迟评价的方式评价学习成果,用等一等、缓一缓的方式来评价学生。对于学习成绩较差的学生,教师们会采用"借分"法(即学困生可以向老师借 10 分、20 分等分值,下次进步的时候再归还给老师)来激发学生的学习积极性,这种期待性延迟评价让学生感受到了身边的期待和爱。

四、成果呈现方式丰富化

课堂教学效益如何,从很大程度上要看学生成果的展示。在我校的学生成果呈现的方式上,我们也采用了丰富多元的方式。

(一)书面习得类成果

这类成果主要体现在学生学习过程中的课堂小测、家庭作业、活动中的征文、手抄报等方面。我们为每个学生建立了一个成长记录袋,老师们将"作品"放置袋中,并不断进行充实。小小的记录袋见证着他们的精彩,更见证着他们的成长。

(二)实践研究类成果

我校结合节日契机,开展了丰富的课内外拓展活动,如,开展"客家微生活""百家姓探秘""走进梁野瀑布""千鹭湖之旅"等探究活动。研学活动中我校学生以探究小视频、活动美篇、实践报告、数学小论文等形式呈现学习收获。

(三)学习品质类成果

我校还非常注重学生在学习过程中学习品质的培养,将学习过程中呈现出来的乐学、互助、主动性等提升情况作为特殊成果对学生实施评价。

教学活动中我校教师以着眼于未来、着眼于发展的学习成果观念,着力培养学生的各种能力和学业获得。在学习成果多元化的课堂教学理念的引领下,我校学子们勤于钻研、精于实践、专于发展:在省、市、县期末教学质量检测中众多学科位居全县第一名;在各级各类的演讲、征文、诵读、阅读等技能展示活动中均获佳绩。多元化的学习成果展现了课堂的精彩,引领着学生演绎生命的多彩。

第四节　建立高效的课堂教学评价机制

课堂教学评价是指对课堂教学实施过程中出现的客体对象所进行的评价活动,其评价范围包括教与学两个方面,其价值在于提高课堂教学效率。课堂教学评价是促进学生成长、教师专业发展和提高课堂教学质量的重要手段。

基于"三化"课堂即教学内容整合化、学习过程深度化、学习成果多元化的课堂教学评价机制旨在通过对教师的教学行为和学生的学习行为的实施及其结果进行系统的信息采集和处理。我们对教学活动的过程和结果作出有效的价值判断,进而为教师的教和学生的学提供决策服务,力推"三化"课堂教学模式的实践研究,从而提高课堂教学质量。

一、评价理念

"三化"教学模式追求"让每个孩子拥有自己的精彩",教学评价中我们本着师生共成长的理念,既关注评价的"诊断性",又关注评价的"过程性"和"发展性"。我们通过评价激发学生个性品质的成长,培养学生的自信,引导学生积淀自我,引领成长;通过评价引导教师优化教学策略,多渠道提高教学质量。

二、评价意义

我校教学评价机制既关注结果,又着眼于过程。我们期待结果与过程共绽,能力和情感齐飞。我们不仅关注学科知识的掌握,而且关注学生学习过程中表现出来的情感、态度与价值观等,通过全方位评价来关注学生的成长,促进学生素养的提升。

三、评价原则

(一)导向性原则

在实施教与学的评价过程中,我们遵循教育的客观规律,突出核心素养下的课堂教学改革理念,通过合理使用评价结果,给课堂教学正确的导向。

(二)过程性原则

评价中我们关注在教学过程中学生的个性化表现,关注他们的探究过程、成长过程;关注学生在教学活动中的知识掌握情况;关注他们在教学活动中表现出来的团结合作、互帮互助、共同成长等学习品质的发展,把学生个性发展中的个性品质和能力素养的提升作为评价的重要因素。

(三)发展性原则

教育是慢的艺术。我校教师秉承"静育花开"的教风,把学生的发展与成长作为课堂教学的落脚点。课堂教学中我们关注学生的主体地位,把学生的"进步、自信、合作、分享"等关键品格作为学生成长的关键词。我们不以一次评价作为评价的依据,而是综合多次评价,以评价促发展,以发展促进步。同时,我们还关注到了教师教学能力的有效发展,促进教师的专业成长。

(四)简单性原则

评价体系既要全面考察教师教学行为和学生学习行为的过程及其效果情况,又要做到方便易行、便于操作。

四、评价方法

(一)自评与互评相融

评价中我们既强调教师的主体评价作用,又重视专家、领导、同行、同伴之间评价的作用,引导教师多方位了解教学反馈情况,从而提升教学策略,提高教学实效。

(二)过程与结果相伴

我们不局限于对教师课堂教学、学生学业成绩和学习结果的单一评价,同时将学生学习活动中的表现作为评价的依据,并贯穿于教学活动的始终,伴随学生的成长。

(三)横向与纵向结合

我校将同一班级的学生分成不同的层次,让学生和与自己水平相当的同一个层面的同学进行比较。这样既保护了学生的自尊心,又促使学生看到了自身的不足,从而促进学生的发展。纵向评价,它以时间为轴线,把学生现有的各方面表现与自身过去某一阶段的表现进行比较,从而得出客观的评价结论。横向与纵向评价能最大限度地提高学生的自信心和进取心,发挥最大的评价效益。

(四)差异与觅优相生

美国心理学家加德纳提出的多元智力理论告诉我们:每一个学生都有自己的智力强项和独特价值,对所有的学生都采用同样的评价标准是不合理的。因此,我们在确定评价标准时,着眼于学生的发展,弱化"统一参照",强化"自我观照",对学习水平高一点的学生,标准高一些;对学习水平低一点的学生则松一点,让他们迎头赶上。在一个班级群体中,根据学生的个体差异而采用不同的评价标准,因人而异地对学生进行灵活而具有个体特色的评价即差异评价。同时,我们采用"觅优评价"即努力寻求学生身上的闪光点,通过采取多种激励措施鼓励学生,让每一个学生都获得成功的体验。差异与觅优评价的使用共同促进了我校学子的发展,引领他们绽放属于自己的精彩。

(五)评教与评学相随

在评价中我们力求将"评教"与"评学"结合起来,通过"评教"促进学习;通过"评学"提升教学,建立良性循环的教学评评价系统,以此来促进整体教学质量的提升。

五、评价的指标体系

本教学评价指标体系覆盖了教学活动的全过程,围绕"学习内容整合化""学习过程深度化""学习成果多元化"等内容,紧扣"课前准备——教学实施——教学反馈"的流程来建立。

因此,本教学评价立足于观测教师和学生的教学行为以及这些行为所带来的教学目标的达成情况,包括教学设计、课前准备、实施过程以及课后反思。

表 5-1　基于师生素养发展的课堂教学评价量表 1(新授课)

课题:＿＿＿＿＿＿　科目:＿＿＿＿＿　任教班级:＿＿＿＿＿

执教者:＿＿＿＿＿　时间:＿＿＿＿＿　地点:＿＿＿＿＿

评价项目		评　价　内　容	权重	自评分	他评分
教学目标		注重学科核心素养的培养,凸显学科特点,符合班级学情和学段特点;目标具体、明确、操作性强。	20		
教学内容		适合学生的认知、发展水平;注重学习资源的开发与拓展,善于对学习内容进行整合。	10		
教学方式	教师的教	突出学生的主体地位,采用自主、合作、探究学习方式,引导学生深度学习,培养学生的高阶思维,培养学习自信,学生学习积极性高,能主动、大胆地表现自我风采,多渠道提升学生的学科核心素养;能根据个体差异,采用有效方式鼓励学生大胆地展示自我。	30		
	学生的学	主动积极地参与课堂,深度学习的时间、深度和广度达到一定要求;在合作、探究活动中能大胆质疑、敢于创新,善于表达自己的见解,乐于与同伴分享学习收获,勇于绽放自我的精彩。	30		

续表

评价项目	评 价 内 容	权重	自评分	他评分
教学效果	目标达成度高,思维得到发展,知识得以建构,学会知识的整合,学习成果多元,学生收获了成功的喜悦,在学习习惯和学科素养方面均得到提升。	10		
累计得分				
综合评价及建议				
自我评价和改进措施				

备注:本评价量表采用等级量化评价办法,总分 100 分。评价等级分为优、良、中、差。总分 90 分以上为优,80~89 分为良,60~79 分为中,60 分以下为差。

表 5-2　基于师生素养发展的课堂教学评价量表 2(复习课)

课题:＿＿＿＿＿＿　科目:＿＿＿＿＿＿　任教班级:＿＿＿＿＿＿

执教者:＿＿＿＿＿　时间:＿＿＿＿＿　地点:＿＿＿＿＿＿

评价项目	评 价 内 容		权重	自评分	他评分
教学目标	注重学科核心素养的提升,凸显学科特点,符合班级学情和学段特点;目标具体、明确、操作性强;重视学生学习方法的总结和能力的提升。		20		
教学内容	关注学科间、单元间知识点的统整,注重能力的提升。		10		
教学方式	教师的教	突出学生的主体地位,善于引导学生采用自主、合作的学习方式对知识进行整合和梳理,寻找知识关联点,引导学生开展深度学习,培养学生单元(类)学习能力,并提高学生运用知识解决问题的能力。方法灵活多样,能提升学生(尤其是知识掌握较薄弱的学生)的学习自信,鼓励其展示自我。	30		
	学生的学	主动积极地参与课堂,能对自己的学习方法和知识掌握情况进行系统的总结和反思;能在反思中提出改进的意见,能大胆质疑、有独到的见解,乐于与同伴分享学习收获。	30		

续表

评价项目	评 价 内 容	权重	自评分	他评分
教学效果	知识、思维得到发展,学会知识的整合,学习方法得到有效提升,学习成果多元化,学生收获了成功与进步的喜悦,学生的学习自信心、恒心等品质得到了培养和提高。	10		
累计得分				
综合评价及建议				
自我评价和改进措施				

备注:本评价量表采用等级量化评价办法,总分 100 分。评价等级分为优、良、中、差。总分 90 分以上为优,80~89 分为良,60~79 分为中,60 分以下为差。

第五节　优秀案例呈现

一、语文学科教学设计

※《狐假虎威》第二课时教学设计

武平县实验小学　石晓英

【教材说明】

这是一则寓言故事,讲的是一只狐狸借着老虎的威风吓跑了森林中的百兽。故事告诉我们生活中有些人借着别人的力量吓唬人,其实自己没有本领。寓言讽刺了仗势欺人者的奸诈狡猾。全文语言生动有趣,非常适合学生阅读和表演。

【教学目标】

(1)正确、流利、有感情地朗读课文,演一演狐狸蒙骗老虎的情节。

(2)联系上下文,理解"半信半疑""神气活现""东张西望"等词语的意思。

(3)理解课文内容,知道狡猾的狐狸是借助老虎的威风吓跑百兽的。

(4)让学生懂得生活中有些人就像狐狸那样,借助别人的力量吓唬人,其实他们自己根本就没有什么真正的本事。

【教学过程】

一、复习导入,引出话题

(1)师:同学们,这节课我们继续学习《狐假虎威》。"狐假虎威"是什么意思? 课文里是用哪句话说出来的?

(2)课件出示:原来,狐狸是借着老虎的威风把百兽吓跑的。(学生齐读)

二、精读课文,理解内容

1.出示课文第一幅插图

图上画的是什么? 课文哪个自然段描写的是这幅图的情景?

预设:课件出示句子:在茂密的森林里,有一只老虎正在寻找食物。一只狐狸从老虎身边窜过。老虎扑过去,把狐狸逮住了。

(1)提问"茂密"是什么意思?(指森林里的树很多)

(2)师:谁能做出"窜"的动作?

指名做"窜"的动作,并追问:小狐狸,你为什么要"窜"过去呢? 学生汇报。

(3)师:谁来做做老虎的动作? 指名学生做"扑""逮"的动作。

(4)师:在茂密的森林里,有一只老虎正在寻找食物。一只狐狸从老虎身边窜过。老虎扑过去,把狐狸逮住了。

(5)指导朗读:虽然狐狸逃得很快,但还是被老虎捉住了,多惊险呀! 谁能把这段话读出惊险的语气来?

2.学习第2~6自然段

师:眼看狐狸就要成为老虎的美食了,接下来,会发生什么呢? 自由读读课文第2~6自然段,将描写狐狸的话用横线画出来。

学生边读边画,教师巡视指导。

学生读描写狐狸的话,教师相机出示:"骨碌碌一转""扯着嗓子"。

(1)指名表演狐狸的样子,理解"骨碌碌一转""扯着嗓子"的意思。

(2)讨论交流狐狸这样做的原因,明确狐狸是在想办法对付老虎,体会狐狸的狡猾。

听了狐狸的话,老虎的反应又是怎样的呢?(课件出示一愣、被蒙住了)

(1)联系上下文理解"一愣"的意思,感受老虎听了狐狸的话突然呆住了的样子。

(2)讨论交流:老虎为什么会"被蒙住了"? 它听到狐狸的话会想些什么? 体会老虎的愚蠢。

分角色朗读第2~6自然段。教师扮演狐狸,指名学生扮演老虎,一名学生当叙述者。

3.学习第7、8自然段

(1)课件出示第二幅插图。

①指名用自己的话说说图上画的都有谁,它们在干什么。

②引导观察图画中老虎和狐狸的位置:狐狸在前,老虎在后。

③让学生说说老虎和狐狸的样子,从老虎瞪大眼睛、张着嘴感受它的半信半疑;从狐狸迈着大步、摇着尾巴、一脸得意扬扬中,体会狐狸的狡猾和得意。

④指名说说老虎的神态。

(2)课件出示填空:老虎跟着狐狸朝森林深处走去。狐狸____,____;老虎____,____。指名口头填空。(板书:神气活现　摇头摆尾　半信半疑　东张西望)

①出示狐狸图片、词语:"神气活现、摇头摆尾"。谁来表演一下狐狸? 狐狸为什么要摇头摆尾呀? (它骗了老虎,老虎上当了,它很开心、很得意。)

②出示老虎图片、词语:"东张西望、半信半疑"。

老虎为啥要东张西望呢? (它想看看小动物们的表现)。

"半信半疑"是什么意思? (有点相信又有点怀疑)。

教师启发老虎相信的是什么,怀疑的又是什么。(明确:老虎有点相信狐狸是老天爷派来管百兽的,但是,自己从来没见过老天爷,所以,又有点怀疑。)

③指名学生表演老虎东张西望、半信半疑的样子。

(3)指名朗读第8自然段。

①课件出示(小动物们)看见狐狸大摇大摆地走过来,跟往常很不一样,都很纳闷。

A.联系上下文理解"纳闷"的意思,体会小动物们因为今天的狐狸得意扬扬、大摇大摆而感到奇怪的心理。

B.指导朗读,读出小动物们的好奇。

②出示句子:再往狐狸身后一看,呀,一只大老虎! 大大小小的野兽吓

得撒腿就跑。

A.引导理解交流,小动物们撒腿就跑,不是害怕狐狸,而是害怕狐狸身后的老虎。

B.指导朗读,读出感叹的语气。

C.启发思考:当老虎看到小动物们都跑了,会怎么想呢?(预设它可能想,看来百兽都害怕狐狸,狐狸真的是老天爷派来管百兽的。)

D.课件出示:这真是一只_____的狐狸,一只_____的老虎。(狡猾、蠢笨)

4.齐读第9自然段的最后一句话:原来狐狸是借着老虎的威风把百兽吓跑的

教师小结:后来这个故事就演变成一个成语"狐假虎威",它告诉我们生活中有些人就像狐狸那样,借助别人的力量吓唬人,其实他们自己根本就没有什么真正的本事。

(五)分角色表演。

(1)学生在六人小组里表演,组长复述课文内容,分配角色,其他五位同学分别扮演狐狸、老虎、小兔子、小野猪、小鹿,戴上头饰表演。

(2)教师巡视,深入小组指导。

(3)指名表演得好的小组上台表演。

三、课堂小结,续编故事

今天我们一起走进了成语故事"狐假虎威",不仅懂得了这个成语的意思,还学会了表演。请同学们发挥想象,有一天,老虎和狐狸在森林里又见面了,又会发生什么有趣的故事呢?回家和爸爸妈妈一起续编这个故事。

【教学点评】

石老师以清新大方的教态,耐心的引导,引领孩子们与文本对话,进行了朗读、说话、字词句段品析和写字等方面的有效训练,让孩子们在快乐的学习中提升。

一、走入文本,有悟有读

新课标指出:小学语文的教学要重视朗读,让学生充分地读,在读中整体感知,在读中有所感悟,在读中培养语感,在读中受到情感的熏陶。而石老师在课堂上就非常重视学生的朗读,努力做到以读为本,以读悟情,读的形式多种多样。如:带着问题读、抓住关键词语读、分角色读等,抓住狐狸与老虎的三次对话进行多种形式的朗读、理解和感悟。在教学重点段落时,抓住狐狸的动作"骨碌一转、扯着嗓子",让学生理解狐狸的心理活动,体会它的狡猾;又从老虎的动作"一愣、蒙住、松开",使学生感受到老虎的心理变化。师生合作,共读对话,带领学生深入感受,体会到狐狸的狡猾和老虎的疑惑。

二、创设情景,角色体验

在学习到狐狸和老虎走进森林时的情景,石老师抓住狐狸的表现——神气活现、摇头摆尾,老虎的表现——东张西望、半信半疑,用动作表演代替机械的词语解释,让学生理解狐狸和老虎内心的想法,为后来分角色带头饰、进行对话表演打好了基础。读一读、演一演的环节不仅加深了孩子们的印象,更是把课堂的气氛再次推向了高潮。高兴学来的东西,我想孩子们永远不会忘。

※《司马光》

武平县实验小学　黄春凤

【学习目标】

(1)读准生字读音,读通句子,会写"司、登"。

(2)正确、流利地读课文,读好停顿。

(3)能借助注释了解课文大意,并用自己的话讲讲故事。

(4)能初步感受文言文的特点和魅力,简单说出文言文与现代文的区别。

【教学重点】

读准生字读音,读通语句,了解课文大意。

【教学难点】

用自己的话讲讲这个故事,初步感受文言文的特点。

【教学过程】

一、激发兴趣,导入新课

(1)师:孩子们,黄老师给你们带来了一些中国古代名人小时候的故事,一起说这是"曹冲称象、孔融让梨、凿壁偷光"的故事,今天呀,咱们也要来学习一个中国古代名人小时候的故事,故事的题目叫作"司马光",读题,板书司马光。

(2)教学生字"司",伸出小手指,和老师一起书空"司",注意"口"要写扁一些。再读课题。

(3)认识复姓司马,说说生活中的复姓。

（4）出示幻灯片：认识生活中的复姓，诸葛、东方、欧阳、上官……

二、初步了解文言文的特点

（1）孩子们，你们看，这是一年级下册学过的课文《司马光》，全文共有141个字，而我们今天学的《司马光》全文只有30个字，是古代的人用古文写的，它有一个很特别的名字，叫"文言文"，一起读读。

（2）用你们的火眼金睛，仔细观察并认真思考，现代文和文言文有什么区别呢？指名说。

（3）总结文言文的特点：篇幅短小、语言简练、带有注释。

三、读准字音，读通语句，读好文言文的停顿。

（1）师：黄老师有布置你们预习生字，黄老师要检查一下预习情况：出示字词，指名读、齐读、特别强调后鼻音的字。认读生字，读好后鼻音。

（2）认读后鼻音的字。

（3）自由读读课文，在文中读准生字的读音。

四、用多种方法理解字词，感知课文大意。

师：为了帮你们读好文言文，黄老师帮你们划好了小节线，自由朗读一遍，读通语句，读好停顿。熟读课文，感知课文大意。

（1）默读课文，说说课文讲了一件什么事？指名说。

（2）再次默读课文，圈一圈表示人物的词语。这些人是指同一个人吗？

（3）了解"群儿""一儿""儿""众""光"指谁？（指名说，教师相机板书）。

（4）师：故事的开头是这样的，谁来读读？（出示：群儿戏于庭）

想象一下他们是怎么玩得呢？（指名说）师：哦，一儿在跑，一儿在追，一儿藏起来……群儿们玩得多么开心呀，再来读读，读出开心的语气。让我们穿越时空的隧道，也当一回诗人，学着写写古文。如果一群孩子在大海边玩呢？该怎么说？在树林边玩呢？在小溪边玩呢？孩子们在庭院里说呢？（指名说）谁能用黄老师的句式说话呢？

一儿_____，一儿_____，一儿_____，一儿_____。

师：孩子们真棒，也能学着古人的样子说古文。

（5）师：就在他们玩得正高兴时，突然发生了什么事呢？指名读并出示：一儿登瓮，足跌没水中。以多种形式读，并说说第一句话的意思。

（6）相机认识："瓮"，出示图片，看图解释"瓮"就是口小肚大的陶器。

（7）教学"登"，指名说说写"登"的时候要注意什么？师生共同书空"登"。指导学生在书写本上写两个"登"并注意写字姿势。

（8）正当他们玩得高兴时，发生了什么意外情况呢？指名说，你从哪些

字词感受到情况危急的呢？指名说。（教师相机板书：跌没水中）

（9）出示：一儿登瓮，足跌没水中。指导读，边读边想象一下当时危急的情景。

师：他们有管掉进瓮中的孩子吗？他们显得非常慌乱，手足无措，想象一下当时这些孩子们的表现。指名说，指导读。

师：就在这个时候，谁挺身而出呢？谁能用简练的话说说光是怎么做的呢？指名读，相机出示：光持石击瓮破之。想象下司马光是怎样击瓮破之的？理解"之"是指"瓮"。谁愿意演示"击瓮"？指名上台演示。

（10）光的表现和众的表现形成了鲜明的对比，说说他们是怎么做的呢？对比读。

师：众和光的表现，可以看出司马光是个怎样的孩子？指名说，师相机板书：勇敢、机智。读中感悟司马光是个机智勇敢、沉着冷静的人。

五、布置作业

（1）读古文《夸父追日》。

（2）把这个故事讲给爸爸妈妈听。

【教学点评】

《司马光》是部编版小学语文三年级上册第八单元的第一篇课文，这是篇文言文，也是学生在小学阶段接触到的第一篇文言文，从编者意图来看，要引导学生从小感受文言文的特点，学习读懂文言文的方法，感受中华民族悠久的文化，传承经典，发扬国学。

黄老师能从班生实际出发，注意了解孩子的个性特征，尊重孩子发展的需求，教学设计精巧，教学思路清晰。

一、梯级诵读助体悟

整堂课以读为主线，贯穿始终，通过范读引领、逐句练读、借助插图用挖空的形式诵读记忆。通过反复诵读，学生以读促悟，在诵读中体验、感悟文言文的特点。

二、逐层推进破难点

初次接触文言文，最难的还是句读和节奏，而黄老师通过逐步出示生字、词语、短语、句子这种方式巧妙地引导学生渡过难关，例如"持—持石—持石击瓮—持石击瓮破之—光持石击瓮破之"，这样一一指名学生认读，让学生按从易到难的有节奏读完整句，符合三年级学生的认知特点和思维特点，老师成为学习最好的"摆渡人"。

三、借助插图和注释,理解课文的意思

本单元的语文要素是:学习带着问题默读,理解课文的意思。作为本单元的首篇课文,应该体现这个语文要素,黄老师让学生借助插图和注释,以及自己设计的拐杖,降低了难度,学生说得很好。

❋《狐狸分奶酪》教学设计

武平县实验小学　钟爱华

【教学目标】

(1)能正确、流利、有感情地朗读课文。

(2)会认识"酪、捡、俩、始、拌、匀、嚷、瞧",会写"奶、始、吵、仔、急、咬、第、公"8个生字。

(3)读懂故事中狐狸做了什么事,能用关键词概括故事中的狐狸的品性,体会狐狸的形象。

【教学重点】

(1)分角色朗读课文。

(2)学习生字,读准字音,理解由生字组成的词语,把字写正确、美观。

【教学难点】

读懂故事,联系生活实际,体会狐狸的形象。

【教学时数】

两课时。

【教学过程】

第一课时

一、课题导入,引出新课

(1)同学们,你们读过哪些主人公是狐狸的故事呢?今天,我们一起走进另一个关于狐狸的故事,这是一篇匈牙利的民间故事(课件出示故事题目)《狐狸分奶酪》。

(2)板书课题,齐读课题。

课题中有我们的生字朋友吗?出示"酪"的生字卡片,指名读,齐读。

(3)学习生字:奶、酪。

酉字旁表示酒或者是因发酵制成的食物。比如说豆子和小麦发酵可以得到酱油,大米发酵可以得到米醋。牛奶发酵可以得到奶酪。

(4)引出课题,齐读课题,质疑课题。读了课题你有什么问题要问的吗?

二、初读课文,感知主要内容

(一)学生初读课文

就让我们带着这些疑问去课文中找找答案吧!在读课文之前,老师给大家3点阅读提示:遇到不认识的生字多读几遍,把它读准确,然后把整个句子读通顺。

带着问题边读边思考,然后想想课文主要讲了一件什么事?

(二)交流反馈

(1)集中出示词语。自由读。小老师领读。

(2)根据老师给的提示来说说这个故事的主要内容:

课文主要讲了(　　　　　)在路上(　　),哥儿俩拌起嘴来。这时,(　　)主动来帮忙,最后却把奶酪(　　　　)的故事。

三、学习课文第一自然段,感受熊哥俩的性格特点

(1)现在就让我们走进这则民间故事,看看故事是怎么开始的。(出示课文第一自然段,指名读。)

(2)出示"捡",指名读,齐读,做动作。

(3)那么对于这块捡到的奶酪,哥俩什么心情?(高兴极了)请生读第一句,齐读。

(4)确实是高兴坏了。但是对于这一块奶酪,哥俩却不知道怎么分。出示生字卡片"俩",指名读,齐读。

(5)这个字可以怎么记呢?

像熊哥哥和熊弟弟两个我们可以叫他们(学生:兄弟俩),那么姐姐和妹妹两个我们可以叫她们——"姐妹俩",还有妈妈和女儿两个呢?——母女俩。谁还能说?

(6)照理说,兄弟俩的关系应该是……(很好的),可是故事中的熊哥哥和熊弟弟关系好吗?(不好),你从哪里读出来的?(拌起嘴来)

(7)学生齐读,说说意思。(吵起架来)他们会吵些什么呢?同桌之间演一演吧!

四、学习描写狐狸分奶酪的语句,学习生字,感受狐狸狡猾的本性

过渡:这个故事是怎么发生的呢?

学习第一自然段(课件出示第一自然段的内容)

(1)学生齐读第一自然段。

(2)这个故事发生的原因是什么?(熊哥哥和熊弟弟为了分一块捡到

的奶酪拌起嘴来)

①拌嘴是什么意思?(吵嘴)

②熊哥俩他们为什么拌起嘴来?(他们不知道怎么分这块奶酪)

过渡:他们的争吵引来了谁?(课件出示)这时候狐狸跑来了,下面我们来看一看狐狸是怎么帮小熊哥俩分奶酪的呢?

(3)学习2～6自然段(课件出示2～6自然段内容)

①自由读2～6自然段,边读边用"——"画出狐狸说的话,用"～～～"画出两只小熊说的话。

指名回答。(你画了哪些句子?先说狐狸说的话有哪些?小熊哥俩说的话有——)

课件出示狐狸和两只小熊的对话。

②猜一猜,为什么狐狸要跑过来问?(因为狐狸想吃奶酪,所以他就假装很热心很好奇地问熊哥俩)

③熊弟弟是怎样回答的呢?

④当狐狸知道熊哥俩为了分奶酪吵嘴之后又是怎么说的?(指名说)说这句话时,狐狸为什么"笑了笑"?(狐狸是用笑来掩饰自己的诡计)

⑤狐狸拿过奶酪后是怎样分的?(掰成了两半)

⑥这是怎样的两半啊?(板书:半块大,半块小)

⑦小哥俩同意这种分法吗?(不同意)

⑧你是从课文的哪一句看出来的?("你分得不匀!"小哥儿俩嚷着,"那半块大一点儿。")

"不匀"是什么意思啊?(不均匀,就是课文中说的"不公平")

什么是"嚷"?("嚷"就是大声喊叫)请一个同学来读这一句,注意是嚷着。

⑨分角色朗读2～6自然段。(男女生对读)

过渡:狐狸帮小熊哥俩捡到的奶酪分好了吗?

(4)学习7～11自然段。

①默读7～11自然段,边读边用"——"画出狐狸说的话,用"～～～"画出两只小熊说的话。

②交流。狐狸说了哪些话?小熊哥俩又说了什么?

③课件出示:真的,这半块是大一点儿。你们别急,看我的——

这块奶酪被狐狸掰成了一半大,一半小。猜一猜,狐狸是故意的还是不小心的呀?(故意的)对,是故意的。但狐狸假装才发现的样子说:"真的,这半块是大一点儿。你们别急,看我的——"就这样,奶酪又被他咬掉了一大口。你们觉得这是一只怎么样的狐狸啊?(狡猾,奸诈)

过渡:是的,这真是一只狡猾的狐狸!奶酪就是这样被狐狸一次一次地咬掉,最后被吃光了。小熊哥俩生气吗?

④课件出示:你可真会分! 整块奶酪都被你吃光了!(谁来生气地读一读)

(5)课件出示:小熊,我分得可公平啦! 你们谁也没多吃一口,谁也没少吃一口。说话训练:

①我想对兄弟俩说:_____

②我想对狐狸说:_____

五、写字指导

"奶、始"这两个字都是左右结构,写的时候要注意写的左窄右宽。

狐狸分奶酪

小熊　　　　　高兴极了

　　　　　　　拌起嘴来

狐狸　　　故意分得不匀　　不停地咬　　全部吃光

【教学点评】

《狐狸分奶酪》是钟爱华老师在省教改示范学校的研究项目"校本课程开发与创新育人模式的研究"阶段成果展示中语文公开课的教学设计。"丰·彩教育"在教学中重视构建"三化"的教学模式,即学习内容整合化,学习过程深度化,学习成果多元化。在整个教学设计中,钟老师能根据低年级学生的特点来挖掘课程资源,贴近孩子的生活,有浓浓的语文味。

一、重视写字的指导,低年级语文识字和写字教学是重点

在钟老师的课堂中,这一点做得非常扎实,如教"奶"这个字的时候,钟老师很注重基本笔画和间架结构的指导。尤其"横折折折钩"这个笔画大部分孩子在书写时易错,钟老师就重点强调,很好地帮助学生规避了错误。

二、以"读"为本,品词析句

钟老师的课堂中,初读让学生掌握文中的生字词,达到把课文读正确、读流利的目的,再读课文引导学生抓住"吵""嚷"以及揣摩狐狸和熊哥儿俩的内心来分角色读、表演读。让学生结合生活实际,发挥想象,哥儿俩会怎么吵? 在老师的引导下,孩子们逐渐走进人物内心,以"读"贯穿始终,把"读"落到了实处。读出感觉,读出味道。每次读,都有要求,由浅入深,层层深入,让学生在一遍又一遍的诵读中理解文本,与故事中的狐狸、熊哥俩融为一体,从而体会到:同伴之间斤斤计较,就会让别有用心的人有机可乘。

❋《白鹭》教学设计

武平县实验小学　温超芬

【教材简析】

《白鹭》这篇文质兼美的散文生动地描写了白鹭的颜色、身段的精巧以及觅食、栖息、飞行时的韵味,给人以美的享受,表达了作者对白鹭的喜爱。全文条理清楚,主要写了白鹭的外形和活动之美,语言流畅而传神,营造出自然清新而又浓郁绵远的意韵,恰如清风拂过读者的心田,又似纯净的溪水荡涤内心的焦躁与烦闷。

【教学目标】

(1)正确、流利、有感情地朗读课文,背诵课文。

(2)学习生字新词,理解词语。

(3)能结合课文内容理解"白鹭实在是一首诗,一首韵味无穷的诗"这个句子的意思。

(4)凭借具体的语言材料,感受白鹭的美,激发学生对鸟类、对大自然的热爱。

【教学重难点】

能凭借语言材料,感受、想象白鹭的美;能结合课文内容理解"白鹭实在是一首诗,一首韵味无穷的诗"这个句子的意思。

【设计理念】

阅读教学"应让学生在主动积极的思维和情感活动中,加深理解和体验,有所感悟和思考,受到情感熏陶,获得思想启迪,享受审美乐趣"。阅读教学的重点是"培养学生具有感受、理解、欣赏、评价的能力"。

《白鹭》是郭沫若的散文,文章清新简约,读来韵味无穷。学习这篇课文,要运用多媒体创设良好的教学情境,指导学生展开丰富的想象,抓住关键词句,通过入情入境的朗读,品味、领悟文章的内涵,从白鹭的形美、意美、情美的角度进行审美欣赏,让学生受到情的感染和美的陶冶。

【设计思路】

在学生整体感知课文内容的基础上,抓住"白鹭是一首精巧的诗"这一总领全文的句子,指导学生弄懂"精巧"的意思,体会"诗"的特点,再带着"为什么说'白鹭是一首精巧的诗'"的悬念朗读课文,通过对关键词语、重点句子的导读、吟诵,领悟内涵,训练语感,积累语言。

【教学过程】

一、导入激趣

(1)今天我们来学习一篇新的课文,题目叫《白鹭》,齐读课题。

(2)白鹭是一种吉祥的鸟,瞧,它来了!(欣赏白鹭图)美吧?

(3)有一位同学也很喜欢白鹭,他看了白鹭的样子以后写了这样一段文字,谁愿意来读读?

白鹭的羽毛洁白如雪,翅膀俊俏轻快,配上长长的脖子,细细的腿,像精灵一般,优雅美丽。

(4)你们认为他写得怎么样?

(5)知道吗? 我们的大作家郭沫若先生写得更棒,来,一起去瞧瞧。

【设计意图】先入为主,激发学生浓厚的学习兴趣,让学生对白鹭有直观的感受,初步感受白鹭的美,为下文的学习奠定情感基调。

二、感悟外形美

(1)出示第二自然段,齐读。

(2)作者围绕白鹭的样子写了哪些部位? 请同学们翻开课本,找到第二自然段,并圈出。

(3)猜猜看,什么是"蓑毛""长喙"呢? (生说)我们一起来看看。

(4)"蓑毛"的颜色是……"长喙"的颜色是……,就是像铁一样的颜色。

(5)你看,作者抓住事物的特征,用最精练的语言让白鹭的样子活灵活现地出现在眼前。那为什么还要加上这句话呢? 谁来读读……

(6)听着这位同学的朗读,这白鹭的样子和着色给你留下了怎样的印象?

(7)这里的"素"的意思是……黛的意思是……

(8)所有的所有都是那样恰到好处,展现在我们眼前的是一幅完美无缺的画面,正如第二自然段所说(齐读)。

(9)真是"色素身段两相合""相看两不厌,只有小白鹭"呀!

(10)有没有发现,"增一点儿则嫌长,减一点儿则嫌短,素一点儿则嫌白,黛一点儿则嫌黑。"这句写得很有味道? 其实作者是借鉴了宋玉的《登徒子好色赋》,我们来读读。

东家之子,增之一分则太长,减之一分则太短;著粉则太白,施朱则太赤。

(11)宋玉把东家之子的美写得恰到好处,而郭沫若把白鹭的美写得恰到好处。可见写文章我们也要学会借鉴别人的语言哦!

【设计意图】"天公造物,如此完美。"学生受到作者由衷的喜爱白鹭情感的深深影响。通过读,让学生面前出现了一个如诗般的白鹭,在读中体会白鹭的完美,体会白鹭外形的和谐美,让学生真正走近白鹭,看其形,悟其文。出之于口,入之于心。

三、整体感知

(1)人们常说"白鹭飞处带诗来",瞧,白鹭从古人的诗中飞来了!

(2)出示诗句,齐读。

两个黄鹂鸣翠柳,一行白鹭上青天。——杜甫

西塞山前白鹭飞,桃花流水鳜鱼肥。——张志和

漠漠水田飞白鹭,阴阴夏木啭黄鹂——王维

(3)正如郭沫若所说的,白鹭是一首精巧的诗。为什么像诗呢?下面请同学们仔细读第6~8自然段,想想分别写了白鹭在干什么的情景,请用一个词语来概括。

(4)生读,汇报。

(5)自己读一读这几个小节,四人一小组讨论自己喜欢的画面,说说你喜欢这幅画面的什么内容?这画面给你带来了什么感受?

【设计意图】威廉说过:"平庸的教师只是叙述,好教师讲解,优异的教师示范,伟大的教师启发。"语文课程要使学生有感悟,教师首先要有感悟;要使学生能体验,教师首先要能体验;要使学生受感动,教师首先要受感动。只有当教师深情投入、真情流露、热情洋溢、激情四射的时候,学生才能受到真正的熏陶和感染。

(6)奇怪了,这觅食、休息等都是如此平常的生活习性,怎么就成了一首诗呢?

三、欣赏《白鹭钓鱼图》

(1)出示第6自然段,齐读。

(2)其实,白鹭就是在寻找食物,捉鱼,那为什么说是"钓鱼"呢?谁来说说?

(3)是呀,白鹭在悠然自得地等待鱼儿上钩呢!

(4)钓鱼的背景是怎样的,谁来读读这句话?

(5)这里的"玻璃"指的是? 怎样的水才能称为玻璃?(清澈、清亮、平静)

(6)那"框"呢?指的是什么?(出示课件),也就是文中的"镜匣"。

(7)来,让我们展开想象,白鹭钓鱼时,天是……,水是……,白鹭是……,多美的画面呀,不正像刚才所说的"漠漠……",来让我们把此情此景"嵌"在我们心里吧!(配乐朗读)

(8)美美的画面,加上了同学们美美的朗读,真是美呆了,来给这幅画取个美美的名字吧!

【设计意图】多媒体课件的使用,向学生展示了一个全新的生动的世界:画面逼真、动静结合、视听并用,这一切都深深地吸引着学生,使他们情不自禁地为白鹭的美丽而赞叹!在这样的环境下学习是轻松的,是愉悦的。

四、欣赏《白鹭瞭望图》

(1)好,继续走近白鹭。

(2)出示第七自然段,指名读。

(3)什么叫"嗜好",你有什么嗜好?白鹭的嗜好是……

(4)树干是那样小,树枝是那样细,孤独的白鹭站在树的顶端,你一定会担心……可它却……谁来读出它的悠然?(指名朗读)

(5)人们说它是在望哨,你认为呢?(说话训练)

(6)多有诗意的情景呀,你也能像刚才一样取个有诗意的名字吗?

(7)出示诗句

登高望远海,召客得英才。登高临四野,北望青山阿(ē)。

五、欣赏《白鹭晚飞图》

(1)我们再来看看白鹭低飞的情景,男生读。

(2)"恩惠"的意思是……为什么说白鹭低飞是一种恩惠呢?你们知道吗?白鹭是一种吉祥鸟,它是幸福长寿的象征,它的到来,能给我们带来好运,想象一下:

当辛勤劳作的农民伯伯看到白鹭低飞,他会说:"＿＿＿＿＿＿。"

当年迈的老爷爷坐在门槛上看到白鹭低飞,他会说:"＿＿＿＿＿＿。"

忙了一天功课的孩子,背着书包走在回家的路上,看到白鹭低飞,他们会说:"＿＿＿＿＿＿＿＿＿＿＿。"

(3)是的,白鹭低飞是难得一见的,正如书中所说的"……",他给我们带来了生机与活力。

(4)白鹭在黄昏的天空中飞翔,想象天空的着色是……我们想象美丽的白鹭披着五彩的霞光向我们飞来,这是一幅……

(5)作者笔下的白鹭不仅外形优美,而且还是一只懂得享受生活的白鹭,它的美不仅美在眼里,更像一首诗一样美到人的骨子里。这么美的白鹭我们能不喜爱吗?能不赞美一番吗?(齐读最后一段)让我们踏着音乐再次去欣赏一下白鹭诗一般的美丽吧。(出示图片)

(6)这情景真是"落霞与孤鹜齐飞,秋水共长天一色"。

(7)取名。

(8)难怪郭沫若会说……,出示句子,齐读。

白鹭

实在是一首诗,

一首精巧的诗,

一首韵在骨子里的散文诗。

【设计意图】教师要将"白鹭"这一大自然精灵与学生的理解紧密融合在一起,收获了"无心插柳柳成荫"的效果。三幅画面,饱含着浓郁的诗意,使人充满灵性的感悟定位,深深地潜移默化地影响着学生,使学生、教师、作者的情感是无声的画,是心灵的诗。通过补白想象,学生沉醉在白鹭的韵味之中,读出了"悠然",读出了作者的心境,读出了自己对白鹭的爱!

六、赏读全文,总结全文

【教学点评】

这是一节充满诗意的课堂。作者说白鹭是一首诗,我们说这节课也是一首诗。温老师整合了大量诗句,运用于课堂,可谓是恰到好处,起到了画龙点睛的作用。特别是交流写白鹭的诗句,引导孩子们诵读,为下文理解白鹭是一首诗作铺垫。潜心默读,想想作者勾勒了白鹭的哪几个画面?请边读边把感受写在空白处。学生的思维一步一步走向深入。接着在班内交流,聚焦白鹭的颜色美、外形美、生活画面美。最后让学生在欣赏声中感悟语言美和白鹭美。纵观整堂课,真正达到了学习内容整合化、学习过程深度化、学习成果多元化的完美融合。

二、数学学科教学设计

※"解决穿珠子的问题"教学设计

武平县实验小学 曾 珍

【教学内容】

人教版一年级数学下册教材第46页例7。

【教学目标】

(1)初步培养学生在具体的生活情境中收集信息,提出问题并解决问题的能力。

（2）通过学生的观察、探索等学习活动，学生经历从生活数学到数学问题的抽象过程，感受知识的现实性。

（3）在合作交流中勇于表达自己的想法，学会倾听他人的意见；通过合理解决实际问题，体验成功的喜悦。

【教学重点】

灵活运用有关知识，解决生活中的简单实际问题。

【教学难点】

运用恰当的方法和策略解决实际问题。

【教学准备】

穿好的珠子、课件。

【教学过程】

一、创设情境，探索新知

师：孩子们，瞧，老师给大家带来了礼物（用珠子穿好的手链），喜欢吗？嗯，今天，我们一起来解决穿珠子的数学问题。（板书课题）

（一）看图找信息，提出问题

师：你从题目中知道了哪些信息？

师：请你来！哦，你知道了一共有58颗珠子，10颗穿一串。谁来说一说"10颗穿一串"是什么意思？

生：穿一串手链要用10颗珠子。

师：你真是个聪明的孩子。那我们要解决的问题是什么？

生：能穿几串？

【设计意图】通过让学生找信息、提问题，培养学生将信息和问题进行整合的能力，有利于学生找出信息与问题之间的内在联系。

（二）解决问题

师：是的，能穿几串？怎么解决这个问题呢？请你在小组里说一说，比一比哪一组的小朋友想到的办法最多。

（1）用圈一圈的办法

先数出10颗珠子圈起来，表示可以穿一串，每次都圈出10颗珠子，一共圈了5个圈，表示可以穿5串。

（2）用数的组成的方法

58里面有5个十和8个一，所以能穿5串，还剩8个。

师：请你们想一想，10颗穿一串的时候，哪种方法更简便？

【设计意图】引导学生在已具备的数的组成知识的基础上进行解决问

题方法的学习,鼓励学生进行小组交流,勇于表达自己的想法,培养学生的创新精神、合作意识和解决问题的能力。

(三)验证

师:你们的解答对不对呢?我们一起来检查一下。

生:穿了5串是50颗,加上剩下的8颗,正好是58颗。所以,我们的解答是正确的。

师:你们的学习习惯真好!最后面别忘了作答哦:能穿5串。

【设计意图】解答完后要验证,培养学生良好的学习习惯和科学的学习方法。

(四)拓展延伸

师:现在老师要把要求变一变,变成5颗穿一串,这时候能穿几串了?哇,这么快就想到啦,好,就你来说。

生:我是用圈一圈的方法,每次圈5颗,圈了11个圈,表示可以穿11串。

师:你真棒!谁还有不同的想法?

生:10里面有2个5,所以原来的一串可以分成2串,原来的5串就可以分成10串,剩下的8颗还可以穿一串,合起来一共是11串。

师:你的回答真是太精彩了,为你鼓掌!那这道题还能用数的组成的方法吗?

不能?为什么不能?

生:因为我们不知道58里面有几个5!

师:那个小女孩手举那么高,是有不同的想法吗?嗯,说说你的想法!

生:刚刚把一串珠子分成两串,所以我知道了50里面有10个5,8里面还有1个5,一共是11个5,所以可以穿成11串。

师:你的回答同样精彩,老师为你感到骄傲!

那把这些珠子8颗穿一串呢?对了,我们可以8颗8颗地圈在一起!12颗穿一串呢?嗯,12颗穿在一起!你们真是太棒了,活学活用!

【设计意图】改变题目要求,提高解决问题的难度,体现了层次性、灵活性、启发性和挑战性,有效激发了学生的学习兴趣,拓展了学生的思维空间,让学生得到了更高层次的发展。

二、课堂总结

师:今天我们一起用"圈一圈"和"数的组成"的方法解决了穿珠子的问题。老师希望你们把今天的收获用到以后我们在生活中遇到的问题中去!

板书设计:

解决问题

知道了什么

58 颗珠子,每 10 颗穿一串

怎样解答

圈一圈　　数的组成

解答正确吗?

【教学点评】

"解决穿珠子的问题"这节课是片段教学的经典课例。数学教学活动最核心的就是数学思考,这是培养学科核心素养的根本。本节课中,教师着眼于学生的思维发展,主张培养学生的个性,引导学生展示自我,充分表达自己的观点,将学习过程深度化,体现了"丰·彩教育"的办学思想。

课始,教师通过让学生找已知信息和要解决的问题,培养学生将信息和问题进行整合,有利于学生找出信息与问题之间的内在联系,从而思考出解决问题的方法。

在引导学生解决问题时,教师组织学生进行小组合作学习,探究解决问题的方法,鼓励学生大胆地表达自己的想法,尝试用"画一画""圈一圈""数的组成"多种方法解决问题,培养学生的合作意识、创新精神和解决问题的能力。

在解决了问题之后,教师并没有"就此打住",而是提高难度,提出"5 颗穿一串""8 颗穿一串""12 颗穿一串"时分别怎么解决,什么时候用"数的组成"的方法更合适,什么时候用"圈一圈"的方法更简单,具体问题具体分析,有效激发了学生的学习兴趣,拓展了学生的思维空间,让学生得到了更高层次的发展,达到良好的教学效果。

❋《行程问题》教学案例

武平县实验小学　　赖玉平

【教学内容】

《义务教育教科书·数学》(人教版)四年级上册第 53 页。

【教学目标】

(1)通过具体的生活事例理解速度的含义,学会速度的简便表示方法。

(2)通过自主探索、小组合作等形式,探索速度、时间和路程之间的数量关系,并利用这个数学模型去解决实际问题。

(3)在探索知识的过程中,明白"数学就在我们身边,数学能解决很多实际问题",体会数学知识和实际生活之间的密切联系,培养解决问题的能力。

【教学重难点】

重点:理解速度的含义,学会速度的写法;掌握速度、时间和路程之间的数量关系。

难点:应用数量关系解决实际问题。

【教学准备】

自制 PPT 课件、练习卡。

【教学过程】

一、创设情境,导入新课

【媒体出示】选拔长跑运动员。

师:同学们,半期考试结束后学校将要举行运动会,学校要求每个班选派一名长跑运动员去参赛,老师从班上选出了平时跑步比较快的 3 位同学,你们想知道他们分别是谁吗?

媒体出示:3 位同学及自我介绍。

师:到底谁跑得比较快呢? 请你帮老师解决这个问题,选谁去参加长跑比赛?

预设生 1:选张三去比赛。

预设生 2:要求出速度。

师:单凭他们自己所说的话,能不能就选张三去比赛?

【设计意图】整合生活中的教学资源,从生活实际引入,扩大学生的认知视野,让学生感受到数学就在身边,激发学生的学习兴趣以及求知的欲望。

二、主动探究,构建模型

(一)揭示:路程、时间及速度的含义

师:张三跑了 1200 米,王红跑了 1200 米,李明跑了 1000 米。这里的 1200 米及 1000 米给它们取个名字叫什么?

揭示:一共行了多长的路,叫作路程。

(1)张三和王红比较

师:这边张三和王红跑的路程怎样?(相等)能不能马上就确定谁去参加比赛?(不能)还要知道什么?(时间)

揭示:行了几小时(或几分钟等)叫作时间。

师:已知张三用的时间是4分,王红用的时间是6分,谁来说一说这两位同学谁跑得快?(张三)说出你的理由?

【媒体分析展示】小结:跑同样的路程,花的时间越少跑得越快。

(2)张三和李明比较

师:张三跑1200米用了4分钟,李明跑1000米也用了4分钟,谁跑得快?

【媒体分析展示】小结:同样的时间,跑得越远越快。

确定选张三去参加长跑比赛。

(3)王红和李明比较

师:王红和李明跑的路程不一样,时间也不一样,你们可以怎样知道他们谁跑得快?

【媒体分析展示】揭示:每小时(或每分钟等)行的路程,叫作速度。

(4)揭示课题:行程问题

师:在数学中有关速度、时间、路程的问题,就叫行程问题。今天我们一起学习简单的行程问题。

(二)学习速度的简便写法及读法

(1)计算出下面的速度。

①火箭在第三宇宙发射的速度叫逃逸速度,3秒钟大约飞行45千米,火箭的逃逸速度大约是(   )。

②大型喷气客机10分钟大约飞行150千米,大型喷气客机的速度大约是(   )。

③小明骑自行车,4小时行了60千米,小明骑自行车的速度大约是(   )。

(2)学生阅读课本找简便写法,用简便写法表示表格中的速度。

师:你知道吗?速度有一种特殊的表示方式,想学吗?答案就在课本53页上面,请大家到书本上去找一找吧!

(3)试一试:

①每秒飞行15千米,记作(15千米/秒),读作(15千米每秒)。

②每分钟飞行15千米,记作(   ),读作(   )。

③每小时行15千米,记作(   ),读作(   )。

生尝试简写及读速度。

(4)总结速度的简便写法。

小结:速度的简便写法,先写所行路程,再写"/",最后写单位时间。

（三）了解"速度之最"

略。

（四）解答生活中的"速度"

【设计意图】充分利用学生的已有生活经验,将生活经验与数学知识学习有机融合起来,让学生在具体情境中理解速度,在感知体验的基础上进行理性提升,加深对速度的认识,理解速度的意义,掌握表示物体运动速度的方法;让学生通过解决具体问题,感悟速度、时间和路程之间的数量关系,经历将运动中的具体问题抽象成数学模型并用于解决具体问题的全过程,既掌握数量关系,又初步体会数学建模思想。

三、分层训练,巩固内化

（1）选一选。

（2）解答下面问题。

带有这个标志的路共长 140 千米,张叔叔驾车想花 2 小时开完这一段路。他会超速吗?

【设计意图】练习设计的难度由浅入深,训练的侧重点由理解概念到计算的方法到运用三者之间的关系解决生活中的实际问题,既让学生体验生活中的数学,帮助其进一步加深理解,又能培养学生解决问题的能力。

四、全课总结,畅谈收获

今天你都学会了什么? 有什么收获?

【设计意图】让学生在日常的学习过程中,学会反思、学会评价,使学生养成良好的学习习惯。

五、课外延伸,拓展提高

李叔叔要从武平到龙岩参加一个非常重要的商业活动,活动的开始时间是上午 9:00,李叔叔的出发时间是上午 7:00。他有下面几种坐车方式,你认为他可以选择哪种方式坐车? 为什么?

表 5-3　交通工具对比

	交通工具	速　度	票　价
武平—龙岩 全程 120 千米	公共汽车	50 千米/时	35 元
	直达快车	70 千米/时	50 元
	的　士	90 千米/时	200 元

【设计意图】将课内知识延伸到课外,使学生进一步感受数学与生活的联系,进一步认识速度、时间、路程三者之间的数量关系在生活中的实际应

用与价值。

【教学点评】

"行程问题"是学生在已经掌握了乘除法各部分间的关系,具备了除数是两位数的计算能力,能独立解答求每分钟行多少米的应用题的基础上进行教学的。本节课的教学具有以下特点:

一、再现生活情境,凸显需要解决的问题

教育心理学认为:教学时应设法为学生创设逼真的问题情境,唤起学生思考的欲望。因此本节课课始就再现了同学们都非常熟悉喜爱的运动会场景,提出问题,由此自然地进入第二环节。

二、经历学习过程,提升核心素养的能力

史宁中教授指出:数学素养的培养,特别是创新人才的培养,是"悟"出来的而不是"教"出来的,因为数学的结果是"看"出来的而不是"证"出来的。对一个四年级的孩子来说,"速度"的概念比较抽象,不像路程那么明确,不像时间那么常见,并且速度的单位是由两部分组成的,它的表示形式,学生们从未见过。本节课中教师出示"已知张三用的时间是 4 分钟,王红用的时间是 6 分钟,谁来说一说这两位同学谁跑得快?"学生通过观察分析、比较思考,发现路程、时间都不相同,又怎么比呢? 知识矛盾的冲突,引出要找一个统一的标准:他们每分钟各跑了多少米? 速度的概念应运而生,并掌握速度单位的表示方法。教师在学生充分理解路程、时间与速度这三个量的基础上,提出问题:这些数分别表示什么? 通过讨论总结归纳,进而得出:路程÷时间=速度。

三、精设多元练习,追求扎实灵动的课堂。

教师的练习设计本着让每个孩子"徜徉课堂,绽放精彩"的课堂理念,遵循由易到难、分层多元的规律。在练习中,教师选取如高速公路上限制速度快慢的标志牌,让学生积极地思考,轻松地练习,灵活地解决,在学习中灵动起来,唱响华彩乐章。

❋"你知道吗?——探索 2、3、5 倍数特征的奥秘"教学设计

武平县实验小学　蓝连玉

【教学背景】

"你知道吗?"是人教版小学数学教材中作为拓展知识的一个版块。学

习"2、3、5 倍数的特征"时,一般是通过举例、观察、归纳等方法,得到如何去判断 2、3、5 倍数的结论,并要求学生"能熟练地应用特征进行判断"。可为什么这样判断?学生并不清楚,数学学习是否就止步于知识的表象呢?当我们在教学数学知识时,是否更要关注学生数学学习的本质是什么?如何让学生会质疑、会探究、会反思,在感受数学学科理性精神的精髓中形成终身受用的数学素养?数学不应该只知道"是这样的",而是更要让学生知道"为什么是这样的",在究其所以然的过程中,提升学生的数学理性精神,从而培养学生终身受用的数学素养。

【教学内容】

人教版小学数学五年级下册第二单元 P13"你知道吗?"

【教学目标】

(1)在判断 2、3、5 倍数的特征的基础上,学生探究判断 2、3、5 倍数的特征为什么是这样。

(2)学生通过独立思考、合作交流、举例分析等各种方式进行推理论证,经历知识形成的过程,积累探索数学知识的活动经验。

(3)在探究过程中,发展学生的推理能力,提升学生的数学理性精神,培养学生终身受用的数学素养。

【教学重难点】

探究 3 的倍数特征的道理。

【教学准备】

课件、磁铁、计数器等。

【教学过程】

一、回顾旧知,引入新课

(一)出示:15 24 40

同学们,我们已经学过了 2、3、5 倍数的特征,你能找出哪些数是 2 的倍数,哪些数是 5 的倍数,哪些数是 3 的倍数吗?

2 的倍数:24 40

5 的倍数:15 40

3 的倍数:15 24

说说你是怎样判断的?

师:是的,可你们知道为什么判断一个数是不是 2、5 的倍数,只要看个位上的数?为什么判断一个数是不是 3 的倍数,要看各位上数的和?

(二)引入:那么,今天我们就一起来研究这两个问题。

【"疑是思之始",通过唤醒2、3、5倍数的特征,引导学生在旧知中产生新的困惑,在质疑中学会追问数学知识深处的道理,培养学生的质疑精神。】

二、合作探究,明晰5、2的倍数特征之"理"

(一)思考交流,寻求方法

出示问题1:判断一个数是不是5的倍数,为什么只要看个位上的数,其他数位都不用看?

先请同学们独立思考,再和同桌互相说一说。

全班交流汇报。

师:谁愿意分享一下你的想法?

生:5的倍数个位上是0或5。

师:你知道这是为什么吗? 数学可是要讲道理的哦!

(二)借物析理,理解5的倍数特征

出示计数器。师:看,老师今天带了我们的老朋友,是——

(1)我在十位上拨1,这里的"1"表示什么?

生:1个10。

师:10是5的倍数吗? 为什么?

演示:10个磁铁,5个5个分,刚好分完(老师画一画)。

因为10里面有2个5,所以10是5的倍数。

(2)我在十位上拨2(3),这个数是不是5的倍数? 为什么?

(3)遮住计数器,我继续在十位上拨数,还会是5的倍数吗?

你们没看到我拨了几个珠子,怎么能这么确定?

(4)我现在要在百位上拨数,这时还是5的倍数吗?

老师在百位上拨1、3,让学生说说道理。

(5)猜猜接下来我会在哪一位上拨数了? 我为什么不在千位上拨了?

师:是的,整千、整万、整十万……的数都是5的倍数。

(6)(将计数器藏起来)我其实是要在个位上拨数,这个数一定是5的倍数吗? 那什么情况是5的倍数?

(7)小结:现在知道为什么判断5的倍数只要看个位了吗?(学生说)

师:是的,如15可以写成10+5,10是5的倍数,所以只要看个位5是不是5的倍数,即15=10+5。

24怎么判断?

(8)写一写：

要不要来一个大一点的数？142、1435你会写吗？

（学生动手写，再说一说）

【数学推理是一个重要的数学思想，而对小学生来说，演绎推理是比较难以理解的。为让学生准确把握为什么判断5的倍数只要看个位而其他数位不用看的道理，教师巧借计数器，让学生关注到数的位值制，在思考和辩论中理清道理。】

（三）类比迁移，联通2的倍数的特征

想想看，谁和5的道理是一样的？结合板书上的数说一说。

【数学活动经验的积累要在过程中实现，只有经历解决问题的过程，才能体会到数学思想的精髓。学生借助已有的探究5的倍数特征的经验迁移，通过举例、说理等方式，自主理解2的倍数特征的道理。】

三、拓展延伸，理解3的倍数的特征之"理"

（一）交流反思，内化经验

5、2的倍数的道理都明白了，那么3的倍数呢？为什么不能只看个位，要看各位上数的和？结合判断2、5倍数特征的道理，你有什么想法？（学生说）

想不想继续探究？（出示问题2）

（二）举例探究，层层析理

拿出探究单，先独立思考，再同桌商量，最后小组交换意见。

研究单

从12,22,32,42中任选一个数，通过分一分、画一画、列算式等方法试着探究3的倍数为什么要看各位上数的和？

我选的数是（　　　），它（　　　）（是或不是）3的倍数。

探究过程：

1 2　　　　2 2　　　　3 2

汇报交流：

(1)探究12是否是3的倍数。

①展示学生的研究单，请学生说说你是怎样想的。

生：把12拆成10+2，用10除以3余1，这个1再与2相加成了3，3是3的倍数，所以12是3的倍数。

②利用实物分一分，3个3个分，10里面有3个3，3个3是9。（师边分边

说)10 里面有 1 个 9 余 1,余下的 1 和个位的 2 合在一起是 3,3 是 3 的倍数。

$$12＝10＋2＝1×9＋1＋2$$

这里的"1"表示什么? 它是从哪里来的? 为什么要加 2?

(2)用同样的方法来探究 22 是不是 3 的倍数。

引导学生说:把 22 拆成 20＋2,20 里面有 2 个 9 余 2,余下的 2 和个位的 2 合在一起是 4,4 不是 3 的倍数,所以 22 不是 3 的倍数,即:

$$22＝20＋2＝2×9＋2＋2$$

(3)请大家认真观察黑板上的式子和图,你有什么发现?

生:1 个 9、2 个 9 都是 3 的倍数了,那要判断这个数是不是 3 的倍数只要看余下的珠子和个位上数的和,也就是各位上数的和。

(4)展示 32 的探究过程

同样,把 32 拆成 30＋2,30 里面有 3 个 9 余 3,这个 3 要分掉吗?

$$32＝30＋2＝3×9＋3＋2$$

1 个 10 里面有 1 个 9 余 1,20 里面有 2 个 9 余 2,30 里面有 3 个 9 余 3,那 40 里面有_____,50 里面有_____,60 里面有_____。

(5)练习:下列各数,不利用实物,你会判断是否是 3 的倍数吗? 说说你的判断方法。

47　　　　85　　　　75

(6)探究三位数是否为 3 的倍数的道理。

通过刚才的研究,我们有了新的认识,要不要来一个大一点的数? 如 142 该怎么判断呢?

百位上的 1 表示 1 个百,三个三个分,分到 99 余 1。即

$$142$$
$$＝100＋40＋2$$
$$＝1×99＋1＋4×9＋4＋2$$
$$＝1×99＋4×9＋1＋4＋2$$

142 中的"1"与式子最后的"1"表示的意思一样吗? 你明白了"1＋4＋2"的道理了吗?

(7)练习:说说判断下列数是否为 3 的倍数的道理

257　　　　1492

(三)抽象提升。

如果 abc 是一个三位数,怎样判断这个数是不是 3 的倍数?

【学生经历 5、2 倍数特征的道理探究后,再探究 3 的倍数特征时,已具

有研究经验和研究方法作支撑,探究变得有道可循。但探究 3 的倍数特征的道理是这节课的教学难点,为此,教师在引导学生合作探究、交流中,加上关键适时的追问,让学生深入思考,从而得出为什么 3 的倍数要看各位上数的和的道理。最后借助符号总结归纳,完成论证推理过程。】

四、回顾反思,总结收获

通过今天的探究,你有什么收获?

【通过对这节课的回顾,让学生在总结中感悟数学学习需要追根究底,自主寻求方法,感受数学学习的本质,培养数学的理性精神。】

【**教学点评**】

本节课在学习"2、3、5 倍数的特征"的基础上,引导学生探究"如何去判断 2、3、5 倍数"的道理,执教者让学生在活动中会质疑、会探究、会反思,在感受数学学科理性精神的精髓中形成终身受用的数学素养。

一、有效整合,挖掘文本

本节课是在学习完"2、3、5 倍数的特征"之后,在"你知道吗?"中的一个学习内容,是作为拓展知识的一个版块。执教者有效整合了本单元的教学内容,深入挖掘文本,使学生不仅仅停留于"能熟练地应用 2、3、5 倍数特征进行判断"这一学习的表象,而是更进一步地挖掘出文本的内涵,探究为什么要这样判断。执教者在究其所以然的过程中,提升学生的数学理性精神,从而培养学生终身受用的数学素养。

二、立足基础,深度学习

在本节课中,执教者通过层层活动,把 2、3、5 倍数特征的奥秘的神秘面纱慢慢揭开:首先,教师巧借计数器让学生准确把握为什么判断 5 的倍数只要看个位的道理;然后,学生借助 5 的倍数特征的经验迁移,自主理解 2 的倍数特征的道理;接着,再深入探究 3 的倍数特征,引导学生合作探究、交流,加上关键适时的追问,让学生深入思考,从而得出为什么 3 的倍数要看各位上数的和的道理。执教者十分重视学生对学习过程的体验和学习方法的渗透,把学习活动逐步引入深处,促使学生学会学习、学会问题解决、学会深度思维。

三、多元展示,别样精彩

本节课中学生通过自主选择研究内容、举例验证等独立思考和小组讨论、相互质疑等合作探究活动,获得了数学知识。学生的学习能动性和潜在能力得到了激发。在多种形式的展示活动中,学生体验到了学习成功的愉悦,同时也促进了自身的发展,每一个学生都获得了属于自己的"精彩"!

三、综合学科教学设计

❋"减少垃圾　变废为宝"教学设计

武平县实验小学　刘伟峰

【教学目标】

(1)认识垃圾分类、回收、循环再利用的意义。

(2)引导学生了解生活中的4类垃圾,学会垃圾分类。

(3)树立环保意识,转变浪费资源、破坏环境的生活方式。

(4)发挥自己的创意使垃圾变废为宝,学会节约资源和再利用资源。

(5)通过自身体验、观察、调查研究、阅读感悟、举办变废为宝创意展等活动,培养学生的动手实践能力。

【教学重难点】

重点:让学生了解各种各样的垃圾对环境造成的危害,了解垃圾分类、回收的意义,能做到废品再利用。

难点:垃圾科学分类,树立环保意识。

【学情分析】

四年级的学生处于从中年级向高年级的过渡期,他们经过前三年课程的学习及平时的知识积累,对垃圾污染已有了一定的了解,但对其危害性的认识还不够,没有垃圾分类、变废为宝的意识。

【教学准备】

搜集资料,制作PPT课件。

布置学生收集生活中的废弃矿泉水瓶等物品,准备好参与活动的资料。

【教学过程】

一、复习导入

(1)复习上节课所学:垃圾挤占人类的生存空间,污染环境,危害人类和其他动植物的健康。

(2)但多数废弃物中都有可再利用的宝贵资源,如果不充分利用,不仅污染环境,还会造成巨大的资源浪费。

(3)这节课我们继续来学习第11课"变废为宝有妙招"。(板书课题)

二、新课学习

活动探究(一)哪些垃圾可回收？

(1)媒体出示上海世博会用废弃牛奶盒制成的椅子,让学生明白:我们平时随意丢弃牛奶盒是巨大的资源浪费。

(2)认识可回收物的标志。

①媒体出示"可回收物"标志,先让学生说说是什么记号,引导学生弄懂含义:表示适宜回收和资源再利用的垃圾。如废纸类、废塑料、废玻璃、废金属、废纺织物、废瓶瓶罐罐。

②辨一辨:下列垃圾中,哪些是可回收再利用的资源?

玻璃瓶(　　)　废报纸(　　)　塑料气泡膜(　　)　食物残余(　　)

铁罐(　　)　牛奶盒(　　)

活动探究(二):垃圾减量有学问

(1)师导语:在我们的生产和生活中,垃圾产生不可避免。怎样才能减少垃圾的产生、减轻垃圾对环境的污染、减少资源的浪费呢?请大家先看一则视频《一年才产生一瓶垃圾的家庭》。

(2)分组讨论并发言:我们应怎样减少垃圾的产生?

(3)师小结:如果我们在垃圾产生的源头上就进行分类放置,一部分可以直接再利用,一部分可以回收加工再利用,这样就能大大减少垃圾的数量,还能使很多垃圾变废为宝。

活动探究(三):垃圾分类我先行

(1)让学生说说垃圾的分类。

①师:你们见过垃圾分类的具体做法吗?在哪见过?怎样分?

②启发学生说一说。

(2)师媒体出示小结补充:一般垃圾分为可回收垃圾、厨余垃圾、有害垃圾、其他垃圾四类。

(3)试一试:你能帮它们找到自己的"家"吗?(7种垃圾)

(4)师小结:各种垃圾混在一起丢弃,那就很难再利用。

更好地对垃圾再利用,就要进行垃圾分类。分类之后,那些看起来毫无价值的垃圾,有些却可以再利用。

(5)师导入:同学们,垃圾分类后,就连那些看起来毫无价值的厨余垃圾,我们也能利用它。不信,一起去看看。

(6)媒体出示《厨余垃圾的自述》图和画外音介绍。

(7)让学生说一说听后的感受和垃圾分类的好处。

活动探究(四)变废为宝在行动

(1)师导语:垃圾分类,变废为宝。我们小学生能做什么呢?

(2)小组合作,探究问题:你能为你的生活的社区、家庭或班级想一个垃圾分类的妙招吗?(先在小组内交流,各组推荐代表,全班交流与分享)

(3)师:有些物品,不是他们真的没用了,而是我没有发现再利用他们的方法。比如我们可以用矿泉水瓶盖制作一副中国象棋,易拉罐可做成小花篮、废弃的鞋子,也可以拿来种小花小草。接下来让我们一起去看看吧。

(4)媒体欣赏变废为宝的作品。

(5)让学生说说自己课外制作了什么作品参加"班级变废为宝创意展"的预展活动。

(6)学生把动手制作的一件变废为宝作品参加"班级变废为宝创意展"预展活动。

三、课堂小结,活动延伸

(1)做环保小卫士,从我做起,减少垃圾产生。

(2)和父母家人一起,动手制作,变废为宝,参加下周"班级变废为宝创意展"正式展出活动。

【教学点评】

随着社会的发展,环境污染已成为人类面临的最严峻的难题之一,已经威胁到了人类的生存和发展。而垃圾是造成环境污染的重要污染源,与日俱增的垃圾不断挤占着我们的生存空间,如果任其发展,处理不当,地球家园将美丽不再。所以加强环保教育,正确认识垃圾,实施垃圾分类,变废为宝,把垃圾转化为资源,让我们的经济生活与环境保护走上循环发展之路,为子孙后代创造一个健康、适合的生存空间是我们的共同责任。本课依据《义务教育品德与社会课程标准(2011)》主题四"我们的社区生活"第11条"了解本地区生态环境,参与力所能及的环境保护活动,增强环保意识"编写。本课是统编版《道德与法治》四年级上册第四单元《让生活多一些绿色》的第二课《变废为宝有妙招》的第二个话题,旨在引导学生从身边可触可感的资源出发,理解时代的主题——绿色与环保,并通过自己的智慧和双手,改善生活质量与环境质量,文明生活。"丰·彩教育"理论告诉我们:学生生活的家庭、社区和社会都是孕育人人出彩、个个精彩的磁力场、实践台,我们的专题应紧紧扎根课堂,紧贴时代脉搏,充分利用有效资源,拓展认知与行为的维度和宽度。

本课设计以学生的课前调查表为话题,研究减少垃圾、节约资源的小妙招,以生动有趣的课堂活动为载体串联,以探究学习为串联手段,让学生树立垃圾分类的意识,懂得有些资源要少用,有些可以直接再利用,有些经过加工可以生成别的资源,引导孩子们研究废弃物的再用价值,变废为宝,减少垃圾。教材内容和资料拓展的有机结合,既丰富了学生的认识水平,又激发了学生对"变废为宝"的探究兴趣,从而建立起"垃圾是放错位置的资源"这一概念,进一步强化垃圾要分类、资源可利用的意识。最后又回归生活,布置引导学生回归家庭,回归社会,用实际行动变废为宝,争当环保小卫士,强化垃圾分类的实践意义。

❋ "肩肘倒立"教学设计

(水平二 四年级 第一课时)

武平县实验小学 王建平

【指导思想】

依据 2011 版新课程标准,把"健康第一"和"安全第一"放在首位,贯彻"以学生发展为本"的理念。以"丰·彩教育"思想为指导,结合学生实际水平,以体验、观察、启发思维、合作互助为教学方式,以激发学生的学习兴趣为目标进行教学。课堂上关注每一位学生的发展,提升课堂中学生的积极主动参与意识,促进相互学习、探究,让学生在浓厚的学习氛围中掌握动作方法,体验运动的乐趣,培养学生的意志品质及合作意识,提高课堂教学效率。

【教材分析】

本课所学的肩肘倒立出自人教版《体育与健康》3 至 4 年级全一册第五章体操类活动第三节技巧内容。肩肘倒立属于垫上平衡类动作,是难度较大的垫上平衡动作,重心的把握与控制是能否完成动作的关键。本节课主要通过循序渐进、小组合作、自主练习的方法,让学生感知动作,初步掌握伸髋立腰、两手撑腰背的动作方法。

【学情分析】

四年级的学生,已初步具备了掌握一定难度的技巧动作的能力,但其力量、速度等素质还较差,同时形成动力定型的能力较差,但学生的模仿能力较强,且具有一定的逻辑思维能力。因此,在教学中,针对学生已有的体操水平及学习能力,教师主要采用直观的教学法,充分发挥学生的模仿能力,形成动作表象;利用秩序渐近的方法,层层突破,促进本课教学目标的完成。

【教学目标】

知识与技能目标:通过教与学的双边活动,80%的学生掌握两臂体侧用力压垫,向上伸腿、伸髋,两手撑于腰背部的动作;20%的同学能做到两手撑于腰部举腿的动作。

体能目标：通过垫上动作及多种跑的练习，发展学生的腰腹、灵敏、协调及平衡能力。

情感目标：培养同学之间自主练习、互相合作的学习习惯，同时敢于挑战自我、展示自我的意志品质。

【任务分析】

本课是第一课时，主要是学习肩肘倒力的动作方法，做到两臂体侧用力压垫，向上伸腿、伸髋，两手撑于腰背部。四年级的学生，腰腹力量，身体的控制能力还有一定的欠缺，因此在学习中，主要采用循序渐进的方法，从专项辅助练习及主教材中的合作帮助来完成本课的教育目标。

【环境分析】

体操技巧的教学，要用到体操垫，体操垫放在地板上，在学生做动作的时候容易移动，这些学生要及时调整自己的体操垫位置，同时，保护帮助的同学要认真负责，配合默契，确保合作伙伴安全地完成动作。

【教学程序】

一、开始热身部分

课堂常规：按体育课堂教学常规进行；慢跑：采用口令让学生与老师互动，提高学生的兴趣；徒手操：活动关节，为上课做好准备。

二、学习提高部分

专项辅助练：A.并腿坐上体后倒举腿；B.仰卧车轮跑；C.顶髋车轮跑；D.拔"竹笋"。

主教材：A.示范、讲解动作；B.体验肩肘倒立动作；C.学生演示、评价；D.讲解保护帮助；E.二人一组合作练习；F.小组合作探究学习；G.展示；H自主练习。

整理恢复部分：师生共同做放松操，让学生从兴奋状态恢复到安静状态，达到身心放松的目的；小结本课，提出新目标；回收器材、下课。

【教学策略】

教法：讲解示范法、模仿练习法、自主体验法、合作探究法、指导纠正错误法、游戏竞赛法。

学法：探究学习、自主学习、合作学习等。

【教学效果预计】

预计大部分的学生能掌握肩肘倒立的动作技术。

预计本课学生的运动强度为中等，最高心率为 140 次/分左右，平均心率 115 次/分左右。

【教学中可能出现的问题及解决预防的方法】

预计有部分学生倒立不稳。纠正方法:学生原地站立,练习两手撑腰背的方法,两肘内收。

学生倒立不直,屈髋。纠正方法:语言提示或采用保护帮助进行练习。

学生在垫上不认真练习,玩闹。要求学生听从老师指挥,统一练习。

【场地的布置与回收】

课前检查场地是否平整,清除场地中的尖锐物体,并提前合理规划好场地及器材的合理布置。

【肩肘倒立教学设计】

表5-4 肩肘倒立教学设计

班级:四(1) 人数:40人 执教:王建平

教学内容	1.肩肘倒立 2.小游戏	重点:伸髋立腰,两手撑腰,脚面绷直。 难点:伸髋立腰与两手撑腰的配合。		
教学目标	1.知识与技能目标:通过教与学的双边活动,80%的学生掌握两臂体侧用力压垫,向上伸腿、展髋,两手撑于腰背部的动作;20%的同学能做到两手撑于腰背部伸腿动作。 2.体能目标:通过垫上动作及多种跑的练习,发展学生的腰腹、灵敏、协调及平衡能力。 3.情感目标:培养同学之间自主练习、互相合作的学习习惯,同时敢于挑战自我、展示自我的意志品质。			
课的结构	教学内容	教学活动方式与组织措施	时间	次数
开始热身部分	一、课堂常规 1.师生问好 2.宣布本次课的内容和目标 3.安全教育 二、准备活动 1.慢跑 学生成一路纵队绕场地慢跑,当老师吹出长哨音后,学生快速站到小垫子旁,未在规定时间找到位置的完成一个小动作。 2.热身操与专项活动 头部运动 肩部运动 伸展运动 腰部运动 弓步压腿 手腕脚踝	一、组织教学:四列横队 ☺☺☺☺☺☺ ☺☺☺☺☺☺ ☺☺☺☺☺☺ ☺☺☺☺☺☺ △ 要求:1.精神饱满,思想集中,遵守纪律 2.快、齐、静! 二、组织:一路纵队 1.带领学生慢跑 2.教师与学生一起做热身操 组织:四列体操队形 教与学 1.教师带领学生练习 2学生认真跟着练习 要求:积极主动地跟练	2分钟 约3分钟 约2分钟	各一次 6圈 4×8拍

续表

课的结构	教学内容	教学活动方式与组织措施	时间	次数
学习提高部分	一、专项辅助练习 1.并腿坐,上体后倒举腿 2.仰卧车轮跑 3.顶髋车轮跑 4.拔"竹笋" 二、肩肘倒立 动作方法:两腿伸直并腿坐垫,上体前屈,胸部靠近大腿,两手触脚面,接着后倒,收腹举腿压臂,当脚尖至头上方时,两臂在体侧用力下压,向上伸腿展髋,同时两臂屈肘,两手撑于腰背的两侧(肘内夹),成肘、头和肩支撑的倒立姿势。 动作口诀:双臂伸直侧上举,两腿伸直并腿坐;上体前屈胸靠腿,两臂伸直触腿面;上体后倒举上腿,两臂压垫腿上伸;屈肘内收手撑腰,伸髋立腰脚绷直。 重点: 伸髋立腰,两手撑腰背,脚面绷直。 难点: 伸髋立腰与两手撑腰背的配合。 三、小游戏 过河接力 游戏方法:将学生分成人数相等的十组,教师发令后,每组第一个同学迅速跑出,跨过垫子摸球场底线后返回与第二个同学击掌。先到的队伍为胜。	一、组织:四列体操横队 教与学:教师示范后学生跟练。 要求:认真模仿,主动练习。 二、组织:四列横队 教与学: 1.教师讲解动作要领,学生认真听讲 2.教师示范动作,学生观察 3.学生模仿练习2次,教师巡视 4.请一位学生演示,与老师动作找不同。师生观察学生做动作,并能评价学生的动作 5.讲解及教学保护帮助 6.二人一组在保护及帮助下练习 7.小组合作学习:拿出图版,四人一组合作学习,巩固动作 8.小组代表展示 9.自主练习 10.学生展示,评价小结 三、组织:十路体操队开	7分钟 19分钟 4分钟	每个动作约2次 每次练习约2~4次 3次

续表

课的结构	教学内容	教学活动方式与组织措施	时间	次数
学习提高部分	规则： 1.教师发令后出发 2.按要求做好动作（跨过"小河"，触标志线后返回）	教与学： 1.教师讲解游戏方法规则并示范 2.组织学生比赛 3.简要点评，评出优胜队 要求：安全有序，积极参与		
恢复与整理部分	1.师生共同做放松运动 2.课的小结 3.布置课后练习 4.收拾器材，师生再见	组织：四列体操队形 1.跟着教师一起做放松操 2.师生共同小结本课 要求： 1.动作尽量舒展，放松 2.学生积极发言	3分钟	各1次
场地器材	篮球场一片 小体操垫41个 扩音器1个			
预计运动负荷	1.练习密度：全课45%左右 2.平均心率：约115次/分 3.最高心率：约140次/分	课后反思		

【教学点评】

一、关注"人人精彩，个个出彩"，分层学练

技巧动作，对于男生和肥胖生来说比较有难度。课的伊始，鼓励同学们克服困难，增强信心。课中，设计不同层次的练习，让学生体验成功的快乐，感受自己出彩的表现。

二、注重"积小行"思想的渗透，引导学生积极参与

体育课是以学生身体练习为主要手段，学习体育与健康知识、技能的过程，对学生进行"积累"思想的渗透，通过有趣的课堂，让学生学有所获。

三、培养学生兴趣，游戏贯穿

兴趣是最好的教师，课堂上激发学生的兴趣，起到事半功倍的效果。课的开始，利用慢跑叫号抱团小游戏，调动学生兴趣；专门性练习中，采用模仿练习，保持学生兴趣；体能练习通过游戏"过河接力"发展学生的灵敏、协调能力，让学生在快乐中学练。

❋"找个岗位去体验"第一课时教学设计

武平县实验小学　黄春凤

【活动目标】

(1)激发活动兴趣,引导学生关注不同的职业岗位。

(2)通过对各种岗位的调查活动,了解岗位的不同种类及特点。

(3)小组讨论提出想要体验的岗位,制订岗位体验方案。

(4)活动重点:在活动中了解不同的岗位,制订体验方案。

【活动过程】

一、直接导入,揭示课题

同学们,今天,我们开展一个新的课题探究"找个岗位去体验"(出示课题)。

社会上的工作岗位,你知道有哪些吗? 你的父母家人是从事什么工作的?(预设:工人、教师、清洁工……)除了这些,你还知道哪些工作?

二、问题与思考

关于职业,你想研究些什么呢?

学生自己提出想要研究的问题。

组内交流,组长汇总小组内提出的问题。

各组代表在全班交流。

课堂预设:职业有哪些? 他们的主要职责是什么? 如何工作? 我最想了解的职业是什么? 我长大后想干什么? 现在要做哪些准备?

三、学习与探究

(一)了解职业的变化

同学们很会思考,提的问题都很有价值。对于职业,中国自古就有"三百六十行,行行出状元"的说法,现代社会职业类别早已不止这些,对职业的要求也有了一些新的变化。

师:过去的农民面朝黄土背朝天,只靠自己的一双手耕种,如今已经进入机械化时代,各种机械已经进入农业生产领域。

玉米小麦已经不是农民朋友的主要经济来源,在各种先进技术的引领下,各种经济作物层出不穷。

过去我们的老师只要有渊博的知识就能给我们传授知识,如今我们的老师还要有熟练的电脑知识与技术以便让课堂教学更加生动、精彩。

（二）认识现代职业

职业的要求在不断变化,据有关部门的不完全统计,10 年间消失的旧职业多达数百,你知道已经消失或正在消失的职业吗?（学生介绍课前搜集的资料)你们知道得真多。那你们知道一些职业消失了,随着社会的发展,又催生出一个一个新职业吗?谁来介绍一下你们小组搜集的资料?

教师小结:职业种类如此之多,各种职业都有其作用,他们的岗位不同,使用的工具不同,工作方式也不同。但是他们的职业劳动是社会中不可缺少的,在他们自己的岗位上他们实现着自己的人生价值。

（三）设计调查方案

我们了解了那么多职业,你们打算体验什么岗位?在体验过程中要注意什么呢?下面就分组讨论说说你们组打算体验哪种职业,并制定一个研究方案。

表 5-5 研究方案

岗位体验活动方案活动主题	岗位名称	小组名称
小组成员及分工		
活动步骤		
活动方式		
预期成果		
收获与体会		

小结:同学们很认真地设计了活动方案,为我们的活动指明了方向。

（四）布置任务

课后同学们可以选择自己喜欢的一种岗位,亲身去体验一下,感受不同岗位的特点,不同岗位的职责与辛苦。

板书设计:

找个岗位去体验

职业变化

设计体验方案

【教学点评】

职业体验活动类型有很多,五年级的学生能发现身边的职业类型,如交警、清洁工、班主任、检票员等。其中孩子们对检票员有一定的生活经历,能在老师的引领下积极地开展体验学习,因此开展本课题的研究对于学生来说并不陌生,也比较容易操作。对小学生的奖励机制不可或缺,课前黄老师准备了精致的奖章,极大地调动了学生活动的积极性。课堂上的组织形式多样化,满足了学生的需求。同时,高年级学生自制能力、团结合作能力都有所提高,因此他们能各自完成所在小组所分配的任务。采用小组合作形式,让学生相互学习交流,取长补短,有利于弥补个别同学体验能力不足带来的劣势,有助于孩子们加快成长!

第六章

绽放——建立"四彩"丰茂评价机制

"丰·彩教育"遵循教育和生命成长规律,树立多元人才观和质量观;重视学习成长过程从点滴开始,注重积累提升,厚积薄发。我们秉承着努力打造人人皆可成才、人人尽展其才的多彩学园,"积小行,以大成",为多彩人生奠定坚实的基础理念,让学生尽放出彩、精彩、异彩,我们不苛求每个人都获得同一种成功的"出彩",但是期盼不同的人有不同的发展,学生在不同的成长阶段有不同的"出彩",真正让每一个学生都能获得属于自己的"精彩"。这种全新的办学理念,势必会引起对学生评价机制的改革,而有效的评价是开启学生智慧的钥匙,是促进学生发展的一门艺术,新课程理念下建立一套有效、长效、高效的评价机制,有利于促进学生生动、活泼、主动地发展。

新课程要求教学评价不仅要关注学生的知识与技能,而且要关注学生的学习过程与方法,以及学习过程中形成的良好情感态度、建立起的正确价值观。学校"丰·彩教育"办学理念,提出了培养"品格丰盈、才智丰茂、气韵丰雅的时代出彩少年"的目标,建立"四彩(全彩少年、智彩少年、成彩少年、出彩少年)"丰茂评价机制。构建多元评价的目标体系,关注知识技能、情感态度、价值观与过程方法的整合,既要重视对知识技能目标的评价,更要加强对过程性目标和情感目标的评价。评价中要尊重学生的个性差异,全面、客观地评价学生,保证学生的学习实现均衡地、阶段性地、可持续发展。有效地实施学生评价,是教育的必然追求。

第一节　丰茂评价机制的理念建构

一、当前学校评价机制的局限性

教育的评价,在引导学校教育坚持新课程标准的落实方面,起着指挥和导向作用。任何教育评价,都是通过制定评价的指标体系和评价标准,规定、引导着教育努力的方向。要落实新课程标准,实施素质教育,就必须制定能引领这一方向的标准和体系,使学校、教师以及学生的评价科学合理,才能使新课程理念深入贯彻,使素质教育顺利实施。当前学校自上而下的评价方式注重结果,评价过多地倾注在认知领域中那些容易用纸笔测验的简单的知识技能方面,过多地考虑测验的信度,以数据资料为基础,主要参照成绩的相对评价标准,弊端明显:评价的内容单一,强调学生掌握了多少书本知识;评价的方法片面,以纸笔测试为最主要甚至是唯一的方式;评价的主体单一,被评价者处于被动位置,家长、学生和其他管理者无法参与;评价的时间唯一,看期末,忽视了学生在各个时间的进步状况和努力的程度,不能很好地发挥评价促进学生发展的作用。评价的功能侧重于甄别和选拔性,忽视对学生综合素养和全面发展的评价,存在一定的局限性。

在新的教育时代背景下,学校"丰·彩教育"办学理念从孩子人生发展的需要出发,用科学的质量观和发展观来重新看待教育评价。教育评价是一个既重要又敏感的问题,对办学方向、素质教育的落实、新课程理念的实施起着至关重要的作用,所以学校认真研究,以"三丰"为培养目标,建立"四彩"评价机制,采用科学、合理的评级方式,才能有效地落实素质教育的实施。建立促进学生全面发展的评价体系,采用多维度、多样化、多元性的评价方法,不仅关注评价的结果,更要关注评价的动态过程;不仅关注学生的学业成绩,更要发现和挖掘学生各方面的潜能,包括学生的"情感、态度、价值观""合作探究能力""观察思考能力"等等。

二、"三丰"培养目标的评价导向

"丰·彩教育"办学目标,旨在培养品格丰盈、才智丰茂、气韵丰雅的时代出彩少年。品格即品行、品性,是一个人的基本素质,是世界上最强大的动力之一,李中《庭苇》诗:"品格清於竹,诗家景最幽。"丰盈的品格——勤劳、正直、诚实、自律……是人性的最高形式的体现,它能最大限度地展现出人的价值。才智指的是才能和智慧,是培养灵魂充满灵性与情感的学生,是培养一种拥有认知能力、判断力、记忆力、想象力与审美能力等在内的高级才智型生命。气韵是指人的神采和风度等,培养学生从自身的修养入手,读万卷书,行万里路,可使学生自身胸中无尘浊,气韵生动,培养人格精神,涵养胸襟气度。因而,"三丰"培养目标的评价重点必须从关注学生的品格、才智、气韵三方面出发,以关注每一个孩子的成长为抓手,以多维评价为标志,以促进学生全面发展为最终目的,有计划有步骤地推进评价的实施。

(一)关注

关注每一个孩子,"每一个孩子都是一个珍贵的生命个体,每一个孩子都是一幅生动的画卷"。学校"三丰"培养目标从关注每一个孩子出发,让所有孩子都能体验到成功的喜悦。曾有一位心理学家说过:"一个人只要体验过一次成功的欣慰,便会激起多次追求成功的欲念"。学校为孩子们创造各种机会,充分挖掘每一个孩子身上的闪光点,放大他的长处;"因地制宜、因人而异",增强学习的自信;对待每一个孩子做到公平、公正,但又不失人文关怀。"为了每一位学生的发展,让每个孩子拥有自己的精彩"是"丰·彩教育"的核心价值目标,这一核心价值目标就是要求把评价定位于关注每一个学生,时刻关注每个学生各方面的发展。

(二)多维

多维评价,"丰·彩教育"只为孩子能多维发展。"海阔凭鱼跃,天高任鸟飞。"我们的教育应该让孩子各尽所能,"自由"发展,成为全面发展的人才。评价不仅要关注学习结果,更要关注他们的学习过程;不仅要关注学生的学习水平,更要关注他们在学习活动中所表现出来的情感、态度与价值观,采用定量与定性相结合的方法,帮助学生认识自我,建立自信,实现评价目标多维化、评价方式多样化、评价过程动态化、评价主体多元化。

（三）发展

建立能促进学生全面发展的学习评价体系，实现"三丰"培养目标。著名教育家叶圣陶先生曾说过："教育的生机与活力，就在于促进学生个性的健康发展"，让每一个人的个性得到充分自由的发展。这也是马克思主义学说中的重要观点。让学生的个性得到充分的发展，就是始终要把学生的主动、全面发展放在中心地位。评价制度不是面向过去，而是面向未来，以发展为目的，其最终目标是充分调动学生的积极性，塑造品格丰盈、才智丰茂、气韵丰雅的出彩少年的一种新型学生评价制度，因此，在评价过程中，我们要用发展的观点，以发展为本的指导思想去评价学生。对学生评价要坚持四个发展的评价宗旨，即全体发展、全面发展、个性发展和主动发展。制定评价指标时，我们要根据学生发展的阶段性确定不同发展水平的指标，循序渐进地提出合理要求；评价要坚持用发展的眼光看待学生，不仅要看到学生现有的水平，还要看到潜在的发展可能性，激发学生主体自我个性发展的意识，让基础不同的学生都发挥其潜能，取得最大的成功。

三、丰茂评价机制的理论依据

（一）多元智能教育

这是丰茂评价机制的理论基础。多元智能理论是由美国哈佛大学的发展心理学家加德纳于 1983 年在《智力的结构》一书中提出的。多元智能理论认为，人的智能是由语言、视觉、音乐、身体、人际交往、自我反省、自然观察和存在八种智力构成，并从新的角度阐述了智力在个体身上存在的方式以及发展的潜力。这八种智能在不同的个体身上以不同方式、不同程度组合存在，因而使每个人的智能都各具特色、多元存在。多元性已是当今的时代特点，新课程改革框架下的发展性评价的评价内容、标准、主体、方法都具有多元性的特点。"丰·彩教育"强调把学生在学习过程中的全部情况都纳入评价范畴，同时每个人都有自己的智能强项，也存在智能弱项，以智能强项带动智能弱项，人的发展不是统一而整齐的。"丰·彩教育"所倡导的学生评价也是差异性的评价，尊重学生的个别差异，并不存在所谓的"差生"，每个学生都具有自己的人格魅力，是独特的，也是出色的。教师对每一个学生都抱着积极、殷切的期望,从各个角度来评价学生,发现学生身上的闪光点,挖掘学生的潜能。

(二)建构主义教育

这是丰茂评价机制的知识建构。皮亚杰认为,认知的形成与发展是一种建构过程。建构主义学习理论强调以学生为中心的教学方式,学生是意义和知识的主动建构者。建构主义强调学生之间和师生之间协作交流的重要性。建构主义理论强调情境在学习过程中的重要性。学生只有在真实的情境下,才能更加积极并且有效地建构知识。因此,当前我校的教学模式可以概括为:在整个教学过程中,以学生为主体、教师为主导,在教师的组织、指导、帮助和促进下,充分发挥学生的主动性、积极性和创造性,学生借助一定的"情境",通过"协作""会话"等学习环境要素,最终有效地获得知识的意义建构。对学习的认识是使学习者主动地进行有意义的知识建构,在这里学生主动地"学"占了主要的地位,因此,对建构主义教学的评价应该以学生为主体,将评价融入学习的过程中,建立多元化多层次的评价体系,既要促进学生的学习也要促进教师自身的教学和发展,使教学相长。

(三)成果导向教育

这是丰茂评价机制的最终导向。成果导向教育是指基于学习产出的教育模式(Outcomes-based Education,缩写为OBE)最早出现于美国和澳大利亚的基础教育改革。OBE强调只要给每位学生提供适宜的学习机会,所有学生都能在学习上获得成功,但不一定同时或采用相同的方法,而是成功是成功之母,即成功学习会促进更成功的学习。"丰·彩教育"的教学评价聚焦在学习成果上,采用多元和梯次的评价标准,评价强调达成学习成果的内涵和个人的学习进步,根据每个学生能达到教育要求的程度,赋予从不熟练到优秀不同的评定等级,并适时进行针对性评价,从而准确掌握学生的学习状态,为学校和教师改进教学提供参考,对教学进行及时修正,为培育"四彩"少年明确了方向。

第二节　"四彩"评价模式的应用策略

一、"四彩"评价的内涵

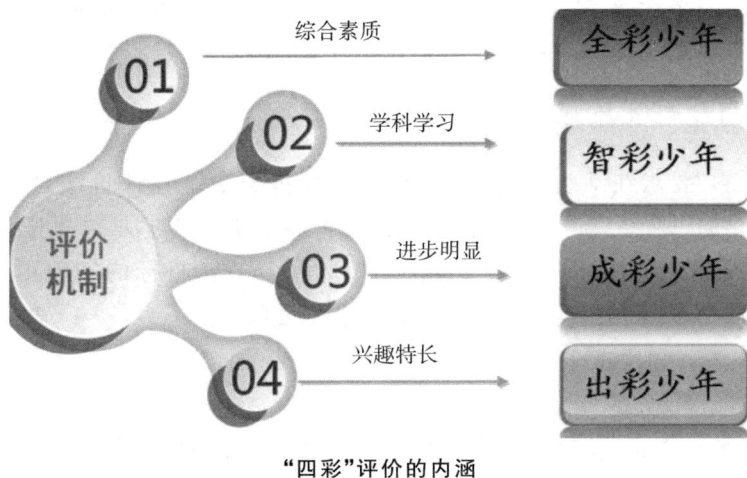

"四彩"评价的内涵

二、"四彩"评价的原则

(一)尊重性原则

"四彩"评价只有在民主、平等、和谐、宽松的环境中进行才能发挥作用,达到这一目的的条件是尊重学生。其在承认学生个性特征、智力发展等方面存在差异的基础上尊重不同学生的特长,提供适当的时间和条件,促进学生兴趣爱好和个性特长的发展。其体现"以人为本"的评价理念,突出评价过程中的学生主体地位,以实现"人人出彩,个个精彩"的发展目标。

（二）激励性原则

孔子说："知之者不如好之者，好之者不如乐知者"。"四彩"评价可以使其迅速地振奋精神，鼓舞斗志，战胜困难，进行新的尝试，引发学生学习的愿望和责任，帮助学生树立学习的自信心，激发学生学习的积极性，促使学生改进自己的学习行为和学习方式，激励他们不断进取，不断完善自我、发展自我。

（三）方向性原则

塑造品格丰盈、才智丰茂、气韵丰雅的时代出彩少年，从品格、思维、气韵三方面树立正确的学习观、实践观、人生观。

（四）过程性原则

"四彩"要求在动态过程中，把形成性评价与终结性评价结合起来，使发展变化的过程成为评价的组成部分。评价的内容和方法要表现出动态、发展、多样化。"丰·彩教育"的培养目标是多元的，目标的实现更多地体现在过程中，这就决定了评价应该注重过程性原则。

（五）全面性原则

"丰·彩教育"评价全面贯彻党的教育方针，全面考虑学生素质构成的各要素，从德、智、体、美、劳等各方面整体评价学生的学习和发展情况。"四彩少年"的内容和标准既体现群体的互助协作，又尊重学生的个体差异，促进学生的个性发展，形成"知识与技能、过程与方法、情感态度和价值观"三个维度的整合，关注全体学生，让每个学生都参与评价的全过程，促进全体学生的素质全面和谐发展。

三、"四彩"评价方法的策略

"丰·彩教育"培养"三丰"学生，这不仅仅是对课堂内容的选择和变更，它更是以促进学生发展的评价模式的变革为保障。为此，我校将"四彩"的评价机制融入学习的过程，评价重心落在知识获得的过程上。在传统的教学中，我们总是把教学评价的重心落在教学结果上，落在学生最后的成绩上，导致我们的教育变成了"应试教育"，出现了"片面追求分数"的局面。而"丰·彩教育"理念认为,教学评价应重视评价学生知识的建构过程,包括如何寻找知识、如何建构知识以及表现在这个过程中的探究与创新能力,这些都应包括在评价内容中。对学生学习过程的评价,是指在学生学习的全过程,包括学习态度、学习的参与程度、学习技能和方法的应用、认知能力和水平的提高等方面进行跟踪、动态的评价,采用动态的评价方式,对教师教学和学生学习的全过程进行跟踪、评估,旨在改变仅凭成绩作为考核、评价的唯一标准,评价应兼顾个体差异,有助于学生个性化发展。所以,教师在教学中,应把评价的重心放在学生的"学"上,放在知识获得的过程上。在评价形式上,教师应注意多用定性评价,使得教学与评价一体化,给教师和学生以及时的反馈。只有与教学紧密结合的教学评价,才能更及时、准确地将信息反馈出来,才能有效地促进教学质量的提高。我校改革初期评价的基本策略是:通过看、听、说、写、演等直接评价技术,围绕教学目标、教学方法、教学过程等方面能否体现"品格丰盈,才智丰茂,气韵丰雅"的培养目标,能否实现"成就精彩自我,奠基多彩人生"的办学宗旨,来评价教师的教学模式的改进状况。

(一)评价与教学相结合

评价对课堂起着导向和激励作用,同时对学生起着促进作用,高效地促进学生发展。教师是与学生共同完成评价的"合作者",对学生的评价应由教师、家长、学生共同完成,被评价者成为评价主体中的一员。在平等、民主的关系中,密切关注学生发展的需要,有利于教师、学生不断地在自己的教育活动和学习过程中进行反思,不断地进行自我修正和完善,从而为塑造"三丰"人才提高质量和效率。

(二)阶段性评价和总结性评价相结合

在学期或学年,对学生的学期或学年的学习情况进行综合考核评价,是一种注重学生自我发展的评价,由期末检测和实践检查两部分构成。期末检测的内容主要是必修课,主要有:基础知识;运用所学知识解决简单问题的能力;运用所学知识和方法探索新知识的能力;解决问题策略的发散性和求异性等。检测形式为闭卷,通常情况下检测科目有语文、数学、英语、道德与法治、科学。语文、数学、英语、道德与法治、科学等学科既有书面检测,又有实践检测,其余学科只进行实践检测。实践检测的内容和形式,根据学科的不同可以有区别,但是应力求丰富多彩而又切合学生实际,方便实际操作、信息收集和整理、社区服务等。语文、数学学科的实践检测可以与每学期的分项考核、学科竞赛和每年的"123读书节"结合起来进行。其中,语文学科有口语交际、朗读、作文竞赛、写字比赛、开故事会、举办读书节(跳蚤市场、图书义卖等)、演讲比赛、手抄报等;数学学科有计算、动手操作、统计调查、参观访问、错例分析、数学小论文比赛、数学手抄报、数学经典故事赛、测量、设计制作等;英语学科有唱英语歌、英语书写比赛、简单的英语会话、编演英语小品等;科学学科有实验操作、实际观察、科学实验、社会调查、科技制作、撰写科技小论文、电子摆拼等;道德与法治学科有参观访问、社会调查、社区服务等;音乐学科有唱歌、跳舞、乐器演奏、欣赏乐曲等;美术学科有作画、雕刻、剪纸、捏橡皮泥、名画欣赏、写生等;体育可以有跑步、跳远、跳绳、跳高、打篮球、排球、手球等多种多样的体育活动。

(三)专题活动课程评价与社团活动课程评价相结合

专题性活动评价从过程性和综合性两方面考虑,在课程学习活动中即时评价,综合考量学生的学习能力。社团活动课程评价是通过社团活动,为学生搭建成果展示、自主申报的平台,在成功中培养学生的毅力和信心。

第三节 "四彩"评价模式的实施细则

一、全面性评价——全彩少年

(一)评价标准

我们以学生个体为评价对象,以促进学生全面和谐发展为目的,注重发展学生的各种智能,从德、智、体、美、劳等方面综合评价学生的发展,努力做到对每一位学生有比较全面客观的评价。根据苏联著名心理学家克鲁捷茨基在《中小学生能力心理学》中对学生能力的研究观点和评价内容,参考"三丰"目标评价的思想与方法,结合新课程标准的三大理念、三维目标,我们对学生的学习能力(成绩),建立新的评价体系和评价标准,制定了新的《全彩少年评价各维度体系说明》(表6-1)。

表6-1 全彩少年评价各维度体系说明

培养目标	维度		评价要素	学生自评	同学互评	家长评价	教师评价
品格丰盈	道德与健康	道德与法治	1.热爱祖国,热爱集体,诚实守信,遵纪守法;维护公德,接纳自我。 2.尊敬师长,礼貌待人;自理自律,严于律己。				
		体育与健康	1.有良好的身体素质,精力充沛;有健康的心理、稳定的情绪。 2.认真参加"两操"及体育课锻炼,态度端正,具备一定的运动技能,技能考查优秀以上。				
才智丰茂	语言与文化	语文	1.热爱祖国的语言文字,有良好的语文学习习惯;吸收人类优秀文化营养。 2.诵读优秀诗文,利用课外时间进行课外阅读,阅读量达100+X本。 3.每学期进行阶段性、期末性检测达优级以上。				
		英语	1.对英语有好奇心,有兴趣听英语、说英语、背歌谣、唱歌曲、做游戏等。 2.乐于模仿、敢于开口,积极参与,主动请教。 3.以本学期英语教学内容为依据进行考查达优级以上。				
	数学与科技	数学	1.学会倾听与质疑,养成独立思考的好习惯,体验数学的运用价值。 2.能积极参加数学学习活动,对数学有好奇心和求知欲,并获得成功的学习体验。 3.每学期进行阶段性、期末性检测达优级以上。				

续表

培养目标	维度		评价要素	学生自评	同学互评	家长评价	教师评价
才智丰茂	数学与科技	科学	1.喜欢阅读科普读物或收看科技节目。 2.关注自然事物,爱护花草树木、小动物。 3.经常做小制作、小实验或观察活动,积累的材料多。 4.小组活动表现积极、认真、负责。				
		信息	1.掌握简单的信息技术基础知识。 2.通过微机操作对教材中的知识点进行考查,达优级以上。				
气韵风雅	审美与艺术	美术	1.对艺术有浓厚的兴趣,能在日常生活中发现美、欣赏美。 2.能制作一定数量的工艺作品和绘画。 3.参加学校或校级以上美术活动,并获得一定的奖励。				
		音乐	1.能掌握音乐课的基本知识,按年级要求学会和会唱一定数量的歌曲,至少学会一种乐器的演奏方法。 2.积极参加各项文艺活动,运用多种形式表现其审美情趣。				
		综合实践	1.积极参加综合实践活动,具有一定的组织能力。 2.善于观察、思考,具有探究精神,热心参加校园、社区活动。 3.愿意与他人合作与交流,认真倾听他人的意见,在合作学习中充分发挥自己的特长。				

评价等级:评定分为优秀、良好、合格、不合格四个等级。

（二）评价方式

1.学生自评

学生对自己的学习、行为进行评价。学生自评有利于更全面、更深刻地体现学生的综合素质，尤其对学生的发展有良好的促进作用。让学生自我评价，学生充分畅谈自己参与活动的体验、经验和教训，自由地交换意见，使学生享受到健康的民主风气的熏陶和教育。

2.学生互评

同学之间互评的方式具有较高的信度和效度。学生在评价同学的同时也进一步认识了自己。

3.家长评价

全方位了解学生，从各方面入手，进行客观公正的评价，包括学习和生活方面。

4.教师评价

教师及时、准确、有效的评价起着重要的导向和激励作用。教师根据学生的课堂表现、课后活动等进行公平公正的评价。

二、专项性评价——智彩少年

在注重全面发展学生的各种智能的基础上，更加注重学生的个性发展，将"全面发展"和"个性发展"有机结合起来，

（一）评价标准

1.品行优良

具有良好的思想品德，爱学习、守纪律，无违反校规校纪的行为，是个好学生；在家尊敬长辈，是个孝顺的好少年；在社会上遵守社会公德，是个文明的好公民。

2.学习成绩优异

学习态度端正、勤学习、爱思考、具有较强的学习能力，本学期语文、数学、英语成绩位居年段前茅。

（二）评价方式

对学生而言，其涵盖课前的准备、课堂上的学习活动、学习效果等环

节,主要包括:预习情况、学习态度、参与体验和感知等实践活动的程度、与老师配合、认知和理解能力、质疑和解析能力、学习技能和方法的应用、学习质量等要素。

1.必修课考评

必修课由上课老师根据学生知识与技能的掌握程度;学生的学习过程与方法,如学生的自主性、独立性、体验、实践探索、合作交流能力等;学生的情感态度与价值观,包括学习兴趣、愿望、个性、责任感等;在充分考虑学生个体差异的前提下进行阶段性和总结性评价。

2.选修课考评

我校的选修课包括"道德与修养""道德与智慧""健心与健身""阅读与表达""探索与发现""欣赏与展示"等,目的是通过社团选修的形式,夯实学生的文化基础,培养学生的责任担当,激发学生探索的兴趣,提升他们实践研究的能力。由选修课教师根据学生表现采用等级制进行评价。

3.阶段、期中与期末测评

阶段测评占10%,期中测评占30%,期末测评占60%。

三、过程性评价——成彩少年

(一)评价标准

突出每个学生起始水平的差异,不是把学生所取得的成绩和预期目标相比,而是与各自的起始水平相比,看进步情况。学习基础差、起步晚的学生,通过自己的努力,在原有基础上取得了一定的进步,也可能取得了较好的显示发展度的成绩,所以该类学生被评为成彩少年。

(二)评价方式

一个单元或一个阶段学习结束后,学科教师从"课堂表现、作业情况、单元检测、课外阅读……"等几个方面进行评价。

1.随堂记录卡

对学生随堂表现予以评价。

2.教师、小组评价

教师根据学生近段时间的进步情况进行评价。

3.成长档案袋

建立完善的成长档案袋,让评价"看得见"。从单一的纸笔测试走向多种多样的作品评价,档案袋评价强调学生在学习与发展过程中留下各种足迹,比如一张绘画作品、一份观察日记、一次练习作业,等等,不仅内容丰富,针对性强,而且清晰可见。

(三)评价项目

评价项目包括:(1)"文明"成彩;(2)"阅读"成彩;(3)"劳动"成彩;(4)"学科"成彩;(5)"学习"成彩;(6)"才艺"成彩;(7)"爱心"成彩;(8)"运动"成彩。成彩少年评价标准见表6-2。

表6-2　成彩少年评价标准

维度	评价标准	备注
"文明"成彩	1.自觉遵守社会公德和校纪校规,注意用文明礼仪规范自己的行为。诚实正直,言行一致,团结友爱讲礼貌,言谈举止讲文明。 2.讲究卫生,做到穿戴整齐、朴素大方、仪容仪表端正、规范。 3.关心集体,乐于为集体服务。受到大多数同学和老师的好评,以身作则,在学生中起表率作用。 4.课间活动不追逐打闹,不打架骂人。在班级检查中无违纪记录。	
"阅读"成彩	1.热爱读书,有浓厚的读书兴趣,有自觉读书的习惯。 2.课外知识丰富,爱惜书籍,在读书活动中成绩显著。 3.能写读后感或进行读书摘抄,积累一定的读书笔记。	
"劳动"成彩	1.热爱劳动,不向学习上的任何困难低头,珍惜所有的学习时间。 2.讲究卫生,班级值日工作认真负责,有良好的劳动卫生习惯。 3.主动为学校、社区和家庭做一些力所能及的事。 4.学校大扫除时,积极参与劳动之中,不怕脏不怕累,起到模范带头作用。	
"学科"成彩	1.学习目标明确,态度端正,具有良好的学习习惯,能严格按老师的要求完成各项学习任务。 2.上课认真听讲,能按时把下节课教材摆放整齐。 3.根据老师每学期上课情况,各科任课教师评选出两人为本学科的"学科"成彩少年。	

续表

维度	评价标准	备注
"学习"成彩	1.上课积极发言,经常向老师提问,能按时独立完成家庭作业;作业工整、整洁,书写认真方面较以往进步显著;完成预、复习工作。 2.在学习中,不断总结改进学习方法,取得了较大进步。 3.各方面成绩有进步、素质有提高。每学期进行的阶段性、期末性检测在班级中进步五名及五名以上。	
"才艺"成彩	1.在美术、音乐、舞蹈、书法、朗读等方面有较大进步,并积极参加校内外各种艺术比赛。 2.多次参加校级及以上比赛,成绩进步明显。 3.德艺双馨,品行优良。	
"爱心"成彩	1.热衷于爱心公益活动,积极为爱心活动献计献策,积极组织、参加各项公益活动,事迹突出。 2.经常帮助、关爱在学习上或生活上有困难的人。为人正直善良、团结友爱,有较高威信。 3.对遭遇不幸或遭受灾害者奉献爱心,积极参加捐资活动、扶残助残等社会公益事业和公益活动。	
"运动"成彩	1.热爱体育,喜欢运动,积极组织和参加各种体育运动。 2.有健康的体魄,在体育类竞赛方面成绩有较大进步。具有一定专长,能够起到模范带头作用。 3赛风优良,服从裁判,具有极强的集体荣誉感,能做到一切以集体的荣誉和利益为先。	

四、个性化评价——出彩少年

　　每个学生都是一个独特的个体,他们在某一方面或几方面具有一定的发展潜力,学校为他们提供合适的教育和训练,因人施教,为学生提供多样化的选择,使学生能够扬长避短,激发潜在的智能,充分发展个性,培养兴趣特长,成为"＿＿＿＿＿＿出彩少年"。

(一)申报条件

　　热爱艺术,积极发展艺体及其他特长,在艺术、体育、阅读朗诵或主持等某一方取得了一定的成绩。

（二）评价标准

出彩少年评价标准见表 6-3。

表 6-3 出彩少年养成观察评价表

班级		学生姓名		测评教师		
维度	评价要素			出彩项目	教师评价	备注（有关凭据）
文明天使出彩	1.注重仪表,穿戴整洁,朴素大方做表率。 2.讲究卫生文明礼貌,尊老爱幼,团结友爱互谦让。 3.爱护公物,保护环境,服务社会讲奉献;扬善弃恶,伸张正义,扶贫济困献爱心。 4.遵守秩序,注意安全,公共场所不喧哗。 5.文明方面的其他突出表现。			1.爱心出彩 2.劳动出彩 3.其他出彩		
美术出彩	1.能在日常生活中发现美、欣赏美,有创造美和表现美的欲望,能围绕一定的目的和用途进行创作,美化生活环境。 2.掌握课本基础知识,学期艺术（美术）课程阶段性考查成绩优秀。有自己的艺术作品。 3.有参加学校或校级以上美术比赛获过奖,或在各种报刊上发表过作品。 4.美术其他方面的突出表现。			1.绘画出彩 2.手工出彩 3.书法出彩 4.其他出彩		
音乐（舞蹈）出彩	1.拥有良好的倾听、欣赏音乐的习惯。了解基本音乐知识,能积极参与课堂活动,大胆表现、勇于创新。 2.掌握课本基础知识,学期音乐课程阶段性考查成绩优秀。 3.参加校级或校级以上小歌手大赛、乐器演奏、综合艺术表演并获奖。			1.舞蹈出彩 2.声乐出彩 3.乐器出彩 （钢琴、古筝、小提琴……）		
体育出彩	1.对体育课有兴趣,能坚持锻炼身体,积极参加体育活动。 2.掌握或独立完成本学期所学的技能和技巧的全部动作,体育与健康（体育）课程阶段性学习考查成绩优秀。 3.参加学校或校级以上体育竞赛活动获得成绩或奖励。 4.体育其他方面突出表现。			1.篮球出彩 2.排球出彩 3.手球出彩 4.足球出彩 5.田径出彩 6.其他出彩		

续表

维度	评价要素	出彩项目	教师评价	备注(有关凭据)
阅读出彩	1.自身声音条件好;语言表达能力强,普通话标准,吐字清晰,动作大方,表现自然;思维清晰,反应敏捷。 2.参加校级或校级以上朗读、演讲、讲故事或主持比赛获得好成绩或奖励。 3.有学习朗读或主持持续时间达两年以上。 4.有一定的写作能力,写出的优秀作文获得校级及以上奖励。 5.其他方面的突出表现。	1.朗读出彩 2.主持出彩 3.习作出彩 4.演讲出彩 5.讲故事出彩 6.其他出彩		
棋艺出彩	1.讲究下棋礼仪,沉着冷静,具有一定的逻辑能力和思维能力,有耐心。 2.有参加校级或校级以棋艺比赛获得成绩与奖励的证据。 3.有学习棋艺类培训持续时间达三年以上。 4.其他棋艺方面的突出表现。	1.象棋出彩 2.围棋出彩 3.其他出彩		
科技出彩	1.崇尚科学、勤奋学习、追求真知,积极参加科学实践活动,大胆质疑,拥有较强独立思考能力和创新意识。 2.坚持参加一项科技活动、实验操作能力强。 3.积极参加校内外各种科技作品竞赛、科技小论文竞赛,并取得优异成绩。 4.科学其他方面的突出表现。	1.科技制作出彩 2.科技小论文出彩 3.其他出彩		

(三)评价方式

按能力和兴趣分组。

(1)档案袋评价:是一种质性评价,主要通过收集、记录学生自己、教师或同伴做出评价的有感资料。

(2)记录单评价:收集整理获奖证书复印件、参加活动的照片等资料。

(3)情景化测试:从重视结果评价走向基于情景化的过程评价,推崇的是一种更自然、对情景更敏感的生态学上更可行的评估方式。包括学校举行的各项比赛。

第三篇

『丰・彩教育』大家看

◎ 第一章　家长眼中的『丰・彩教育』

◎ 第二章　学生眼中的『丰・彩教育』

◎ 第三章　教师眼中的『丰・彩教育』

"丰·彩教育"办学思想已在我校悄然落地,生根发芽,并且全面开花。如今,"丰·彩教育"的办学思想不但已深深融入师生的精神血脉中,深刻影响着广大师生的一言一行,而且在家长、社会中产生了广泛的影响,不少家长、社会贤达人士都纷纷为我校"丰·彩教育"点赞,请听来自各方的声音——

第一章

家长眼中的"丰·彩教育"

只要谈起孩子这一话题,实小的每位家长都难忘这样的一幕:每当学期结束时,孩子们捧着奖状欢呼雀跃地飞回家里的情景……家长们说,那是自己最幸福的时刻。的确,看到自己的孩子在实小的百花园中尽情绽放,谁能不开心呢? 请听家长的心声——

❀匠心筑梦　少年飞扬

王炜斌家长　练象兰

"青青园中葵,朝露待日晞,阳春布德泽,万物生光辉。"这正是孩子们在校园里茁壮成长、奋发向上的写照。

在学校的"丰·彩教育"理念的引领下,我的孩子在德、智、体、美、劳方面得到了全面发展,五年来领回的奖状不下几十张,包括学科竞赛、社团比赛以及各种综合性表彰。这些沉甸甸的奖状,是孩子收获成功的喜悦,也是家长最大的欣慰,更是老师们付出辛勤汗水的见证。

学校有计划地开展丰富多彩的社团活动,培养了孩子们的各种兴趣爱好,充分挖掘了孩子的潜能。令我感受至深的是,我家孩子三年级有段时间沉迷游戏,对其他的活动几乎失去了兴趣。后来,他加入了学校围棋社,起初他对围棋不感兴趣,但在老师的耐心引导下,展开同学对决,好胜心激发了他求知的欲望,为了能不断战胜同学,他开始利用空余时间上网学习围棋技巧,然后在家中与我们实战对局。俗话说:"功夫不负有心人。"经过一段时间的训练,他在棋技上不断提升的同时也收获了许多快乐,渐渐地从游戏中走了出来。之后,他还积极加入了其他的社团,比如排球社、足球社等,增加了技能、强健了体质,也体验到了运动的快乐。

红日初升,其道大光;河出伏流,一泻汪洋。我深信,在学校"丰·彩教育"理念的引领下,我们的孩子定将如沐春风、拔节成长,衷心祝愿实验小学的教育事业蓬勃发展、蒸蒸日上!

❋注重家庭教育,引领孩子成长

五(1)班　邓梓芸家长

孩子成长过程的每个阶段有每个阶段的侧重点和任务,小学阶段我最关心的是这四件事情:

一、与孩子沟通,做孩子的朋友,多表扬,多鼓励

与孩子沟通,最重要的是要站在孩子的角度上看问题,不要以家长的身份居高临下地训斥孩子。梓芸是一个要强的孩子,从小就希望得到理解和尊重,作为家长,我也顺其自然,对她的每一件事我们都会心平气和地坐下来,和孩子聊聊为什么会发生这样的事,帮她想想解决的办法。

二、正确对待孩子的学习成绩

考试只是为了检验孩子对在一段时间内所学的知识是否真的掌握了,因此孩子每次考完试以后,我一般是先看看她错在什么地方,然后找出出错的原因,再找几道类似的题目和她一起解答。上学期期末考试,孩子的英语成绩很不理想,试卷领回来,孩子当场就掉眼泪了。我肯定了她的努力,耐心地和她分析了原因,找差距。开学初的英语测试,孩子开心地告诉我:"妈妈,我达到目标分了!"孩子体验到了成功的喜悦,那一刻,我特别欣慰。

三、爱孩子更要懂孩子,成长从来都是孩子自己的事,我们应该懂得放手,给孩子自主的空间,培育孩子的自主性

为了让孩子体会到家长的不易,增加她的家庭责任感,使她更加珍惜生活,每逢周末,我会安排孩子当家做主,适当地分担一些家务,如:做简单的饭菜、打扫卫生、洗小件衣物等,让她体会到父母当家的不易;同时也让她代表家长去做一些力所能及的事,锻炼她的社会交往能力,让她感到自己像个大人一样受到重视了,了解平时大人操心的内容,慢慢地学会主动为大人分忧。从让孩子当家这件事中,我深深地体会到,孩子比想象中独立、能干! 只要我们家长肯给她机会、相信她、支持她,再难的事她也能做到而且还会做得很好。

四、家长应该多和老师联系,多向老师请教教育孩子的方法

只有经常同老师联系,才能了解孩子在学校的表现,才能了解孩子可能出现的问题,通过跟老师联系,也能让老师知道孩子在家中的表现。这样学校、家庭双方都能及时地、有针对性对孩子出现的不良习惯加以纠正。

总之孩子的教育工作是非常琐碎的,家庭教育贵在有心无痕,身教胜于言传。只要我们每位家长都能在实践中不断摸索、总结,寻找最适合自己孩子的方法,相信每个家庭都有一个好孩子,每个孩子都有一对好父母。

❋丰彩教育似沃土　实小学生结硕果

五(3)班　方奕璇家长

我是五(3)班学生方奕璇的家长。我见证了学校开展的"丰·彩教育"对我孩子的影响。其主要体现在以下两个方面:

一、学校以"丰润的环境"来熏陶孩子,使孩子从小就在丰富的传统文化当中浸润成长

学校布置学生诵读、背诵《三字经》《弟子规》等传统优秀文化。这些内容因为比较枯燥乏味,我的女儿不喜欢读,学校就采用多种形式来激发学生的学习兴趣,帮助学生理解这些古诗文,营造浓厚的学习氛围。比如:在走廊的墙壁上、在楼道上张贴这些内容等。为了让孩子能在最短的时间内背熟《三字经》《弟子规》,并对其产生兴趣,在家里,我经常给孩子讲一些关于《三字经》《弟子规》的故事,和孩子一起诵读、背诵《三字经》《弟子规》等传统优秀文化。现在我女儿不仅会背这些内容,更重要的是我和我女儿都受到了传统文化的教育熏陶,真是受益匪浅啊!

二、教师以"丰智的课堂"来启迪孩子的智慧,润泽着成长中的生命

我的女儿在学习上最怕的就是写作文了。学校开展"丰·彩教育"以后,潘老师不仅从积累孩子的好词佳句抓起,还紧密联系孩子们的生活实际,使孩子们有话可说、有话可写,我的孩子逐渐喜欢上了习作。潘老师还经常自己写一些下水作文,给孩子们示范如何把作文内容写具体、写详细。班里好学的孩子都爱上了写作,这为孩子的终生成长奠定了一些基础,潘老师是有大语文观的老师,为她点赞。

当然,学校的"丰·彩教育"给孩子们带来的影响是多方面的,在这就不再赘述了,可以肯定的是,许许多多如我的孩子一样的实小学生变得越来越优秀了,正可谓:丰彩教育似沃土,实小学生结硕果!

❋体味成长,感念恩情

五(7)班　吴振晖家长

回想 2015 年的 9 月,看着孩子第一次迈步走进武平县实验小学的大门,我的心里是既高兴又担心,高兴的是孩子长大了,上小学了;担心的是孩子能不能适应小学生活,能不能好好学习,快乐成长。现在想想,我那时真是担心过头了。

时光荏苒,白驹过隙,如今,孩子已经读五年级下学期了。孩子的点滴成长,让我们家长感到无比的欣慰:欣慰于学校正确的教育理念,欣慰于老师们的辛勤付出,欣慰于孩子那颗不断进取的心。

学校优良的教育理念,引领着孩子全面发展。"丰·彩教育"办学理念,就像春霖甘露,浇灌着孩子心中那棵生命的幼苗。平时孩子说得最多的一句话就是:"我要做出彩少年!"于是乎,我发现孩子和之前不一样了,他在乎的东西比之前多了:他不但注重自己的学习成绩,关心着自己的体育水平,还增加了美术、音乐等兴趣爱好,不断地训练、提高自己的朗诵能力……一直记得,"丰·彩教育"的主题是"让每一个孩子都拥有属于自己的精彩"。我相信,在"丰·彩教育"理念的引领下,孩子们的小学生活一定会是五彩斑斓的。

2020 年的春天,一个不平凡的春天,突如其来的新冠肺炎病毒,打乱了我们的生活节奏,各行各业都受到了疫情的影响。为了保障师生的生命财产安全,教育部发声了:学校延期开学,并开展停课不停学的网络授课。网络学习对孩子来说,可能是新奇又期待,可对家长来说,网上学习的方式,还是令人有点担心的,担心孩子的视力,担心孩子在网上玩游戏、乱浏览,担心孩子无法认真学习,或者学不懂……

然而,一段时间过后,我发现又是自己担心过头了。老师组织的网络教学课堂,教学形式多样、课堂指引清晰、师生互动充分,让我感受到孩子学习的快乐与激情。孩子对学习内容兴趣十足,课后认真完成作业,孩子学得快乐,学有所获。看到孩子一天天的点滴进步,我瞬间明白了,孩子在老师们耐心细致的指引下,已经慢慢长大了。他学会了求知进取,学会了自律,明白了自主学习的方法和重要性。停课不停学、成长不停步! 孩子,愿你"鸿鹄高飞,一举千里"。

"十年树木,百人树人",在人生的旅途中,是学校,把一个不懂事、不识字的孩子培养成为知识的富有者,而最有功、付出艰辛最多的是老师。孩子的点滴进步,离不开学校、老师的培养,是你们,让孩子从一株幼苗成长为参天大树,谢谢你们,你们辛苦了!

第二章

学生眼中的"丰·彩教育"

在"丰·彩教育"办学思想的引领下，学校实行多维绽放的评价机制，从综合素质、学科学习、进步情况和兴趣特长四个维度评价孩子，让每个孩子都拥有属于自己的精彩。请看孩子们精彩的呈现——

❋积少成多　集腋成裘　丰润人生

武平县实验小学　李诗涵

生命的生长是一个"积土成山、积水成渊、积善成德"的积攒过程。自从学校开展"丰·彩教育"以来，在新型教育思潮的熏陶下，我在成长路上欢歌采撷，我在积攒的过程中收获了丰硕的成果：在小学的六年时光里，我每学期都被评为全优生或全彩少年；参加的各项竞赛均获县市一、二等奖；2019 年 1 月被评为福建"十佳好少年"；2019 年 6 月被评为龙岩市"新时代好少年"。这些成绩无不得益于学校"丰·彩教育"的浸染默化。

"不负韶华，未来可期"。我即将毕业，蓦然回首：不管是尊敬的老师还是亲爱的同学，不管是校园里幽静的"博雅轩"还是欢腾的大操场，不管是宽敞的教室还是狭小的角落，它们都如同一颗种子在我内心深处生根、发芽、苗壮成长。

有了学校"丰·彩教育"的浸润熏陶，我才懂得读书的重要性：课堂上，认真倾听每一节课，做好学习笔记；下课后，就钻进"阅读吧"，如饥似渴地遨游在书的海洋里，在书中寻找"黄金屋"。从书中，我明白了积少成多、集腋成裘的道理，懂得了在学习生活中目标要明确，持之以恒，成功就是专心十坚持。任何人的成功，都离不开这个规律。如果李时珍没有翻山越岭，没有走遍大半个中国，或许他就不会写成药物巨著《本草纲目》；如果爱迪生没有毕生孜孜不倦，或许他就不会拥有白炽灯、留声机、碳粒电话筒等一千多个发明专利。

　　有了学校"丰·彩教育"理念的浸润熏陶,我有了沉甸甸的收获:我一边学习文化知识,用丰富的知识充实头脑;一边积极地参与学校组织的各项校园文化艺术活动,参与社会劳动和志愿服务,提升自身的素养,丰实自我,丰润人生。记得在五年级时,我主动报名参加了县博物馆"小小志愿者"的活动。我认为,这既是锻炼自己的一个好机会,也能让我走进社会,为人民服务。服务期间,我铭记"世上无难事,只要有心人",在学习和讲解的过程中,克服重重困难,努力突破自我,毫不畏惧地坚持了下来。功夫不负有心人,现在的我已经是一名优秀的小小讲解员了。当游客们都竖起大拇指,给予我掌声时,我心里像吃了蜜一样甜。这种甜蜜的成果正是"丰·彩教育"给我带来的收获。

　　人生路漫漫,任重而道远。如今,我即将离开校园,将面临新的挑战。在今后的学习生活中,我将时刻铭记:我是一个在"丰·彩"文化浸染下成长起来的实小学生,要有敢为人先、敢于出彩的自信和勇气,拥有追求"今天比昨天更精彩,明天比今天更出彩"的自励精神,磨炼双翼,搏击长空,刻苦读书,做到"德智体美劳"全面发展。我将时刻铭记学校领导、老师对我们的谆谆教诲,争做一个对祖国、对社会有用的人!

❋ 精彩,指日可待

四(5)班　何舒晗

　　转眼间,四年级的学习就要结束,我将迎来最后两年的实小学习时光。回顾过去,我看到了自己在"丰·彩教育"下茁壮成长的身影。

　　起初,我是那样不起眼:我的成绩不是很拔尖,在学习上也有畏难情绪。语文背诵和数学的概念常常让我很崩溃。

　　幸运的是,我在实小就读。实小的"丰·彩教育"让我受益良多:学校丰富多彩的学习方式,让每一个暂时落后的孩子都有机会去展示自己的才能,从而激发我们学习的热情,提升学习积极性。我的学习基础不是很好,但是朗诵能力不错,而且性格开朗活泼,不怯场,老师就让我担任语文的晨读领读员。在123读书节上,我有幸成为小组长,并带领同学们赢得了第一名。从中,我体会到了学习的快乐,我开始憧憬每一天的学习。虽然我之前的学习基础比较薄弱,但是妈妈和老师都时常鼓励我"积小行,以大成",厚积定会薄发。因此,这学期,我端正了学习态度,改进了学习方法:

每当碰到难题，我都会找老师、找优生、找妈妈帮助。我会一遍一遍地去练习，直到掌握为止。所以，我的成绩在逐步提升。对接下来的学习，我也充满了信心。

我不会忘记四年级的那次家长会。爸爸回来后，语重心长地对我说："孩子，能在实验小学遇到这样的好老师是你的幸运。"师者，传道授业解惑也。我的老师，除了传授课本知识，更是抓住各种机会循循善诱地引导我们去体会学习的意义，端正学习态度，让我越来越体会到了学习的重要性。

我进步了，不仅学习成绩在逐步提升，学习态度也有了深刻的转变。我不再被动地学习，而是主动地想去汲取知识。我相信：在实验小学的这片蓝天下，花开会有时。只要不断汲取养分、不断成长，我和我的同学们定会怒放生命，绽放不一样的精彩！

第三章

教师眼中的"丰·彩教育"

教师是学校的灵魂所在,在教师专业发展的路上,我校提出了"师生共同出彩"的理念,引领教师在成就学生的过程中,成就自我!在师生相互成就的过程中,我校教师走出了一条属于自己的出彩之路——

❀ 道阻且长　行则将至
——"丰·彩教育"实践探究心得体会

石爱华

"云里藏着水,水里藏着鱼,土里埋着小种子,种子里藏着花……"武平县实验小学——这所栉风沐雨却日益充满活力的百年老校,不正是一片教育的沃土,两千多名莘莘学子不正是这片沃土中藏着的小种子吗?我们辛勤浇灌,等待着这些种子生根发芽,抽出茁壮的枝,开出美丽的花儿。

我们学校从2018年开始"丰·彩教育"的实践探究,至今已走过两个年头。"丰·彩教育"是遵循教育和生命成长规律的教育,关注生命成长过程中各个维度的积累丰实,积少成多、集腋成裘、聚沙成塔,羽翼渐丰,从而成长生命,丰润生命,为美好的生命打造亮丽的底色,为多彩人生奠定坚实的基础。两年来,我们积极尝试,勇于探索,学校管理模式和教师教学理念有了很大的改观,逐步形成了"一日一进、精彩共绽"的校风、"一事一精、静育花开"的严谨教风和"一思一行、臻于至善"的良好学风。

一路走来,我们踏歌前行,深有感触。"丰·彩教育"的"丰",首先是希望老师在教育的过程中要注重自身的积累和提升,把自身拥有的"一桶水"变为"长流水"。曾有人说要给学生一滴水,教师要有一桶水。可随着时代的发展、知识的更新迅猛,为师者必须拥有源头活水。怎样才能成为一名称职的老师呢?也许我们可以从古希腊哲学家柏拉图的"我是谁?我从哪里来？我要到哪里去？"三个终极之问入手。"我是谁"是为自己进行角色定位。"我从哪里来"是追溯来时路，追溯我们已有的学识经验。"我要到哪里去"引导我们走得更高、更远。教师的形象定位：得体的仪容、优雅的谈吐、从容而淡定……而这一切皆源于深层渊博的学识，源于由内而外散发出来的人格魅力，源于日积月累铸就的师魂……教师的学识定位，不仅要精通本学科的知识，解读教材，传道授业，参与教育科研，还必须涉猎美学、心理学……对老师的角色定位不可谓不高，可我们达到要求了吗？反躬自问，不禁冷汗涔涔。曾几何时，烦琐的日常教学让我们忘了阅读，忘了钻研，没有新思想、新理念的注入，我们只会因循守旧，只会走进死胡同。提高语文学习效率，发展学生的语文思维是关键，可我们缺乏理论指导，缺少方法策略，只会原地打转……细思极恐，所以我们要学习学习再学习，不断汲取新理念，不断实践探索。腹中有诗书，笔下有方略，站在讲台上的我们才能从容淡定，才能挥斥方遒。

孟子有三乐，极乐为"得天下英才而教育之"，可孔子有弟子三千，贤弟子尚只七十二人，可见英才难遇，我们每日焦心面对的多数是天真可爱而又顽皮懵懂的熊孩子，倾心付出、呕尽心血仍收效甚微，深深的无力感常常缠绕在我们心头。"丰·彩教育"理念告诉我们，教育是慢的艺术。我们应遵循教育的规律，注重积累，丰实成长过程，让每一个孩子丰实前行，拥有属于自己的精彩。我们要尊重孩子的个性，关注孩子的差异，让他们多元发展，享受成长的快乐。

是啊，我们为什么要逼着每一个孩子都成为通才呢？时代的发展呼唤具有高精尖技术的专才。不是每个孩子都天资聪颖，不教而能成才。作为一名教师，我们要尊重每个孩子，认清和承认他们的差异性，因材施教，多元发展。"三百六十行，行行出状元。"如此，我们的心境将日趋平和了，忽然发现那个总是完不成作业的孩子，在田径场上是如此的英姿飒爽、神采飞扬；那个平时爱闹腾的孩子写出的毛笔字竟然不亚于字帖；公开课上，平时总是一声不吭、默默无闻的那个孩子竟然懂得那么多，"小书虫""小博士"非他莫属……

十年树木，百年树人。每个人、每个孩子都有自己的长处和短处，我们要有一双会发现的眼睛，一颗热情且充满爱的红心，一路期待而又坚定地相伴，引导他们"积小行，以大成"，扬长避短，锐意进取，砥砺前行，绽放属于自己的精彩。让我们放慢脚步，蹲下身子，静听花开的声音。

"丰·彩教育"的实践探索之旅，道阻且长，但行则将至。爱在左，情在右,走在生命路的两旁,我们随时播种,随时开花,穿枝拂叶,将这一径长途点缀得花香弥漫,待到来年春又至,一路繁花相送。

❋精彩是怎样炼成的

潘娟梅

> 　　开始包簸箕粄喽!我迫不及待地把花花绿绿的菜摊在又白又嫩的粄皮上。可那粄皮一会儿倒向东,一会儿倒向西,像只猴子耍我玩呢。我火冒三丈,忍不住用力一掀。完了——薄如蝶翼的粄皮破了!我后悔不已,只得卷土重来。这次我屏息凝神,一步一步,不紧不慢地叠。于是,一个穿着白纱裙的"小姑娘"款款走来了。"只要功夫深,铁杵磨成针",我终于学会包簸箕粄啦。(钟祥)

> 　　令我印象最深的一幕非炸薯包子莫属了。我一手抓起滑溜溜的薯浆挤入勺子给她们定好造型,再放入油锅这个神奇的大舞池。瞧!薯包子们正穿着紫衬衫在金黄色的舞池翩翩起舞呢。她们的舞姿可真奇异啊:时而上,时而下,时而左,时而右,让我大饱眼福。不久,一些舞跳得好的薯包子摇身一变,穿上了金光闪闪的外套。她们昂着头,抬着下巴,骄傲地通过"木制人力电梯",来到"白色的领奖台",被端到了餐桌。(钟凌岳)

　　以上是我学生的课堂小练笔。虽是小小的片段,但其想象之新奇、语言之生动、用词之灵活足以让我满心欢喜。当然,除此之外,还有许多的"精彩"已在孩子们的笔下生成。那这样的精彩是怎样炼成的呢?且听我细细道来:

　　我们的家乡武平,是一座千年古邑,是纯客家人居住地。在这里,有美丽多姿的自然景观,有风味独特的客家美食,有寓意深远的民俗风情,有底蕴丰富的百姓古镇,有非比寻常的传奇故事……这些都为习作教学提供了取之不尽、用之不竭的素材。

　　"民以食为天",孩子们对吃是最感兴趣的。我们的客家美食种类繁多又极具特色。让孩子们去制作、品尝美食,从而体会地域文化的特色、感悟客家人生活的智慧,再及时把所见、所闻、所思、所感记录下来,这应该可行。本着这样的思路,我设计并执教了《体验客家美食》《学写客家美食推介词》等课。

本着"作前先体验"的理念,我在班里开展了一系列层层递进的特色活动:首先,让学生利用周末闲暇时间,通过上网和访问的方式了解客家美食的种类、样子、做法、味道、来历及文化内涵等;接着,让孩子们跟奶奶或妈妈学做自己最喜欢的一种客家美食;最后在班级开展客家美食品尝会,让孩子们把自己亲手制作的美食带来与同学们一起分享。"做小吃、品美食"的活动过后,班里的孩子对客家美食已是如数家珍。课间也能看到孩子们在眉飞色舞地谈论各自的活动经历。

课堂上,我用一切可能的方式,创设一定的情境,来诱导、激发学生相关的体验,从而使学生产生写作冲动和欲望:"同学们,客家美食风味万千,制作和品尝客家美食的活动更是别有一番滋味。今天,我们要把体验客家美食的活动写下来。客家美食有很多,谁来说几种给大家听听?同学们知道得可真多!除了能随口说出客家美食的名称,咱们的同学还去亲自制作、品尝了客家美食。下面,就让我们静静欣赏同学们在活动中的剪影吧。"……循循善诱的导语,亲切自然地把学生带入了相应情境。另外,我还精心选取了孩子们在活动中的照片,制作了课件。看着自己在体验客家美食的活动中的剪影,孩子们唤起了属于自己的独特回忆。而后,教师再以下水文引路,引导学生交流归纳出写作的诀窍,学会有序表达。最后,从读到学写,学生选择自己最难忘的一幕,把它写成一个片段。

……

课后,翻开孩子们的课堂练笔,我简直不敢相信自己的眼睛:这真的出自孩子们的手笔吗?那独特的体验、充满生活气息的文字以及字里行间洋溢出的对客家美食的情感,无一不让我动容。

蓦然回首,我明白了:从学生的生活出发,找准学生的兴趣点,才能引爆学生的表达欲望;以活动为依托,领着学生走进广阔的世界,让他们"以身体之,以心验之",才能让他们逐步感受到客家文化的精髓,体会到客家人的独特而灿烂的文化,从而生成几许"精彩"。这不正与我们学校"人人出彩,个个精彩"的理念相吻合吗?

是的,从生活出发,走进广阔的世界,我们的客家娃,就能妙笔生花,为自己的成长加一分精彩!

❋ 心在高处飞翔

温晓燕

"丰·彩教育"实施以来,我们在丰盛的课程体系下,开展了一系列丰富多彩的综合实践活动。随着活动如火如荼地进行,校园里时时能够看到学生忙碌的身影,处处能够感受到孩子们高涨的热情。我校低年级小朋友也能积极地参与其中:瞧,孩子们参观学校时井然有序的队伍迎来了多少赞许的目光;接待客人时彬彬有礼的鞠躬,换来了多少殷切的期望;了解亲人往事时稚趣盎然的话语,又引来了多少欣慰的笑容;而那寻找秋天的脚印中,又放飞了孩子多少理想和希望……

"丰·彩教育"下的综合实践活动课程已经开设近两年了,在这条课改之路上,我有过迷茫,有过困惑,也有过脱胎换骨、再为新人的喜悦心情。两年来,在丰盛的课程体系下综合实践活动课程的大舞台上,我用心倾听生命拔节的声音,感受生命拔节的力量。在与学生一起摸爬滚打的过程中,我欣喜地发现,孩子们充实了自己,开阔了眼界。他们无数智慧的闪光点让我欢欣鼓舞,他们真挚感人的心灵独白让我激动不已。的确!"脚踏实地,艰辛的付出必有丰厚的回报"!

小佳,我们班的调皮大王,他"大错偶尔,小错不断",经常把班级搞得"鸡飞狗跳",学习成绩也不理想,是我这个班主任的"心腹大患"!再次望着他那张稚嫩的小脸,散漫与不羁的神情仿佛在诉说着父母在外无人管教的心酸与落寞,让人心痛却无奈。我一次次地找他谈话,晓之以理,动之以情,可收效胜微。我迷茫了:光靠恒心和耐心真能改变小佳吗?

可自从开展了"与爷爷奶奶的对话""丰·彩教育"理念下的综合实践活动后,我突然发现每次上课多了一双乌溜溜的眼睛追随着我,哦!那不就是小佳吗?我一阵惊喜,大力赞扬,没想到这以后竟然偶尔能够看到他高高举起的小手,难道是我曾经觉得无力的赞扬真的起了作用?后来在与他奶奶的交谈中我了解到,当小佳拿着"与爷爷奶奶对话"的调查表格向奶奶做调查时,奶奶动情地说起了往事,这时他才了解到了奶奶心酸的过去,懂得了奶奶的辛苦,第一次感受到了自己曾经是如何让奶奶伤心的。在收上来的调查感受中,我看到了小佳的话:奶奶过去很苦,我以后不调皮了。这样一句稚嫩的话,却让我深深地感受到自己以前的说教是那样苍白无力,作为老师,怎能不被一个孩子坚定的决心所感动呢?正所谓"润物细无声"，这不正是"丰·彩教育"理念下的综合实践活动带给我们老师的一个正确的教育思路吗？

还有小敏，擅长舞蹈，聪明活泼，可就是上课胆子太小，不敢举手发言，生怕自己说不好，对自己没信心。我找她及其家长谈了好几次，也没能起到预期的效果。在综合实践活动"找秋天"中有一个翩翩起舞的秋姑娘的角色，何不趁此机会让她锻炼一下？一开始她没信心，总觉得自己演不好，动作也有点放不开，这时教室里响起了热烈的掌声，小朋友们都满怀激情地看着她，声声赞叹着："她的舞蹈跳得多好啊！""秋姑娘真漂亮！"……一声声热情的赞扬，犹如一阵春风拂过孩子的心灵，她的舞姿更加优美了，动作也更加舒展了，仿佛一个真正美丽的秋姑娘来到了小朋友们中间……

第二天上数学课，小姑娘竟然高高地举起了小手要求回答问题，对于她，这是何等的勇气；而对于我，这又是多大的惊喜！更让人欣慰的是，她的回答又一次换来了同学们自发的掌声。从此，她的胆子越来越大，上台表演节目，课上回答问题，甚至敢对不良行为进行批评。静悄悄的，一个孩子在"丰·彩教育"理念下的综合实践活动中找到了自信，获得了属于自己的"精彩"！

不需要华丽的辞藻，不需要动情的演说，更不需要苦口婆心的说教，只需要我们教师遵循教育和生命成长规律，树立多元人才观和质量观，坚信"人人皆可成才"，营造"人人尽展其才"的氛围，让孩子动手实践，参与其中。悄悄然，孩子们不再只是老师和父母操心的那个不懂事的小家伙了；默默中，一张张智慧的脸庞，一份份真挚的感情油然而生。综合实践活动课是一门新课程，它让我懂得了孩子的真正需要，让孩子们有了展示自我的舞台。曾记得有这样一句话：把水倒在方杯子里，水就是方的；把水倒在圆杯子里，水就是圆的。是啊，育人也是同样的道理，给孩子一个完整的世界，让孩子自己去轻轻松松地体验生活，在实践活动中认识生活，孩子们自然也就会在这个大家庭里尽情发挥，描绘属于自己的美丽蓝图。这不正是"丰·彩教育"的核心吗？

老师们，就让我们以"丰·彩教育"丰盛的课程体系为支点，以爱心、耐心和恒心为杠杆，撬起孩童世界这五彩斑斓的大星球吧！和他们一起摆脱成长路上的羁绊，展翅高飞，飞向美好的未来！

附4-1 百项活动拓展课程构思

一、总体思路

(1)道德与健康:体验式活动。

(2)语言与文化:积累式活动。

(3)数学与科技:探究式活动。

(4)审美与艺术:浸润式活动。

二、总体要求

(1)每一个层面的活动均要围绕活动目标、活动内容、活动形式、活动过程、活动评价五个方面展开。

(2)各项活动一到六年级12个学期按梯度呈现,各块内容六年合计不低于100项。

(3)评价按学期提出具体要求,以争章或星级形式评价。

三、活动系列

(一)体验式活动

1.德育活动

校内与校外相结合,参与百次活动(围绕儿童与自我、儿童与社会、儿童与自然三个层面设计活动)。

2.健体活动

百项体育活动、游戏等(学生以自主选择的形式,开展体育争章活动)。

3.健心活动

以学校组织为主,围绕心灵启航、心灵交汇、心灵展示、心灵飞舞、心灵深化等主题开展系列活动。

(二)积累式活动

(1)阅读百部好书;

(2)背诵百首古诗词;

(3)背诵百句经典名言;

(4)背诵百个精彩片段;

(5)能讲述百个经典故事。

(三)探究式活动

(1)认识百种动植物;

(2)试做百个小实验;

(3)说出百个小发现;

(4)了解家乡百种小风俗;

(5)完成百种小制作、小手工。

(四)审美与艺术

(1)学唱、欣赏百首经典音乐作品;

(2)欣赏百幅书画艺术作品。

附 4-2 阅读要求与评价

表 3-1 阅读要求一览表

年级	数量	阅读类型	星级争章(口头评价)	星级争章(书面评价)	书目
一年级	10	绘本、童话故事	能简单地向家长讲故事的大致内容	不作要求	学校推荐与自主选择相结合
二年级	10		能流利地向家长讲故事内容	不作硬性要求	
三年级	15	童话故事、儿童小说	能选择一个情节进行详细复述	写简单的读书笔记等	
四年级	15		能对整本书的内容进行简要概述	读书笔记、手抄报等	
五年级	25	儿童经典名著、中外优秀作品	能创造性复述故事	阅读记录卡、读书心语卡、编写连环画、读后感等	
六年级	25		能在复述故事时表明自己的观点	读后感、读书小报、研究性小论文	

表 3-2 阅读星级评价表

星级	★	★★	★★★	★★★★	★★★★★
标准	读完并标记	能讲述书中的所有主要内容	能够将本书中自己画出的好词好句积累并记忆	能摘录书中的精彩段落,能在书中做简单的批注	能认真完成读书笔记、手抄报等;能认真写好读书心得;乐于与他人分享读书体会

表 3-3 阅读存折卡

阅读时间	书名	完成任务	获得星级	家长评语	积分

评价要求：

考评采用星级评价的方式：低年级做到会讲故事，做到家校配合，并将讲故事的视频上传至班级微信群里，采用家长、教师共同评价的方式；中高年级采用口头评价与书面评价相结合的方式。

口头评价：口头讲故事可以采用同学互评或向家长讲故事的方式进行。

书面评价：每位学生设计一个阅读成长记录袋，阅读完一本书，每位学生制作一份手抄报、阅读记录卡、连环画、读书心语卡、读后感、读书笔记等书面作业，并存入阅读档案袋。

参考文献

[1]娄镒瀑.学校文化的动力、基础及建设路径研究[D].南宁:广西师范学院,2015.

[2]戚晨曦."社会美育"和"艺术运动"[D].杭州:中国美术学院,2017.

[3]季肖莹.特色中小学校园环境文化营造初探[D].金华:浙江师范大学,2014.

[4]王艺潼.小学校园墙面文化的教育价值导向研究[D].南宁:广西师范大学,2018.

[5]杨小微.从实施到开发:国家课程校本化的新走向[J].课程·教材·教法,2019(5):44-49.

[6]朱光潜.谈美书简[M].延吉:延边人民出版社,2006:42.

[7]杨志成.让立德树人融入学校课程体系:以板厂小学"智慧教育"课程体系为例[J].北京教育,2018(5):29-31.

[8]熊梅.校本课程开发的行动研究[M].北京:教育科学出版社,2009:32.

[9]何云峰.隐性课程的理论探讨[J].教育理论与实践,2010(2):50-52.

[10]余文森.核心素养导向的课堂教学[M].上海:上海出版社,2017:182-183.

[11]崔秀梅.课程整合:永远在路上[J].中国民族教育,2016(Z1):34-37.

[12]军休强军路.实现教学目标高度达成的四"精"[EB/OL].(2012-04-04)[2020-11-20].http://www.360doc.cn/article/8224881_209476615.html.

[13]易克萨维耶·罗日叶.整合教学法:教学中的能力和学业获得的整合[M].上海:华东师范大学出版社,2010.

[14]李松林.回归课堂原点的深度教学[M].北京:科学出版社,2016.

[15]张丽.多一把尺子 多一批人才——多元评价点亮璀璨星空[J].探索研究,2011(24):155.

[16]陈学宽.小学生发展性评价研究[M].石家庄:河北师范大学,2005.

[17]刘莹.建构主义理论在高中英语语法教学中的应用研究[D].大连:辽宁师范大学,2012.

[18]许雯,王希军.区域课程领导力提升的实践探索[J].当代教育科学,2015(14):36-39.

[19]潘来强.小学生素质评价方式改进研究[D].芜湖:安徽师范大学,2012.

后　记

　　细细数来,自己踏上三尺讲台至今已过 27 个年头,担任校长也已 22 年了。二十几年来,我服从组织安排,先后在农村、城郊、城区等各种类型的学校工作。一路走来,变的是我的工作岗位,不变的是我一直怀揣并追逐着的梦想——办一所个性鲜明的特色学校,用心搭建学生成长的舞台,全方位地构筑学生成长的教育体系,形成教育合力,以良好的教育生态促进学生成长、成才。但何为"个性鲜明"? 如何更好地构筑学生成长的教育体系? 如何更好地促进学生成长、成才? 如何找准教育的抓手和突破口? 这一系列问题始终困扰着我。2017 年 5 月,我有幸成为福建省"十三五"中小学名校长培养人选。在这里,我遇到了师德高尚、学识渊博、经验丰富的福建教育学院的众多导师;相识了教育情怀深厚、才华横溢、有担当、敢作为的全省各地市的优秀校长同仁。三年来,在导师们的悉心指导下,在和同仁们的学习交流、研讨探究下,我逐渐明晰了自己努力的方向:凝练科学独特的办学思想,办一所具有良好教育生态的现代化学校。

　　近年来,我着力从教育的本质、基础教育现状、多元地域文化、百年学校发展史、优秀传统文化精髓、新时代人才培养要求等方面挖掘文化和教育因子;从霍华德·加德纳的"多元智能理论"、杜威的"教育即生长"理论、马克思主义关于人的全面发展理论、主体教育等理论中探寻办学理念,逐渐凝练出多元文化与地域文化相互融通的、传统文化思想与现代教育理念相互融合的"丰·彩教育"办学思想,旨在办一所人人皆可成才,人人尽展其才的多彩学园,切实让每个孩子拥有自己的精彩!

　　拙作《丰·彩教育》,概述了"丰·彩教育"办学思想的基本内涵、理念架构及实践体系等,是我在践行"丰·彩教育"办学思想实践过程中的一些探究和思考。在成书的过程中,我得到了福建教育学院徐小敏等导师的悉心指导和大力帮助,也得到了武平县实验小学林福太、谢慧云、曾红英、王水连、刘伟峰、张艳、邱琴华、钟秀梅、赖莉玲等骨干教师们的鼎力支持,在此深表谢忱!但因"丰·彩教育"办学思想凝练、探究和实践的时间不长,还处在成长成熟、发展完善阶段,加之本人水平有限,拙作中定有许多不尽如人意的地方,恳望海涵。

丰实必会出彩,厚积必定薄发。我坚信,任何艰辛的付出,定有精彩的回报。今后,我们将持续深化"丰·彩教育"办学思想的研究与探究。首先是持续完善理论体系和实践体系,不断更新管理理念,创新教育教学管理方法,努力使"丰·彩教育"在学校各领域绽放多彩硕果,打造新时期基础教育特色品牌。其次是通过撰写特色办学思想论文、专著,利用多种平台,以不同形式推介"丰·彩教育",持续扩大其办学思想特色品牌效应,使"丰·彩教育"能在更多学校落地生根、开花结果,形成"丰·彩教育"办学共同体,形成不同区域众多学校同成长共发展的良好局面,让更多学校绽放异彩。再次,随着时代的发展和科技的进步,新技术、新设备不断推陈出新,学习的方式方法、教育的内涵外延都发生了很大变化。因此,在纷繁复杂的"互联网+"模式之下,在互联网教育平台、机构蓬勃兴起之时,"丰·彩教育"要找准"互联网+教育"背景下的发力方向,与时俱进,对学校管理模式、校园文化建设、德育教育、课程设置、教师培育、课堂模式、评价体系、家校互联等层面进行大胆的探索实践,逐渐形成一套新时期更前沿、更实用、更完善的特色品牌体系,借力互联网平台实现"丰·彩教育"持续跨越发展。

刘添昌

2020 年 12 月 20 日于龙岩市武平县实验小学